KB274172

CEO
산에서
경영을
배우다

CEO, 산에서 경영을 배우다

저자_ 전경일

1판 1쇄 인쇄_ 2008. 11. 20.
1판 2쇄 발행_ 2008. 12. 27.

발행처_ 김영사
발행인_ 박은주

등록번호_ 제406-2003-036호
등록일자_ 1979. 5. 17.

경기도 파주시 교하읍 문발리 출판단지 515-1 우편번호 413-756
마케팅부 031)955-3100, 편집부 031)955-3250, 팩시밀리 031)955-3111

값은 표지에 있습니다.
ISBN 978-89-349-3233-8 03320

독자의견 전화_ 031) 955-3104
홈페이지_ http://www.gimmyoung.com
이메일_ bestbook@gimmyoung.com

좋은 독자가 좋은 책을 만듭니다.
김영사는 독자 여러분의 의견에 항상 귀 기울이고 있습니다.

CEO

산에서 경영을 배우다

전경일 지음

김영사

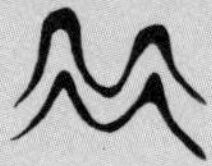

"가장 높은 곳을 올라가려면,
가장 낮은 곳부터 시작하라."

가늠할 수 없는 높이의
내면의 산을 오르는 당신을 위해

천지 사방이 산으로 둘러싸인 이 땅. 전국 어디를 가든 산이 있고, 그곳을 오르는 산꾼이 있다. 장삼이사가 산을 오르지만 그들 중에는 경영현장에서 치열하게 날을 세우는 사람도 있다. 그들 산꾼 경영자는 왜 산에 오르는 것일까? 산행에서 무엇을 얻는 것일까? 대체 등산은 무엇을 가르쳐주는가? 그들을 만나 산 이야기, 경영 이야기, 세상 사는 이야기를 듣고 나면 그들이 왜 산에 오르는지 알게 된다.

"왜냐하면 거기에 산이 있기 때문에……"

1920년대 히말라야 등반가로 유명한 조지 말로리의 말처럼 간단명료하다. 산이 있어서 산에 간다는 데 달리 더할 말도, 구구하게 딴 설명을 할 필요도 없다. 산에 오르는 이유 중 이 말만큼 딱 떨어지는 것이 또 있을까? 하지만 몸은 산을 딛고 있으되 마음은 경영의 산을 오르는 산꾼 경영자에게는 분명 더 하고픈 말이 있을 것이다.

CEO 산에서 경영을 배우다

산 위에는 그들의 사업목표가 떡 버티고 있다. 그것에 이르기 위해 산꾼 경영자는 가늠할 수 없는 높이로 우뚝 솟은 내면의 산을 묵묵히 올라야 한다. 그곳은 그들에게 또 다른 정상이다. 그런 이유로 산은 단순히 산이 아니라 경영이다. 나아가 산악은 스스로 우뚝 솟은 경영의 산맥이다.

산꾼 경영자와 함께 산을 오르며 발품을 팔고 건너 전해오는 이야기를 직조하다 보면 그들이 바라는 정상이 다소 색다르다는 것을 알게 된다. 흥미롭게도 그 정상은 한 군데가 아니라 여러 곳이다.

만약 산행의 이유가 정상에 오르는 것이 전부라면 지상에서 300미터 직벽(直壁)에 몸을 붙이고 거꾸로 매달릴 필요는 없을 것이다. 위험을 회피하고 에돌아갈 수도 있다. 하지만 그들은 위험 앞에 온몸을 내던진다. 그 이유는 무엇일까? 해답은 하나로 귀결된다.

도전, 도전이다!

여기에는 인간사의 모든 활동이 축약되어 있다. 동시에 고단하고 위험하며 때로는 무모하기까지 한 모든 산행의 이유가 담겨 있다. 현재를 넘어서기 위한 무한한 도전, 인류를 끌고 온 원천이 산꾼의 내면을 흔들며 미치도록 산에 오르게 만든다. 그들의 영혼에는 마치 등정향상심이 DNA로 새겨진 듯하다.

경영의 산에는 위아래가 따로 없다. 그야말로 위아래를 전방위로 누비며 한 발 한 발 내딛어야 한다. 이들 산꾼은 "산을 오르다 보면 내가 지금 오르는 산이 단순한 산이 아니라 내 안에 놓인 거대한 미지의 산이라는 것을 깨닫는다"고 말한다. 어느 날 문득, 마치 붉은 인두에 데듯 그런 깨달음이 다가온다.

결국 산은 오를수록 속으로 무한히 파고들게 되는 영혼의 도량
인 셈이다. 오를수록 더욱 심연에 빠져들고 그 안에 똬리를 튼 채
웅크리고 있는 이전의 나를 만난다. 내가 지금 어디에 서 있는지,
어디를 향해 가는지, 어디로 가야 하는지 묻고 또 묻느라 그들의
산행에는 절박함이 묻어난다. 산 아래에서의 삶을 반추하다 보면
한 걸음 뗄 때마다 겸손의 깊이가 더해지고 다시 내려갔을 때는
인간미가 한 움큼 성장해 있다.

산꾼들은 늘 산행의 대원칙을 지키고자 한다. 오르고 머물고 내
려섬의 조화, 그것이 산행이자 경영이다. 오르기만 해서는 산행
전체를 이룰 수 없고 내려섰다고 해서 산행이 끝나는 것도 아니
다. 모든 산행은 내려옴과 동시에 다시 높은 산을 오르게 되어 있
다. 온갖 역경을 이겨내고 경영을 완성한 뒤, 한 발 물러서 바라보
는 것과 같다.

경영자가 오르는 것만을 목표로 한다면 그는 배울 게 얼마 없
다. 내려오는 절차, 순서, 때를 알고 자연스럽게 등로를 밟는 것이
산행의 원칙이다. 올라갈 때 잔뜩 짊어졌던 마음의 짐을 내려올
때 그대로 메고 온다면 그건 제대로 된 산행이 아니다. 묵은 감정
과 사고는 산정에 두고 와야 한다. 그렇지 않으면 몸은 올라가도
마음이 나아가지 못하고, 몸은 내려와도 마음은 갈 곳이 없다.

산행에서는 육신의 땀뿐 아니라 영혼의 땀도 흘려야 한다. 그래
야만 정신이 맑아지고 마음이 풍요로워진다. 이런 맛과 멋을 누리
기 위해 산꾼은 오늘도 산을 오른다.

경영의 산이 앞에 있든 마음속에 있든 그것은 늘 새로운 도전을

필요로 한다. 산을 오르는 '나'는 경영의 본체이자 정상 정복의 지휘관이다. 경영 현장의 사령관이다.

나를 정상으로 이끄는 것은 무수한 도전과 성취, 땀방울, 정신적 성숙이다. 그 정상에서 각기 다른 내 모습을 발견함으로써 산행은 특별한 의미를 지니게 된다. 이처럼 '나'를 만나는 과정을 통해 산 아래의 삶은 한층 더 고양된다.

오늘도 산꾼은 산에 오른다. 그곳에서 내일을 기약하는 새로운 세상의 지평을 펼쳐 본다.

이 책의 탄생을 위해 도움을 주신 많은 분께 진심으로 감사의 말을 전한다.

전경일

차례 CONTENTS

산의 거대한 눈폭풍이 발목을 잡아 1만 5,000피트에 친 조그마한 텐트에서 꼼짝 못할 때가 가장 좋지 않다. 경영에서 오르지도 내려가지도 못하는 상황이 벌어지면 그보다 더 큰 도전이 어디 있겠는가?

자신을 극한까지 몰아붙이면 살고자 하는 의지는 더욱 강해진다. 죽고 싶다면 손톱이 다 빠지도록 바위를 붙잡고 정상까지 올라가보라. 죽고 싶다는 생각이 싹 가실 것이다. 몸이 나약한 마음을 일으켜 세우기 때문이다.

자신의 족적이 남기를 바라는 것은 무모한 일이다. 과거에도 그랬고, 앞으로도 산을 오르는 사람은 계속 생겨날 것이기 때문이다. 단지 지금 내가 꾸준히 걷고 있다는 것을 아는 것으로 족해야 한다.

나는 하산하기로 결심했음에도 한편으로는 계속 오를 생각을, 그것도 더 높이 오를 생각을 하고 있었다. 하지만 그것이 무슨 의미가 있단 말인가!
–라인홀트 메스너

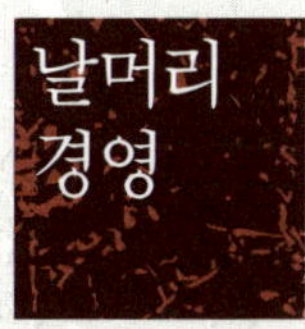

**날머리
경영**

산에 들어설 때는 내려서야 할 때를 알아야 한다. 인생이든 사업이든 마찬가지다. 어느 한곳에 머물다가는 망부석이 되거나 폭풍우에 쓸려간다. 아무리 발버둥쳐도 산이 에워싼다. 들되 들지 못하고, 나가되 나가지 못한다면 어찌 산을 안다고 하랴.

세상에 다시 들며

들머리 경영

　산을 오를 때는 정상만 목표로 하지 않는다. 내 등로에 놓여 있을 온갖 불확실성이나 위험을 이거낼 날카로운 본능적 예감과 경험이 발휘되기를 바란다. 그래야만 내가 생존할 수 있기 때문이다.

깊은 산속 샘물
길 위에서 찾은 자기만의 또 다른 길
산 무덤
산에서 듣는 보물 같은 이야기
폭우 속 산행에서 본 광경

"카아 – 시원타!"

지리산 중턱에 올랐을 때 김명득 사장은 표주박으로 샘물을 떠 마시며 생애의 온갖 희로애락이 씻겨나가는 듯한 기분을 맛보았다. 고통이 다하면 감로수가 찾아온다고 했던가.

처음엔 빚내서 사업을 시작했지만, 빚을 가리고 나자 돈이 조금 모였다. 손에 돈이 들어오니 다른 사업으로 눈이 돌아갔는데 코가 깨지려고 그랬는지 투자를 하자마자 IMF가 터졌다. 무리다 싶기도 했지만 김 사장은 이 고비만 잘 넘기면 크게 도약할 수 있을 것 같았다. 이왕 들어선 길인 데다 뭐든 크게 생각하라고 하지 않던가! 하지만 불운은 문을 열자마자 득달같이 달려든다고, 사업을 크게 벌인 순간 핵폭탄급 외환위기가 찾아들었다. 가족이 길거리로 나앉았을 때 그는 혀를 깨물었다. 일이 꼬여도 분수가 있지! 기가 막혀 말도 나오지 않았다. 가족과 함께 지하 단칸방으로 들어가면서 그는 작심했다.

앞으로는 세상이 두 쪽 나도 가족이 먹고살 것은 꼭 떼어놔야지!

"큰 사업은 아니어도 샘물처럼 끊임없이 퐁퐁 솟아나는 사업, 제아무리 가뭄이 들어도 마르지 않는 샘 같은 내 사업체가 있어야 합니다. 그때 그걸 간절히 바랐죠. 깊은 산속 샘물처럼 말이죠. 뭐든 선샘만 아니면 됩니다."

IMF가 터진 지 10년, 한 번 강산이 변하는 틈에 그는 지하 단칸방에서 2층 단독주택의 방 두 칸을 얻어 어둠 속을 탈출했다. 그러자 이번에는 오십견이 찾아왔다. 안 되겠다 싶어서 산에 다니기 시작했는데 어느새 3년이 흘렀고 그에게선 산꾼의 향기가 풍겨 나왔다.

금요일 밤이면 동대문에서 야간버스에 몸을 싣고 전국 도처에 안 가본 산이 없다. 새벽 4시부터 지리산에 오를 때는 "저 깊은 어둠이 언제 가시나" 하고 되뇌며 성큼성큼 걸었다. 그러다 보면 희뿌옇게 새벽이 밝아오며 지하방에 스미던 한줄기 여명처럼 희망이 보였다. 그는 밝게 웃으며 죽지 않고 살아 있었기에 산을 오르는 호사(?)도 누리는 게 아니냐고 했다.

이제 돌다리도 두드리며 건너듯 조심에 조심을 다하는 게 몸에 뱄다. 혹시 있을지도 모를 위험, 경영용어로 '리스크 관리'에 힘쓰다 보니 마진이 박하긴 해도 두 발 뻗고 잘 수 있어 좋단다.

"욕심 부리지 않고 천천히 가는 겁니다. 아직 60대도 아니고 애들도 커가니 요 고비만 넘기면 되죠. 지금처럼 깊은 산속 샘물 같은 사업체 하나면 우리 가족 먹고사는 건 걱정 없습니다. 뭐든 과하지만 않으면 무릎 관절 닳아 없어지기 전까진 산에 오를 수도 있고요. 나중에 산행조차 못하게 되면 배드민턴채 들고 동네 뒷산에 오르면 되고……"

김 사장은 표주박으로 샘물을 떠서 다시 한 모금 들이켰다.

"요 물이 산삼 썩은 물이요. 한 잔 하시겠소?"

그는 허허허 헛웃음을 날렸다.

산에서 만나는 군소사업체 사장은 대개 작게는 자영업에서부터 좀 더 나가면 중소기업 혹은 상장회사 오너나 전문경영인이다. 흥미롭게도 그들은 하나같이 실패와 좌절이라는 인생의 수업료를 지불했다. 그래서 그런지 그들은 혈기왕성할 때는 몰랐던 작은 것의 소중함을 안다. 삶의 경험에서 터득한 그들의 깨달음을 한마디로 표현하자면 '안분지족'이다. 산행 중에 만나는 작은 샘물은 1리터의 물통을 채우는 데도 족히 몇 분이 걸리지만 아무리 심한 가뭄이 닥쳐도 마르지 않는다. 김 사장의 말처럼 길게 오래가는 것이다.

"떼돈을 버는 것은 내 능력만으로는 안 됩니다. 시운도 맞아야 하고 남들이 '이 돈은 네가 먹어라' 하고 주어야 합니다. 운칠기삼(運七技三)이 아닌 운구기일(運九技一)인 거죠."

그는 살면서 갈증이 날 때는 강물처럼 넘치는 물이 아니라 목을 축일 만한 약간의 물이 필요할 뿐이라고 지론을 펼쳤다.

"강물을 다 마시면 죽게 되어 있지만 요런 샘물을 먹고 죽었다는 얘기는 못 들어봤지요? 인생 후반으로 갈수록 철썩거리는 소리보다 졸졸거리는 소리가 더 가까이 들려야 합니다. 그게 내가 먹을 물이죠. 요 맛 때문에 나는 산행을 다닙니다."

모든 경영자가 김 사장과 동일한 목적으로 산행을 하는 것은 아닐 것이다. 하지만 그가 터득한 인생의 진리랄까, 살아가는 묘미에는 절로 고개가 끄덕여진다.

산을 오르며 만나는 무수한 사람은 저마다의 사연을 안고 있다. 아니, 산을 오르는 사람의 수만큼 많은 사연이 등로에 펼쳐져 있다. 나름의 시름과 비나리가 담긴 그 사연에는 배낭에 생뚱맞은 물건을 넣고 오르는 기이한 일도 한자리 차지한다.

거래처에서 수금한 돈다발과 함께 야간 무궁화호에 몸을 실은 사람도 있다. 말인즉 시간에 쫓겨 그랬다지만 사실은 산에서 돈 기운을 쐬고 그 힘으로 사업을 더 키워보고 싶은 비나리에 나선 사람이다. 법인 통장을 들고 산에 오르는 사람은 출금난보다 입금난에 0이 몇 개 더 붙기를 바라고, 배낭에 시제품이 들어 있는 사람은 그 제품이 시장에서 불티나게 팔려나가길 바란다. 또한 매출목표를 적은 현수막을 짊어지고 산에 올라 일출과 함께 기원제를 지내는 사람도 있다. 이들에게는 한 가지 공통점이 있는데 그것은 바로 달성해야 할 올해의 경영목표가 있다는 것이다.

이것은 모두 각자의 욕망이 현실이 되는 순간을 맞이하고 싶어 펼치는 이벤트이다. 산행에는 이처럼 다양한 욕망이 함께한다. 정말로 산이 기운을 불어넣어 주는지, 산꾼 경영자의 의지가 꿈을 현실로 만드는지는 모르겠지만 어쨌든 산행에는 응집된 목적성 비나리가 있다.

처음에는 어디로 가야 할지 모르면서 걷는다. 하지만 그들은 서서히 등로에서 사업의 다른 길을 찾고, 백두대간처럼 힘차게 줄기를 뻗어 확장하며 전략 거점마다 진지를 구축한다. 부단히 걷는 과정이 곧 모든 것을 설명하고 있다.

배순호 사장은 희망을 찾기 위해 산을 오른다. 산에 오르면 새로운 희망이 그간 가려진 길, 앞으로 가야 할 길을 보여주기 때문이다.

"처음 사업을 시작할 때는 뚜렷한 목적지도 없으면서 뭔가 찾을 수 있을 거라는 단순한 희망을 향해 힘껏 뛰었습니다. 그럴 때마다 희한하게도 내 앞에 뭔가가 나타나곤 했습니다. 별로 내세울 게 없는 나로서는 앞만 보고 마냥 달려가는 것이 최선의 길이었죠. 뛰다 보면 언제나 새로운 게 보였고 경험이 쌓이면서 돈이 되는 것이 무엇인지 직감적으로 느껴졌습니다. 이거다 싶어서 뛰어들면 늘 남들보다 조금은 앞에 서 있더군요."

첫 사업에서 재투자가 가능할 만큼 종자돈을 불렸을 때, 같은 건물에 사무실을 차린 벤처회사가 눈에 띄었다. 젊은 사장과 몇 마디 나눠보니 실력은 몰라도 그가 추구하는 방향은 맞는다는 생각이 들었다. 디지털시대에 맞는 솔루션과 컨텐츠라는 말은 생소했지만, 그는 그 젊은 사장의 말을 그저 귓등으로 듣지 않았다. 일단 신문을 뒤적여 대충 흐름을 파악한 뒤, 그 비슷한 걸 개발한다는 회사에 찾아가 사업 전망을 캐물었다. 그런 다음 조용히 때를 기다렸다.

마침내 그 젊은 사장이 개발비에 헉헉대며 투자처를 찾아 이리 뛰고 저리 뛴다는 얘기가 들려왔다. 그때 배 사장은 거액의 수표를 끊어 젊은 사장 앞에 내놨다.

"빌려주는 건 아니고 생각해서 주식 좀 줘 봐요."

그때부터 젊은 사장은 자신의 투지를 믿고 신용 하나로 선뜻 투자를 해준 배 사장을 믿고 따랐다. 그리고 뭔가 보여주기 위해 밤낮 없이 일에 매달렸다. 피를 말리는 2년여의 시간이 지난 뒤, 그 회사는 그야말로 대박을 터뜨렸다. 그로부터 6개월 후, 2대주주였던 배 사장은 지분 일부를 털고 원금을 회수했다. 그런데 어떻게 알았는지 그가 성공한 투자자라는 소문이 퍼져나갔고, 사람들이 찾아들면서 그는 비교적 쉽게 재투자 자금을 마련할 수 있었다. 나아가 그는 아예 창업 자문회사를 차렸다.

"내가 하던 사업은 뒷전으로 밀려나고 이제는 이 일이 본업이 됐습니다. 돈이라는 건 아무도 몰라요. 내가 어느 길로 가려 한다고 꼭 그 길이 맞는 게 아닌 것처럼 말이죠. 가다 보면 길이 새로 나거나 달라져 전략 수정을 하기도 하고 거기서 더 큰 성공을 얻기도 합니다. 이것은 스스로 변화할 수 있는 의지와 신뢰를 저버리지 않는 것에 달려 있죠. 돈이 100억 원이 모이면 그때부터는 게임이 달라집니다. 일단은 그 상태까지 가는 게 중요하죠. 그때까진 순전히 자기 힘으로 가야 합니다. 누구나 처음엔 작게 자영업을 하다 법인도 만들고 나중엔 대기업도 되는 겁니다. 이 길 저 길에서 잘 선택하고 힘을 안배한 결과죠."

그는 요즘 투자한 회사의 컨텐츠나 솔루션을 갖고 다른 사장들과 함께 해외에 나간다. 단순 컨텐츠 수출에서 벗어나 믿을 만한 회사와

산에는 무수히 많은 등로가 있다. 길은 우리를 향
해 뻗어 있고, 우리는 길을 향해 나아간다. 길 속
에서 다른 길을 찾기도 하고 길이기에 오히려 길
을 잃기도 한다. 내가 지금 가는 길은 어디인가.

조인트벤처를 만들어 상장하는 것을 목표로 뛰고 있다. 그러다 보니 요즘에는 동남아에서 또 다른 기회가 엿보인다고 했다.

"사업은 길에서 줍는 겁니다. 될라치면 누가 줘도 줍니다. 그걸 얻기 위해서는 실력과 신용이 있어야죠. 그것 없이는 오래 못갑니다. 가더라도 잘못된 길로 가는 수가 있어요. 많은 사람이 작정하고 망가뜨리려고 하면 누구든 쓰러뜨릴 수 있습니다. 그러니 최소한 '저 사람은 됐다' 는 소릴 들어야죠."

그는 요즘 주말산행을 중심으로 산을 오른다. 산을 보호하기 위해 폐쇄된 등로를 볼 때마다 '저 길이 열리면 가장 먼저 들어가야지' 하고 마음을 다잡는단다. 가서 첫길을 열고 내 사업의 자리를 잡고 싶은 게 소원이다. 그 길에 먼저 가서 기다리면 어떤 기회를 만나게 될지 모르기 때문이다. 가히 타고난 동물적 감각으로 기회에 강하다는 말을 들을 법하다. 그는 동남아가 바로 그런 길 중 하나라고 강조했다.

"하여간 주우세요. 길에 떨어져 있는 게 다 돈입니다."

그의 '다른 길로 향하는' 다음 산행이 궁금해졌다.

산 무덤

죽음을 찾는 것은 삶을 찾는 것처럼 어렵다.
산에서 우리는 무엇을 찾아야 할까

산에서는 무시로 육신의 마지막 집터를 보게 된다. 때로는 무심히 또 때로는 눈길을 꽂아 묘비명이라도 훑어본다. 어떤 무덤은 정갈하게 정성껏 가꿔져 있고, 어떤 무덤은 칡덩굴과 아카시아 나무가 점령해 똬리를 틀고 있다. 죽은 다음에야 무덤이 한없이 초라한들 무슨 상관있으랴만 그래도 후손의 손길을 받지 못하는 모습을 보니 마음이 짠했다. 잘 가꾼 무덤의 주인은 살아서 어떤 생을 꾸렸을까?

생의 끝은 저렇게 남는구나. 우리 삶의 마지막은 결국 흙으로 돌아가는구나. 내가 딛고 있는 이 흙은 멀고 먼 과거의 누군가가 육신을 사른 흔적이구나.

산 무덤을 바라볼 때면 문득 삶과 죽음이 그다지 소원치 않으며 죽음 앞에서도 그리 섭섭지 않을 것이라는 요사스런 자신감이 따라붙는다. 산은 온몸으로 수많은 화두를 던져주며 뒤통수에 매달린 아둔함을 자꾸만 후려친다.

산에 누워 있는 무덤 하나

산 아래에서 내가 버리고 온 무덤 하나

산에 와서 나를 기다리네.

저 무덤의 주인은 언제 적 사람일까.

어제의 내가 그곳에 누워 있는 건 아닌지.

"산이 그대더러 언제 배우라 했나. 그대가 보고 느끼는 게 산을 이루는 법인데……"

오대산 초입부터 인생의 허무함을 뇌까리는 나를 겨냥해 산꾼 친구는 아까부터 퉁을 준다. 그가 나를 알듯, 나는 그를 안다. IMF 시기에 빚쟁이를 피해 양복차림으로 서울 인근의 산으로 1년 넘게 출근한 그였다. 97년 겨울과 98년 봄, 여름, 가을, 겨울 그리고 이듬해…… 그 봄부터 그는 압구정역 근처에서 꼬치를 팔며 재기의 불씨를 키웠다. 불과 1년 남짓만 해도 그는 중견기업을 목표로 회사를 운영하고 있었다.

그는 바닥까지 내려갔다가 10년 만에 재기에 성공했다.

"외환위기 때는 정말로 죽음과 딱 입을 맞춘 것과 다를 바 없었지. 입속으로 사약이 마구 밀려들었으니까. 회생할 방법은 없고…… 사무실에 들어서면 마치 공동묘지에 서 있는 것 같더라고. 비어 있는 직원들 책상이 죄다 무덤처럼 보이더라니까."

그는 사업이 안정된 지금도 간혹 그때의 '무덤'이 떠오른다고 했다.

"산을 다니며 세상을 많이 원망하고 운이 없는 걸 탓하기도 했지. 그러던 어느 날 아무리 불평하고 누굴 탓할지라도 변하는 것은 하나도 없다는 걸 깨달았지. 늘 부정적으로 가라앉아 있다가는 이 산에서 헤어 나오지 못하겠다는 생각에 퍼뜩 정신이 든 거야. 그때 나는 산에 나를 생매장하고 떠났어. 누굴 탓하는 것은 그게 아무리 옳아도 변명에 불과해. 내가 변화시킬 수 있는 것을 포기하고 남의 손에 맡겨버리는 꼴이니까."

이후 10년간 그는 그때의 깨달음과 친구가 되었다. 더불어 산 무덤은 나와 그 사이에 하나의 화두가 되어 있다. 내게는 인생의 덧없음

과 처연함을 일깨워주는 징표로, 그에게는 산 아래 놓인 삶과 죽음의
건널목으로 말이다.

"시체 연습이라는 거 있지? 죽어서 관에 들어간다고 생각하고 실제
로 그런 연습을 해보는 거야. 그러면 잠시나마 인생을 차분하게 정리
하게 돼. 내가 살면서 놓고 온 것은 무엇인가? 꼭 해야 했는데 하지
않은 것은 무엇인가? 한번 해본 사람은 많이 달라진다고 하더군. 나
는 아마도 그 관에 몇 번은 들어갔다 나온 셈일 거야. 스스로를 생매
장까지 했으니……"

그의 시체 연습은 살아서 시체가 되지 않기 위해 인생의 길을 수없
이 다듬고 고친 산행의 일부일 것이다. 어쩌면 우리가 산을 오르는
것은 마음 어딘가에 놓여 있을 수미산 중턱을 오르는 것인지도 모른
다. 그러다가 결국 몸도 혼도 북망산에 자리잡는 게 아니겠는가?

"겨자씨 속에 수미산(須彌山)이 들어가고 털구멍 하나에 사대해수
(四大海水)가 들어간다네."

산꾼 친구는 《유마경》의 한 대목을 읊어주었다. 그는 마치 고사처
럼 스스로 이발(李勃)이 되어 지상(智常) 스님을 찾아가 법문을 구하
는 행자 같았다. 이쯤이면 10년 성사에 출세간(出世間)을 엿봐도 무
방하리라.

수미산이 겨자씨 속에 들어간다고? 그가 지난 세월에 새긴 번민과
고통, 성취와 야망은 모두 하나의 깨달음을 얻기 위한 산행이 아니었
을까? 결국 죽음과 공포, 두려움을 딛고 삶을 일으켜 세우는 경영을
스스로 부여한 것이 아니었을까? 이런 방식으로 산꾼 친구는 경영의
산을 올랐을 거라는 생각이 들었다.

수미란 가장 높다는 뜻이니 불교에서 말하듯 세상의 중심에 우뚝

솟아 있는 것은 결국 '깨달음의 산을 내면에 얼마나 높이 올리는가' 하는 것이리라.

"내가 수미에 오른다고? 천만에. 나는 다만 북망산에 가서 시간이 없어서 하고 싶은 일을 다 하지 못했다고 핑계대지 않을 거야. 돈 버는 데 정신 팔려 나와 주위를 돌아보는 데 소홀했다고 말하지 않을 거야."

그는 일요일에도 사무실의 문을 열면 돈을 벌 수 있지만 굳이 셔터를 내리고 산에 오른다고 했다. 그를 보면서 나는 나 자신에게 질문을 던졌다. 나는 어떤 화두를 끌어안고 산을 오르는 것일까?

산에서 듣는 보물 같은 이야기

다른 사람, 다른 길이 내 무의식을 흔들어 깨운다

일기일회(一期一會)라! 만남이 늘 한 번뿐이라 생각하고 소중히 하라는 말은 특히 산사람에게 호소력이 크다. 산에서 만나 명함을 주고받거나 산길에 말동무가 되어 적잖은 대화를 나눴어도 산 아래에서 다시 만나기란 쉽지 않다. 산의 속살에 파묻혀 하룻밤의 인연으로 끝낼 뿐, 사람 사는 산 아래로 내려오면 뿔뿔이 흩어지고 일상에 파묻히고 만다. 그래서 우리는 어쩔 수 없이 산 아래 사는 산사람인 모양이다. 인연의 끈이 좀더 질기면 우연히 같은 등로나 산장에서 만나게 된다.

하긴 다시 만나지 못할 산 위의 인연이라도 그리 섭섭하지는 않다. 우리 각자는 개체지만 산 위에서는 비슷비슷한 산꾼으로 다시 만날 테니까. 그렇다면 만날 사람이 나와 생각이 꼭 같거나 이전에 만났던 사람일 필요는 없다. 오히려 그것이 더 불편하다. 어쩌면 산상(山上) 만남엔 재회가 쉽지 않아 여인의 허리처럼 더 세게 끌어안게 되고 잠시라도 가까워지는 게 아닌지 모르겠다.

가끔은 산 아래에서의 삶이 궁금해 전화를 넣기도 한다. 하지만 대개는 언제 산에 가느냐고 묻다가 '즐산'으로 안부를 마무리하고 만다. 그게 산에서 만나는 사람들의 인연의 법칙이자 만남의 깊이다. 그런데 산에 오르며 산꾼에게서 돈을 캐는 사람도 있다. 그들의 산행법은 독특하고 여유로우며 다채롭다.

양재득 사장이 그런 경우다.

그는 산에서 우연히 들은 이야기로 사업의 전환점을 찾았다는 남다른 경험을 들려주었다. 그야말로 길에서 귀인을 만난 셈이다. 사실 귀는 항상 열려 있다. 단지 우리 스스로 쳐놓은 벽이 생각을 가로막을 뿐이다. 어떻게 하면 그 벽을 와르르 무너뜨릴 수 있을까?

양 사장은 등로를 굽어보며 말문을 열었다.

"불교에 말이죠. '준비되어 있으면 스승은 나타난다'는 격언이 있어요. 내가 뭔가에 대해 골똘히 생각하니까 남들이 하는 얘기가 귀에 쏙쏙 들어오더라고요. 나무에서 물고기를 잡는다고 전혀 예상치 못한 곳에서 아이디어를 얻었던 셈이죠."

어라, 궁금증이 일어 대뜸 그게 뭐냐고 물었다.

"등산처럼 발이 편해야 하는 스포츠도 아마 드물 겁니다. 하루 종일 걸어야 하니 무엇보다 발이 편해야 하죠. 물론 국산이든 수입품이든 이미 내로라하는 상품들이 시장에 쫙 깔려 있습니다. 그런데 언젠가 산행을 하는데 어떤 여성분이 그러는 거예요. 어머니가 연세가 많으신데 관절에 가해지는 충격을 완화시켜 주고 겨울철에 잘 미끄러지지 않는 신발이 있으면 노인들이 낙상을 피할 수 있을 거라고요. 그러면서 자기가 쓰던 무릎 보호대를 노모께 드렸다고 하더군요. 그 순간 번쩍하고 머릿속에 전기불이 들어왔습니다. 나는 곧바로 해외 제품들을 조사한 끝에 힐링슈즈를 찾아냈죠. 그때까지만 해도 노인화는 갈색 계통의 일반 범용 신발밖에 없었습니다. 누구도 그 틈새시장을 주목하지 않았던 겁니다. 생각을 한쪽으로 마구 밀어대면 남들이 하는 얘기가 사업 아이디어로 이어지는 경우가 왕왕 있습니다. 매출액 100억 원대의 국내 1위 아웃도어 인터넷사이트도 필요에 의해 만들어진 거잖아요. 처음에는 그저 포털에 산행기를 올리던 커뮤니티였는데 그게 사업화가 된 겁니다. 디카를 팔고 사진 찍은 것도 보여주는 커뮤니티로 있다가 사업이 확대된 디씨인사이드처럼 말이죠. 왜 등산용 카메라는 따로 나오지 않는지 모르겠어요. 배낭 메고 가면서 사진을 찍으면 메모하기가 어려운데…… 언제 어디서 어떤 감상으로 찍었는지 간단하게 녹음하고 나중에 스냅사진과 함께 열어볼 수 있는 그런 편리한 카메라가 있으면 좋잖아요."

양 사장은 산길 아이디어맨으로 통한다. 그는 등산화에서 아이디어를 얻은 힐링슈즈, 다양한 인터넷사이트 개발, 디카의 산행용 변형품을 개발하는 아이디어를 꼬박꼬박 메모하고 있다. 만약 산행을 하다가 멈춰 서서 메모를 하는 산꾼이 보인다면, 시인이 아닌 이상 십중팔구는 양 사장일 것이다. 가히 메모꾼이라 불려도 좋을 만큼 메모하는 데 선수다.

"사업을 하는 사람은 어디서든 귀인을 만날 수 있습니다. 보통은 준비되지 않은 상태에서 부지불식간에 만나게 되죠. 이야기하다가 묻고 나누고 비틀어 생각하면 그게 다 사업거리가 됩니다. 남들은 머리를 식히러 산에 온다지만, 나는 아이디어를 캐러 산에 옵니다. 사무실에서는 늘 판에 박힌 생각만 하게 되는데, 산에 오르면 생각이

인연의 끈이 아무리 질겨도
물처럼 흘러가는 것.
그게 산에서 만나는 사람들의 인연의 법칙이자,
만남의 깊이다.
그 만남이 새로운 막(幕)을 연다.

자유롭게 사방팔방으로 튑니다. 고걸 움켜쥐면 돼요. 날다람쥐처럼 나타났다가 도망치는 아이디어를 잽싸게 붙잡는 겁니다.”

그의 상의 앞주머니에는 디카, 메모지, 펜이 항상 들어 있다. 그것이 산행 준비물 제1호란다.

산을 오르는 많은 사람이 상념에 빠져드는 이유는 산이 주는 효과 때문이다. 비록 단조롭게 이어진 길이지만 스쳐지나가는 무수한 자연이 풀어 놓는 물상들 앞에서 정신은 한결 자유로워진다. 특히 솔버덩에 들어서면 정신을 맑게 하는 피톤치드가 쉴 새 없이 쏟아져 나온다. 동시에 몸 안의 잡균이 한바탕 정화되고 머릿속에 가득 찼던 쓰레기는 훌훌 날아간다. 그러면 그 여백에 새로운 아이디어, 상념, 각오, 즐거움을 채워 넣으면 된다.

“사람들은 산에 오를 때 지나치게 욕심을 부리곤 하죠. 정상까지 단숨에 올라갔다가 또 단숨에 내려가려고 안달을 하잖아요. 특히 산악회에서 주관하는 당일치기, 무박이일 산행이 그래요. 그렇게 산에 오르면 몸이 녹초가 되는 것하고 무슨 산에 갔다 왔네 하는 수다꺼리만 남게 되죠. 물론 퍽퍽 찍어댄 경관 사진도 남긴 합니다. 제대로 산을 오르려면 작은 풀잎도 찬찬히 접사로 찍어보고, 무계획적으로 떠오르는 상념을 적어가면서 넉넉히 감상도 하고, 배낭끈을 풀어 자유롭게 자신을 새처럼 풀어놓아야 하는데…… 아쉽게도 정신없이 달리는 사회처럼 산행도 벼락치기로 이뤄지곤 합니다. 산에 오를 때는 좀 버리세요. 폭풍 행군하듯 과속하지 말고 저속으로 터벅터벅 걸으세요. 도급제로 빨리 끝을 봐야 할 듯 급하게 올라갔다 내려와 식당에서 텔레비전을 보며 몇 시간씩 일행을 기다리는 분들도 있어요. 그게 뭡니까? 자신에게 좀더 넉넉해지면 생각이 말을 걸어옵니다. 그렇게 생각과 말을 하다 보면 산 아래에 벌어진 일들이 차분히 정리될 겁니다. 바로 그때 참신한 아이디어가 별들 듯 찾아오는 거죠.”

양 사장은 산에서는 늘 귀를 열어둔다고 한다. 되도록이면 늦장을 부린다고 한다. 그런 습관이 그동안 눈에 띄지 않던 것을 보게 하고 듣지 못하던 것을 듣게 하기 때문이다. 산에는 《아라비안나이트》에 나오는 도적들이 숨겨놓은 보물창고가 있다. 그 보물은 ‘열려라 참깨’ 라고 주문을 외지 않아도 마음과 귀만 열어두면 얼마든지 캐낼 수 있다.

폭우 속 산행에서 본 광경

그것이 무지개였는지 아니면 환영이었는지 몰라도
나는 뭔가를 얻은 것 같았다

한여름 장마철에 소백산을 오르다가 느닷없이 내리쏘는 소낙비를 만났다. 간신히 판초우의만 뒤집어쓴 채 자연과 함께 온몸을 비에 내맡겼다. 비가 퍼붓는 날에 낙뢰를 피하려면 바위가 솟은 높은 곳이나 나무 아래에 숨지 말란다. 그래서 산중턱 아래 편편한 곳에 서 있다 보니 갑자기 내가 자연과 하나가 된 듯한 느낌이 들었다. 산에서 비를 만나면 당황하게 마련이지만 흠뻑 젖다 보면 한편으로는 상쾌해진다.

한동안 장승처럼 서 있었지만 비는 좀처럼 그칠 기미를 보이지 않았다. 일기예보를 믿은 게 낭패였다. 산 전체가 번쩍이면서 번개가 요동을 치자 더는 안 되겠다는 생각이 들었다. 비를 그을 산장을 찾아 이리저리 움직이는데, 갑자기 저 멀리 산골짜기로 운무가 끼면서 뭔가가 솟구치는 것이 보였다. 흡사 용이 허공을 가르며 하늘로 올라가는 것 같았다.

그 순간, 김두창 전무는 그 장엄한 광경 앞에서 자신을 돌아보았다고 한다. 나는 어떤 용인가? 용의 승천을 바라보고 있는 나는 과연 경영자로서 용이 될 수 있는가? 저것은 내가 용이 될 징조인가? 그는 가슴이 벅차올라 온몸이 떨렸다고 한다.

주역의 건괘(乾卦)에 보면 다섯 마리의 용이 나온다. 아직 때를 만나지 못하고 물속에 숨어 있는 잠룡(潛龍), 땅 위로 올라온 현룡(見龍), 하늘로 도약을 시도하는 약룡(躍龍), 하늘을 나는 비룡(飛龍), 마침내 하늘 끝까지 날아간 항룡(亢龍)이 그것이다.

그는 자신이 애초에 용으로 태어나긴 한 것인지, 이무기나 백 년도 못 사는 뱀, 심지어 그저 발밑에 밟히는 지렁이는 아닌지 온갖 상념에 젖었다고 한다. 연말이면 그룹에서 차기 사장감을 내정할 것이고 그러면 그는 승천의 기회를 얻게 된다. 그저 형식뿐인 계열사 부사장 자리가 아닌 사장으로서 전문경영인의 길을 걷고 싶지만, 승진에서 밀리면 현재의 자리조차 치고 올라오는 후배들에게 내줘야 한다.

그는 여느 때와 달리 홀로 산을 올랐다. 내면 깊숙이 들어가 자신이 진정으로 바라는 것이 무엇인지 알아내고 또한 영감을 얻고 싶었기 때문이다.

김 전무의 경영실적은 누가 봐도 눈부셨다. 그러나 이 고지부터는 실적만 갖고는 얘기가 안 된다. 정치적, 외교적 수완이 무엇보다 중요하다. 위로 올라갈수록 경쟁의 밀도는 한없이 촘촘해지고, 이제는 막바지를 치고 올라가듯 모든 역량을 유감없이 드러내야만 한다.

그런데 자신이 가진 것을 늘어놓고 곰곰이 계가해보니 빈 구석이 한두 군데가 아니었다. 턱없이 부족하다 싶었다. 어쩐다, 일은 내가 하는 게 아니라 아랫사람들이 하는 것 아닌가? 그룹에서는 뭔가 다른

한여름 장마철에 소백산을 오르다가 느닷없이 내리쏟는 소낙비를
만났다. 판초우의를 뒤집어 쓴 채 자연에 온몸을 맡기자 내 영혼은
우주가 되어 이 산하 언저리에 비로 다시 뿌렸다.

카드를 요구할 게 분명했다. 정치 경제권과의 두터운 인맥, 리퓨테이션(reputation), 남다른 인성과 뛰어난 리더십을 갖춰야만 했다. 앞에서 굽실대는 아래 임원들을 믿고 순진하게 손놓고 있을 수는 없었다.

'내가 그 자리를 바라고 있소. 이젠 후배들에게 양보할 때도 되지 않았소?'

그들에게는 이런 암묵적 기대감이 거침없이 흘러나왔다. 이무기들끼리 서로 용이 되려고 이전투구(泥田鬪狗)를 하는 것도 심심찮게 눈에 띄었다.

김 전무는 하늘을 올려다보았다. 샐러리맨의 꽃이라는 임원이 되었을 때 그는 태어나 가장 큰 보람을 느꼈다. 그는 자신이 임원이 되기 몇 해 전에 육사를 나와 별을 달고 고향 군지(郡誌)에 이름을 올린 친구를 떠올렸다. 보통은 군수나 상장사 임원, 별을 단 사람 이상, 그리고 부담 없이 고향의 발전기금으로 돈 천만 원 이상 내놓을 수 있는 성공한 기업인이 군지에 올랐다. 이제 나도 고향의 군지에 이름을 올릴 게 확실하지 않은가? 지천명(知天命)에 사장이 되면 그것은 새로운 도약의 발판이 된다. 고향에서 금배지를 단 사람들은 죄다 그러한 커리어패스를 거쳐 왔다. 김 전무는 속이 탔다. 번개가 으르렁댈 때마다 그의 시선은 용이 사라진 뒷그림자를 쫓았다.

비가 잠시 멈추자 골짜기 사이로 햇살이 비치면서 물안개가 멋진 무지개를 그려주었다. 김 전무는 상서로운 예감이 느껴졌다. 이제 비는 그친 모양이다. 산장으로 갈까 아니면 좀더 오를까? 잠시 망설이던 그는 오르던 길로 나아갔다.

"나는 분명 약룡이야!"

그는 이 말을 되뇌고 또 되뇌었다. 의식 저 밑바닥에서 알 수 없는 어떤 힘이 의욕에 날개를 달아주었다. 이제 산에 오르기 전까지 그의 가슴을 짓누르던 고민과 답답함은 말끔히 사라졌다. 그는 산 아래로 내려가 해야 할 일을 차례로 떠올렸다. 우선 사업부문을 드러내 보일 뭔가를 찾아 대대적인 언론플레이를 해야 한다. 머릿속에서 초스피드로 알고 지내는 기자들의 명함이 스쳐갔다. 그 다음을 생각하던 그는 갑자기 마음이 조급해졌다. 이윽고 정상에 오른 그는 안개가 자욱한 산 아래를 한눈에 내려다보며 호흡을 가다듬은 다음 휴대전화를 꺼냈다.

"회장님, 여기 산이 참 좋습니다. 모시고 왔더라면 좋았을 텐데 말이죠."

그러자 저쪽에서 뭐라고 하는 소리가 가물가물 들려왔다. 아마도 회장은 산을 골프장 정도로 알아들었을 것이다. 전화를 받는 그의 자세가 뻣뻣했다.

"아, 네. 그럼……"

대체 회장의 마음은 어디에 있는 것일까? 미궁 같은 그의 심중은 참으로 알다가도 모를 일이었다.

'약룡? 글쎄……'

김 전무는 마음이 실타래처럼 비비 꼬이는 것 같았다. 갑자기 부장 시절에 라이벌이었다가 회사를 그만두고 사업체를 꾸린 동료가 생각났다.

"산은 산이고 물은 물이로다."

성철 스님의 법문을 되짚고 내려오는 길에 그는 용이 승천하고 무지개가 뜬 것은 순전히 자신을 위한 것이었다고 믿기로 했다. 그러자 발걸음이 한결 가벼워졌다.

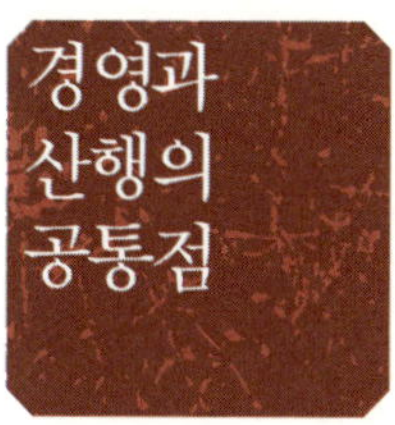

‖ 산행에는 곳곳에 위험이 도사리고 있다 ‖ 등산을 하든 경영의 산을 오르든 그 과정에는 언제든 위험요소가 등장할 수 있다. 그것을 회피하거나 제거하는 것은 목표를 이루는 분명한 의사결정 사항에 해당된다. 위험을 무시할 때 그 대가는 혹독하다.

‖ 개척되지 않은 산을 오를 때는 나침반과 지도가 필요하다 ‖ 산행과 경영은 오르는 속도보다 방향이 중요하다. 산꾼은 현재 서 있는 지점을 알고 오르는 방향을 파악해야 한다. 현재 회사가 지닌 역량, 즉 자기자본, 매출액, 당기순이익, 핵심 역량 등은 경영의 나침반이다. 지도 위의 목적지는 회사의 비전에 해당된다. 나침반과 지도를 이용해 어디를, 어떻게 오를 것인지 늘 염두에 두어야 한다. 그렇지 않으면 미로 속을 헤매다 전혀 엉뚱한 방향으로 갈 수도 있다.

‖ 만약에 대비해야 한다 ‖ 산꾼 경영자는 우천이나 일몰에 대비해 항상 비상용 우의나 랜턴을 챙겨야 한다. 이것은 여느 산꾼의 준비물과 똑같다. 경영의 산에서는 등산을 할 때보다 예상 밖의 일이 일어날 가능성이 크다. 산행과 마찬가지로 경영에서 만일의 사태에 대비하는 것은 안전을 위한 최적의 장치이다.

‖정상까지는 얼마 남지 않았다는 말을 듣는다‖ 이는 힘을 더 내게 하려는 선등자나 하산자의 격려이다. 아무리 멀어도 한 걸음 한 걸음 내딛는 발걸음은 정상까지의 거리를 줄여준다. 마찬가지로 경영의 산에서 정상을 정복하는 데도 이 같은 진리가 적용된다. 전진 없이 이뤄낼 수 있는 것은 없다. 전진 없는 삶은 퇴행이자 철수며 낙오다.

‖위기 때는 피난처를 찾을 때까지 계속 움직여야 한다‖ 경영위기에 처하면 긴급피난, 구조요청을 해야 한다. 그러려면 평소에 피난처를 염두에 두고 산에 올라야 한다. 이를 간과하면 위기는 대책 없이 증폭된다. 조난을 당했을 때는 아무리 힘들어도 그곳에 멈춰 서지 말고 피난처를 찾을 때까지 계속 움직여야 한다. 모든 살아있는 것은 움직인다.

‖언제나 처음이라는 생각으로 임한다‖ 작은 경험은 착시현상을 가져온다. 경영의 산에는 넘어야 할 산이 무척 많고, 한 봉우리를 넘으면 또 다른 봉우리가 나타난다. 산행은 늘 시작일 뿐이다. 안전하게 하산할 때까지는 내리막길에서도 계속 등산해야 한다. 처음처럼 내디디면 끝내 등천하의 세상을 볼 수 있다.

‖때론 산에서 귀인을 만나기도 한다‖ 히말라야를 오르는 사람은 운이 좋으면 안전하게 목적지까지 인도하는 셰르파를 만나게 된다. 경영의 산을 오를 때 그들은 사업의 귀인이 된다. 그러므로 산 아래에서의 관계를 소중히 하고 산에서 만나는 인연도 귀히 여겨야 한다.

‖ 인내는 그저 참는 것이 아니다 ‖ 경영의 산에는 오르막과 내리막이 있다. 그렇게 오르내리는 과정을 참고 견디는 것이 인내다. 일희일비할 필요도 없고 속전속결하려 할 필요도 없다. 인내와 끈기로 산을 오르면 된다.

‖ 때론 구도하는 자세를 취한다 ‖ 산에서든 경영현장에서든 나를 갈고 닦을 기회는 무수히 많다. 마음에는 출입이 없다. 늘 스스로를 반추하고 마음을 닦아야 한다. 특히 경영의 산을 오르는 과정을 나를 갈고 닦는 기회로 삼아야 한다. 산을 타넘은 사람은 뭐가 달라도 다르다.

‖ 고독은 서로 통한다 ‖ 산은 고독하다. 산에 오르는 경영자도 고독하다. 고독한 것은 한데 모이게 마련이다. 산과 경영자의 공통점은 둘 다 혼자서 고독을 감내해야 한다는 것이다. 고독을 모르면 성숙은커녕 경영의 산 정상까지 다다를 수 없다.

‖ 산에는 영혼이 있다 ‖ 이를 증명하듯 민간신앙은 여전히 산에 가서 기도를 한다. 산은 깊은 영혼의 울림을 준다. 또한 산꾼 경영자에게 남다른 각성을 가져다준다. 맑고 투명한 영혼, 하늘처럼 푸르른 영혼을 지니고 싶다면 산의 영혼에 흠뻑 빠져보는 것도 좋을 것이다.

‖ 고통을 즐거움으로 받아들인다 ‖ 산을 오르는 것은 고행일까, 아니면 즐거움일까? 많은 산꾼이 이 두 가지를 동시에 느낀다. 어느 단계에서의 고통은 어느 순간에는 희열로 바뀌게 된다. 그러니 영원히

지속되는 고통도, 희열도 없음을 알고 고통을 즐거움으로 받아들이며 줄기차게 나아가야 한다.

‖9부 능선쯤 오르면 정상까지 치받고 올라가야 한다‖ 정상에 오르는 길에서는 끝부분이 가장 어렵다. 체력은 바닥나고 마음까지 흔들린다. 그럴수록 더욱 정상 정복을 생각하며 온힘을 짜내 치받고 올라가야 한다. 특히 경영의 산에서는 그 임계점을 통과해야 사업의 지평이 새롭게 열린다.

‖남다른 시각으로 새로운 산을 바라본다‖ 이미 남이 오른 산을 올라가는 이유는 무엇인가? 남이 벌여 놓은 사업이나 강자 의존적인 사업을 하는 이유는 무엇인가? 전인미답의 길은 위험이 따르지만 그것을 극복하고 난 뒤의 결실은 풍요롭다. 그러니 경영의 산을 오르려거든 눈을 씻고 새로운 사업, 새로운 지평을 바라봐야 한다.

‖오른 만큼 보인다‖ 높이 오를수록 천하를 넓게 볼 수 있다. 오른 만큼 보이는 법이다. 천하를 넓게 보고 천하의 사업을 도모하고자 한다면 높이 올라야 한다. 높이 올라 가장 낮은 자세로 세상을 굽어보아야 한다.

‖정상에 도달하면 딱히 쉴 곳도, 앉을 곳도 없다‖ 정상은 가파르다. 그곳은 편히 쉴 곳이 없다. 바람도 거세다. 그러니 정상에 오를 때는 영원히 그곳에 머물 것이라고 생각해서는 안 된다. 오르면 반드시 내려와야 할 곳이라는 생각으로 등행 과정 자체를 즐겨야 한다.

‖ **높은 곳일수록 바람이 매섭다** ‖ 산꾼에게 몰아치는 도전에는 한계가 없다. 마찬가지로 경영자가 서 있는 자리는 언제나 벼랑 끝이다. 하지만 절벽 끝에 둥지를 트는 독수리는 다른 맹금류가 없는 안전한 그곳에서 세상을 멀리 내다보며 살아간다. 현재의 위치가 칼산일지라도 그 험준함이 오히려 내 방어막이라는 생각으로 기쁘게 받아들여야 한다.

깔딱고개 경영

■ 사업에서 가장 큰 도전은 시장에 내 존재를 알리는 것이다. 이것은 에베레스트나 K2에 오르는 것보다 더 큰 도전이다. 나를 알려야 산을 넘을 수 있다. 시장이 나를 몰라줄 때가 내게는 가장 위협적인 시기이다.

산을 걷다가 차돌 하나를 주머니에 넣었다
그대, 진산을 오르고 있는가
세상에, 산이 달라졌네
산에서 나무를 보았나, 직원을 보았나
흔들바위 앞에서의 명상
적응방법을 가르치는 산행

산을 걷다가 차돌 하나를 주머니에 넣었다
조약돌 하나에 세상 모든 게 들어 있다

간혹 어떤 사람은 상처를 치유할 목적으로 산을 찾는다. 산에 와서 조차 버리지 못하고 상처에 베이는 사람도 있지만, 대개 그 상처는 나무등걸처럼 썩어 없어지거나 고사목이 되곤 한다. 나아가 그루만 남은 둥치에서 새로운 희망의 싹이 트기도 한다. 고통은 사람을 일으켜 세우는가? 그들 내면의 꿈틀거리는 소생력을 보면 자연이 주는 치유력이 그저 놀랍기만 하다.

무엇을 표준이라고 정의할 수 없는 삶의 다양성, 무수한 등로와 하산길의 갈래를 보면 자연스럽게 인생이 연상된다. 길을 닮은 사람들, 인생을 닮은 길…… 바로 그 길에서 한 산꾼을 만났다.

"철석같이 믿었던 사람에게 등에 시퍼런 칼을 꽂히는 기분이 어떤 줄 아십니까? 겪어보지 않은 사람은 절대 그 기분 모를 겁니다. 동업이 깨지고 사업이 무너지면서 재산을 몽땅 날린 사람의 눈에는 절망밖에 보이지 않습니다. 내가 얼마나 깊이 절망감에 빠져들었던지 '저 사람 다 망가졌다' 는 소리도 들었어요. 사업체 생각만 하면 화가 치밀어 목이 뻣뻣해지고 몸에 쥐가 나서 손조차 펼 수 없었습니다. 이를 갈면서 악에 받쳐 발악을 하기도 했죠. 억울하다고, 이렇게 무너질 순 없다고, 반드시 갚아주겠다고…… 간이 엉망이 되면서 얼굴이 새까맣게 타들어갔죠. 거기다 아내가 점점 집을 비우기 시작하고…… 그러다가 산꾼 친구의 권유로 산에 오르게 됐지요. 지금은 내 손이 부서지나 이 차돌이 부서지나 내기하면서 어금니 꽉 깨물고 삽니다. 또다시 당할 수는 없잖아요. 요렇게 단단하게 돈 벌 겁니다.”

산행에서 만난 김명철 사장은 자신의 의지를 드러낼 때마다 어김없이 입에 힘이 모아졌다. 눈은 매섭게 빛났고 주먹을 쥔 손이 파르르 떨렸다. 그가 손을 펼쳐보이자 손 안에는 하도 만져서 반질반질해진 사리 같은 차돌이 들어 있었다.

“앞으로 내가 사업을 다시 한다면 이 차돌처럼 단단하게 할 겁니다. 과거와는 전혀 다를 거란 말입니다. 저 산에 있는 바위가 죄다 바스러질 때까지 오르고 또 오를 생각입니다. 난 반드시 일어날 거고요.”

그는 사뭇 결심을 확인하듯 어금니를 깨물었다. 일행 중 누군가가 말참견을 했다.

“산을 무슨 악으로, 깡으로 다니십니까? 즐기며 다니셔야지……”

영락없이 꾸짖는 투다.

“모르는 소리 마세요. 한을 품어야 산도 오르는 겁니다. 내 원이 모두 풀리면 산에 오를 일도 없을 걸요.”

그와의 대화는 여기서 잠시 끊겼다. 길을 보아하니 우린 갈림길에서 다른 방향을 잡고 하산해야 했다. 나는 김 사장에게 면박을 준 사람처럼 '무슨 역하심정으로 산을 오른단 말인가' 하고 생각했다. 그

그대는 산을 타는 게 아니라,

마음을 타는 것이다.

강인한 의지로 마음의 산을 넘어

금석의 맹약을 이뤄내는 것이다.

산 아래선 잠재울 수 없던

욕망을 넘어서는 것이다.

그대의 산은 그대 안에 있다.

가 들고 있던 차돌보다 더 딱딱하게 굳어가고 있는 그의 마음이 늦가을의 서리처럼 싸늘하게 다가왔다.

그의 의식을 통째로 두들겨 피멍이 들게 한 사업이란 대체 무엇일까? 기다렸다는 듯 김 사장은 볼트와 너트처럼 꽉 물린 턱을 열었다.

"배웠다는 놈들은 한마디로 남 등치는 데 선숩다. 간까지 빼줄 듯하더니 요리조리 핑계를 대가며 자기 지분을 늘리다가 결국에는 죄다 빼서 나가더라고요. 그 일당들 등쌀에 도저히 버틸 수 없어서 다 주고 나왔어요. 떠날 때 이를 갈았죠. 어디 두고 보자고요. 나중에 두고 보자는 놈 무섭지 않다는 얘기 틀렸다는 거 꼭 보여줄 거라고 작심했죠. 똑바로 살라고 말하려면 내가 오뚝이처럼 보란 듯 일어나야 합니다. 그래서 악착같이 사는 겁니다."

나는 산장에서 소주 한 잔을 건네며 그와 말을 틀 때부터 하산길이 어떨지 눈에 그려졌다. 말이 인생의 방향을 결정한다더니 딱 그 전형적인 예를 보는 듯했다. 사람은 제각기 모든 산의 이름으로 솟아 있다. 산에 오른다고 모든 사람이 산기운에 호연해지는 게 아니다. 김 사장은 말을 끝맺었는지 앞서 산길을 재촉하며 나섰다. 산행 동기야 어찌됐든 나는 그가 산의 정기를 받아 앞으로 하는 사업이 차돌처럼 단단해졌으면 좋겠다며 작별의 인사말을 했다.

산에서야 무엇인들 작심하지 못하겠는가? 진짜 문제는 저 아래에 있지 않은가? 자기 마음으로 잡을 수도 있고 놓칠 수도 있는 것이 세상사요, 그것을 시험하는 것이 산의 풍경이라면 결국 산이 문제가 아니라 자신이 문제라는 생각이 들었다.

간밤에 김 사장이 털어놓던 이야기가 생각났다.

"허방(땅바닥이 움푹 패어 빠지기 쉬운 구덩이)을 딛고 천길 낭떠러지로 굴러 떨어지는 꿈을 천만 번도 더 꾸었습니다. 사업에서 밀려나니 나만 모자란 것 같고, 그게 발목을 잡아 더욱더 일이 안 되더군요. 그 징크스를 깨기 위해 산에 오르고 차돌을 늘 손에 쥐고 다닙니다."

나는 그가 생활과 사업이 놓여 있는 산 아래에서도 차돌을 손에 쥐고 있는지 궁금해졌다. 사람들이 산에 오는 이유는 정말 천태만상이다. 죽기 싫어서 오는 사람이 있는가 하면 죽기 위해 오는 사람도 있다. 사람을 피해서 오기도 하고 갈 데가 없어서 하염없이 산에 파묻히기도 한다. 머리를 깎기 위해 오는 사람도 있고 속세를 더욱 세게 껴안기 위해 오는 사람도 있다. 산은 도무지 납득하기 힘든 포용력으로 세상만사를 붙잡아주고 있는 셈이다.

김 사장이 사라진 산 뒤꽁무니를 바라보며 나는 생각에 잠겨 터벅터벅 내려왔다. 나는 늘 결정적인 순간에 물러서곤 했다. 차돌은커녕 잘 부스러지는 서벅돌 하나 챙기지 못하고 참 물렁물렁했다. 오래전, 첫 직장생활을 할 때 선배가 했던 말이 생각났다.

"김 대리는 1전짜리 딜에 너무 약해. 거기에 대충하니까 다부지지 못한 거야. 우리가 뭘 먹고사는 줄 알아? 귀 떨어진 돈이야. 온전한 엽전이 아닌, 엽전 귀퉁이에서 쬐끔 흐르는 쇳가루를 먹는 거야!"

나는 얼마나 다부져야 김 사장처럼 손에 사리를 들고 다니게 될까? 출산(出山) 중에 보이는 바위나 등산화에 걸리는 뭇 자갈, 심지어 팔색조조차 여물고 단단하기는 나보다 훨씬 나을 거라는 생각이 들었다. 그들의 삶의 행장이 단단하게 조여진 그 어느 배낭보다 더욱 야무질 것만 같았다.

그대, 진산을 오르고 있는가

마음의 산을 진정으로 갈고 닦아라. 산이 대답할 것이다

"A그룹은 내가 15년간 몸 바쳐 일한 회사였지. 당시에 세계경영을 부르짖을 정도였으니 얼마나 자부심이 넘쳤겠어. 헌데 총수 한 사람이 전횡을 일삼다 한순간에 무너지는 것을 보고 내가 쌓은 산이 진산(眞山)이 아니라, 허산(盧山)이었다는 것을 뼈저리게 깨달았지. 한번 무너지기 시작하니까 순식간이더군. 하루아침에 내 청춘을 송두리째 바친 경력도 날아가고 어디 가서 그 회사 얘기를 해봐야 돌아오는 건 뻔했어. 망한 회사라는 이미지가 꽉 들어박혔으니까. 회사가 망하면서 내 모든 걸 잃어버린 거야. 그때 인생의 목표를 다시 잡았어. 어차피 취직이 안 된다면 내 산을 올리자고 말이야. 자그마한 동산이라도 좋으니 내 산을 만들자고 생각했어. 그렇게 해서 지금의 회사를 창업한 거야. 처음부터 난 원칙을 세웠어. 앞동산, 뒷동산이어도 좋으니 내실 있게 하자. 사업을 접으면 접었지 차입은 금물이라는 것이 내 원칙이었어. 내 젊음, 내 사회생활, 내 경력과 함께 무너진 경영행태

를 반면교사로 삼은 거지."

산행 중에 휴게소에서 점심을 끓여먹으며 남윤기 사장은 회한이 묻어나는 좌절과 희망을 들려주었다. 주말을 낀 연휴라 그런지 백두대간의 꼭두인 강원도 산에도 사람들이 적잖게 모여들었다. 코펠이 달각달각 끓어오를 때 나는 라면을 넣었다. 돼지고기를 듬뿍 넣어 끓인 그의 김치찌개를 보니 소주 한 잔이 그리웠지만 산행 중의 음주는 금물이다.

"한동안 술에 절어 지냈지. 되는 게 있어야 말이지. A그룹에서 명퇴금 얼마나 받고 나왔냐, 우리 하청업체라도 소개해줄까, 이 어려운 시기에 참 걱정이다, 뭐 특별한 계획이라도 있냐…… 친구들의 이런 말이 왜 그렇게 성가시고 짜증스럽던지. 사실은 다들 누구 처지를 고민해줄 주변머리도 못 되는 입장이었거든. 술을 마시며 한 1년을 보냈나? 퍼뜩 이래서는 안 되겠다는 생각이 들더라고. 그때가 마흔다섯 살이었어. 답답한 마음에 이전 직장 사람 중에 산에 오르는 동료와 막걸리를 사들고 북한산에 올랐지. 처음에는 갈 데도 없고 답답해서 올랐는데 거기서부터 새로운 전기를 마련하게 된 거야. 산에만 올라가면 이상하게도 빨리 내려가서 뭔가 내 일을 찾아야겠다는 생각이 마구 밀려들더라고. 다급해지기도 하고. 그런 이상한 설렘, 흥분을 느끼며 내려오면 이놈의 세상은 또다시 막막하기만 했지. 여기저기 돌아다니다가 간신히 지금의 사업거리를 잡았어."

남 사장은 산과 그 아래를 배회하다 자신이 해온 일이 곧 산이고, 사람이 산이라는 것을 깨닫게 되었다고 한다. 그 산을 헤치며 다니다 오퍼상이라는 사업 아이템을 잡았다. 그는 이전 회사의 인맥을 최대한 활용해 홍콩 바이어를 물색했고 거기서부터 조금씩 돈을 모으기 시작했다. 그러다가 어느 정도 종자돈이 마련되자 조그마한 부품 공장을 하나 인수했다. 말이 좋아 부품 공장이지 가내수공업체나 다름없었다. 착실히 내실을 다지면서 납품원가를 낮추는 전략으로 회사는 단단히 여물어갔다. 당초의 결심대로 작지만 튼실한 그의 공장은 부채가 전혀 없다.

"내가 직장생활과 사업에서 배운 것은 진산을 쌓아야 한다는 거야. 아무리 작아도 사업체는 탄탄하게 운영해야 하고 진심을 다해 우공이산(愚公移山)의 자세로 산을 쌓아야 하지. 나는 사업을 키워 대기업이 되는 것은 바라지도 않아. 바란다고 되는 것도 아니고. 많은 사람이 자기 능력은 생각지도 않고 허욕에 들떠 있지. 속빈 강정 같은 회사는 사장뿐 아니라 직원들에게도 죄악이야. 물론 외형과 확장도 중요하지만 나는 언제나 부채비율을 제로(0)로 유지하려고 해. 자칫하다간 공든 탑을 한순간에 무너뜨릴 수 있다는 것을 가까이에서 봤기 때문에 내가 이 원칙을 버리는 일은 앞으로 사업을 하는 한 절대로 없을 거야. 남의 돈은 정말 무서운 거야. 그때 온 나라가 그 정도 겪었으면 됐지 또 그럴 수는 없는 거잖아."

그는 최근의 기업 행태를 날카롭게 꼬집었다. 여전히 기업들이 확장 중심이고 차입 경영의 무서움을 모르며 외형만 늘려 가면 그룹이 되는 줄 안다며 질책이다. 나아가 오너 일가의 전횡이 예전과 하나도 달라진 게 없다고 개탄했다.

그는 진산을 위해 오늘도 산행에 나서는 것인지도 모른다. 산에 오르면 과거의 자신이 비춰지고 밥술깨나 먹게 된 지금에 감사하게 된다고 한다. 그는 산에 오르기 위해 집을 나설 때마다 만나게 되는 걸인들 앞에서 언제나 발걸음을 멈춘다.

산을 오를 때, 그대 참으라.
산 같은 인생을 오를 때,
그대는 격정의 고통을 인내하라.
인생은 허산이 아닌, 진산을 오르는 것
그곳에 그대의 정상이 있다.

"사람 팔자 한순간이지. 그 사람들을 보며 미안한 마음을 갖는 게 나를 위해서도 좋은 일이야. 마음이 부자라야 진심으로 산을 오르고, 올리지."

그와 나는 배낭을 챙겨 어느새 고갯마루를 향하고 있었다. 오늘밤에 달이 휘영청 떠오르고 달 빠진 술잔을 털어 삼키면 그가 그간 묵혀온 이야기보따리를 죄다 풀어낼 것만 같았다.

허산(虛山)은 위산(僞山)이요, 진산(眞山)은 실산(實山)이라!

마음속에서 진산 얘기가 계속 맴돌았다.

세상에, 산이 달라졌네

올랐던 산이 낯설어질 때는 산 아래에서 어떤 변화를 겪은 것이다

몇 해 지나 올랐던 산을 다시 올랐을 때, 뭔가 낯선 느낌에 젖을 경우가 있다. 대체 무엇이 달라진 것일까? 세월 따라 산도 달라졌겠지만 사실 산이 달라진 것이 아니라 내가 달라진 것이다. 산은 늘 그랬듯 그 자리에 우뚝 서 있지만 산꾼은 산 아래에서 무수히 많은 변화를 겪고 다시 산을 오른다.

인생사에는 숱한 변화가 찾아들고 산꾼의 삶과 사업은 그 회오리에 휘둘리게 마련이다. 어느 것 하나 제자리에 머물지 않는다. 산만이 홀로 제자리를 의연히 지키고 있을 뿐이다.

산이 달라졌는가, 아니면 내가 달라졌는가? 산꾼 경영자는 산행을 하면서 산 아래에서 던졌던 화두를 다시 끌어안고 간다. 답을 찾지 못한들 어떠랴. 그들은 이미 산행만으로도 제행무상(諸行無常)의 세계에 빠져든다. 변화에 휘둘려 그 낯선 칼날에 베어져도 그들은 오늘도 걷는다. 걸으면서 세상사를 조망하고 대자연에 지친 심신을 풀어

놓는다.

하지만 스스로 지켜야 할 것이 있다. 계절의 변화처럼 무궁무진한 자연 변천사의 현장에서 그 조화를 읽어내고 원칙을 가려내 이를 가다듬어야 한다. 그래야만 중심을 반듯이 세울 수 있다. 결국 경영의 길은 뚜렷한 주관적 선행의지를 드러내는 것과 다를 바 없다.

햇봄이 찾아든 지리산에 이제 막 봉오리를 터뜨린 떡갈나무 숲을 지나며 구인성 사장 일행은 잠시 멈춰 섰다. 목덜미로 상쾌한 땀이 줄줄 흘러내렸다. 잠시 간단한 행동식(行動食)으로 에너지를 보충하고 다시 7부 능선을 향해 치달을 요량이었다. 서울에서 야간열차를 타고 구례역에 도착해 노고단까지 버스로 이동한 다음 새벽행군을 시작한 지 4시간 남짓 지났다.

7, 8년을 의기투합해 산꾼으로 동행한 그들은 별별 사연을 다 겪으면서도 경영현장에 서 있는 경영자의 커뮤니티라는 인연의 끈을 끈덕지게 이어왔다. 물론 경쟁도 하지만 신산한 나이에 접어들며 정보도 교환하고 경조사도 챙길 때가 됐다는 것을 몸으로 체득한 사람들이다. 저가 중국산의 도전, 한미 FTA의 향방, 환율, 구인난, 갈수록 쪼그라드는 이익 등 사방팔방이 도전거리였다. 정신을 바짝 차리지 않으면 밥그릇이 날아갈 판인 터라 사업의 깔딱고개를 오를 때 서로 의지가 됐고 자연스럽게 협력이 강화됐다.

무엇보다 그들을 긴장시키는 것은 내가 지금 하는 일이 글로벌 무한경쟁과 무관한 것은 아닌지, 언제 어디서 추격해올지 모르는 경쟁자에게 추월당하는 것은 아닌지, 나만의 눈으로 사업을 바라보며 비즈니스 지형도를 읽고 있는 것은 아닌지 하는 상시적 두려움이었다. 그것은 스스로를 경계하는 반성의 자세였고 본질이 아닌 겉모습에

쇠창처럼 솟은 풀잎들,

깃대 같은 나무들,

병정같이 도열한 숲들……

계절이 치장하고 간 길에는 산만이 남는다.

취해 발을 헛디디지는 않을까 하는 걱정이기도 했다. 그래서 그런지 그들의 산행은 남달랐다.

"봄꽃이 지천인 산야를 누비며 내가 스스로 경계하는 것은 이 풍경에 혹시 현혹되는 것이 아닌가 하는 점입니다. 산의 꽃무리에 취하면 탄성을 지르면 그만이지만, 만약 내가 사업을 그런 눈으로 바라본다면 나는 경영의 어느 지점에선가 실족사하고 말 겁니다. 화려한 봄꽃들을 볼 때마다 사업을 하며 온갖 화려한 것에만 눈을 빼앗겨온 것은 아닌지 자문하게 됩니다. 돈, 명예, 사회적 위신, 체면에 신경 쓰느라 사업의 본질에 제대로 다가가지 못할까 염려되는 겁니다. 봄 한철만 화려하게 피어나는 꽃처럼 한살이 경영을 해온 것은 아닌가 하는 생각을 하게 되죠. 그럴 때는 밤잠이 안 옵니다. 하지만 산에서 비박을 할 때면 그런 두려움은 훌훌 날아가죠. 자연은 내게 엄청난 잠언이자 위안으로 다가옵니다."

한참을 골똘히 생각에 잠겨 있던 원로회원 임우성 회장이 이제 막 봉오리가 벌어지는 나무를 가리키며 구 사장의 말을 받았다.

"내 생각에 사업이란 저런 거요. 저 나무들을 보세요. 왜 위에서부터 봉오리가 벌어질까요?"

나는 임 회장이 가리키는 나무 끝을 올려다보았다. 수없이 산을 올랐지만 나뭇잎을 키워내는 봉오리가 위에서부터 펼쳐진다는 것은 처음 깨달은 사실이었다. 임 회장이 말을 이었다.

"그건 성장 때문입니다. 위로 영양분을 끌어올려 성장을 도모하고 햇빛을 가장 많이 받는 위의 잎으로부터 광합성을 받아 줄기와 뿌리로 영양을 내려 보내 튼튼하게 하려는 것이지요. 기존의 뿌리와 줄기는 이들이 제 역할을 잘하도록 버팀목이 되어 줍니다. 안정과 성장의 선순환 구조라고 할 수 있죠. 나는 산행에서 만나는 모든 사물에 경영의 신이 들어 있다고 생각해요. 이를 테면 경영 애니미즘이라고나 할까요? 가르침은 어디서나 얻을 수 있어요. 산 아래에서든 산 위에서든 아니면 길 위에서든 사무실에서든…… 내가 우리 회사의 성장에 목말라하는 것도 이 때문입니다. 자라지 않으면 지진아가 되거나 고사(枯死)하고 마니까요."

나를 비롯해 일행은 고개를 끄덕였다. 특히 젊은 회원들은 '아!' 하고 탄성을 지르는 듯했다. 그들은 고참 회원들이 머리가 희끗한 나이에도 정력적으로 사업을 하는 이유가 세상과 사업을 조망하는 통찰 때문이라고 생각하는 것 같았다.

"사업은 하늘을 찌르는 나무를 키워내는 일입니다. 그런 나무조차 겨울이 되면 나뭇잎부터 먼저 떨어뜨리지요. 바로 이때가 속으로 알차게 성장을 도모하는 시기입니다. 그래서 겨울에 자란 부위의 나이테는 짧고 나무는 단단해집니다. 내실 다지기지요. 우리도 사업을 이렇게 할 수 없을까요? 산은 참 많은 걸 가르쳐줍니다."

나는 산꾼 경영자들의 이야기를 들으며 나무가 그렇듯 산도 화산폭발이나 지각변동을 통해 지금의 봉우리를 키워낸 게 아닐까 하는 생각을 했다. 임 회장이 다시 배낭을 둘러매자 누구도 힘들다는 내색을 하지 않고 앞서 걸어갔다.

등로 옆의 메숲을 지날 때면 산꾼 경영자들은 빽빽이 도열한 나무를 보며 상념에 젖어든다. 나무들이 이만큼 자랄 때까지 땅은 과거의 어느 순간에 작고 여린 싹을 내놓아 주었을 게다. 씨앗들은 어디선가 날아와 제자리를 잡기까지 수없이 방황하고 자기연민과 두려움에 온몸을 떨었을지도 모른다. 그처럼 힘들게 제자리를 잡고 모진 비바람을 맞으면서도 쑥쑥 자라난 것을 보면 감격스럽다 못해 탄성이 나온다. 대체 어떤 싹이 이처럼 우람한 모습을 만들어냈을까?

기름지고 넙데테한 땅일수록 나무들은 미끈하게 솟는다. 그런 땅을 만난 씨앗들은 누구보다 행운아이다. 그래서 나무도 팔자소관이겠거니 한다. 그렇다고 그들을 키워낸 토양에만 눈이 가는 건 아니다. 비탈길이든 바위틈이든 비집고 들어가 숱한 세월을 인고하며 온몸으로 바위를 붙잡고 뿌리를 뻗어 내려간 녀석들에겐 더 큰 애정이 솟구친다.

인생사 자기가 할 나름이라는 원칙을 고스란히 비춰주는 그 녀석들을 보면 환경 탓만 해온 나 자신이 부끄럽기도 하다. 세상 모든 산의 후미지고 황폐한 조건을 이겨낸 끝에 우람하게 서 있는 나무들을 보면 흡사 그늘에서도 묵묵히 제몫을 다하는 직원들을 보는 것 같아 감동이 느껴진다.

열악한 자연은 그저 환경에 불과할 뿐이지만 그래도 싸가지 없는 나무들은 산 탓만 한다. 그래서 삐뚤빼뚤 왜곡되게 자라고 서로 뒤엉킨다. 늘 뭔가가 부족하니 더 달라고 투정을 부리는 직원들 같다.

송문호 사장은 늘 메숲 앞에서 발걸음을 멈춘다. 꼿꼿하게 제몫을 다하며 숲을 이루는 나무를 보면서 상념에 젖는 것이다.

'직원들을 저렇게 키웠다면……'

속 터지게 하고 답답하게 옹그라진 직원들의 모습이 마음속을 휘휘 휘젓는다. 작은 생각만 하는 그들을 볼 때마다 잡목을 보는 듯한 답답함이 밀려든다. 못난 숲을 보면 배퇴감(背退感)과 그 같은 직원을 길러낸 자신에게 아쉬움이 앞선다. 그러나 미끈하게 뻗어 올라간 숲에서는 그 숲을 닮은 직원을 길러내고 싶은 간절함이 더해진다.

아무리 회사 사정이 어려워도 가까스로 월급 날짜를 맞춰주면 늘 월급봉투의 두께를 투정하기 십상이고, 회사에 자기가 꼭 필요할 것 같다 싶으면 그동안 공 들인 거 다 무시하고 냅다 회사를 바꿔 타는 직원, 기술이 좀 있다 싶으면 수시로 무리한 요구를 해대는 직원, 실력도 없으면서 억수로 잘난 체를 하는 직원들의 뒤틀어진 모습을 생각하면 입맛이 탕약을 삼킨 것처럼 쓰다. 그러다가 회사 사정이 어려워지면 대개 저 살 궁리만 한다. 송 사장은 눈을 질끈 감고 깊은 생각에 잠겼다.

'내가 바꾸는 게 낫지. 직원들이 내 맘 같지 않다고 탓해 봐야……'

나무는 산을 닮고
산은 경영자를 닮는
다. 산에 들어 하늘
을 찌를 듯 솟구친
나무를 보면 경영자
는 다가가 저절로
안고 싶어진다.

나무는 산을 닮고 직원은 사장을 닮는다고 하던가? 송 사장은 자기 책망을 앞세웠다.

'내가 회사의 산이니 부족한 직원들이 늘 어떤 식으로든 요구하는 것은 당연한 거겠지……'

그는 산에서 나무를 보는 것이 아니라 자기 자신과 직원을 보고 있었다. 산이 펼쳐 놓은 풍경을 보며 경영의 산에 함께하는 숱한 나무를 보는 것이다. 등로를 가로막는 치받이길, 바윗길, 에움길 같은 것은 산행을 하며 겪는 흔하기만 한 장애물이다. 그는 그 장애를 넘어 등로변에 펼쳐진 온갖 나무를 보고 또한 그 나무를 키워낸 산을 본다. 등로를 꼭꼭 다지고 선 나무의 인고와 함께한다.

"대한민국에서 중소기업을 한다는 것은 말이죠, 헛되이 나무를 심고 가꾸는 것과 다를 바 없어요. 기껏 키워놓으면 대기업으로 날아가고 돈 많이 준다면 언제 그랬냐 싶게 훌쩍 떠나가죠. 이런 일이 일상사로 일어납니다. 그렇다고 대기업처럼 대우를 해줄 수도 없고. 그야말로 인재 고갈입니다. 쓸 만한 사람 찾느라 발품을 팔다 보면 복장이 터집니다. 그래서 산을 찾게 되죠. 산에 와서 나무들을 보면 나 자신을 돌아보게 됩니다. 큰 나무를 품는 산이 부럽고 나는 왜 저런 큰 산이 되지 못하는가, 왜 큰 나무들을 품지 못하는가 하는 생각이 들죠. 내가 아무리 커다란 비전을 애기해도 그때뿐이고 누구도 사장이 기울이는 공은 알아주지 않아요. 참 씁쓸하죠. 당장이라도 때려치우고 싶을 때가 한두 번이 아닙니다."

잡목만 우거진 산을 보면 불을 지르고라도 종자 좋은 나무로 다시 심고 싶다는 송 사장은 그래도 산을 내려갈 때는 다시금 마음을 다잡는다고 한다.

"우리 업계에서 잘 알고 지내는 분이 있는데, 그분은 사업한 지 한 30년 되셨어요. 그분이 그러시더군요. '여보쇼, 송 사장. 너무 실망할 것 없어요. 당신도 언젠가 모시던 사장 섭섭하게 하고 나온 거 아니오. 사장은 전생에 죄가 있어서 하는 거라니까.' 그러면서 그분은 '중소기업은 그저 못난 나무가 산을 지킨다'고 생각하고 경영하는 거라고 하더군요. 30년을 겪어보니 딱 그렇더래요. 참 마음에 와 닿는 말이더라고요. 그래도 좀 억울하긴 합니다. 숱하게 소주잔 돌리고 상갓집 찾아다니며 밤샘하고 애 입학이나 졸업식 챙겨줘 가며 할 일 다 해줘도 쥐꼬리만 한 잇속에 떠나더라고요. 개중에는 형님 소리 하며 달라붙던 녀석이 꼭 같은 업종의 회사를 차리기도 합니다. 실망스런 인간 참 많습디다."

송 사장이 산을 찾는 이유는 땀을 실컷 흘리고 정상에서 바람을 맞으면 인간사에 찌든 때가 모두 씻기는 듯해서라고 한다. 마치 뽕을 맞은 것처럼 시름이 훌훌 날아가는 맛에 취해 산에 오른다는 것이다.

대한민국 중소기업 사장들이 산에 오르는 데는 분명 이유가 있다. 물론 그 이유는 산 아래서도 수없이 생겨나지만, 무엇보다 배낭을 짊어지고 산에 오르면 산은 어떤 식으로든 위안을 주고 가슴을 쓸어준다. 송 사장은 자신이 전생에 산에 뿌리 내린 나무라 그곳을 찾지 않고는 못 배기는 것인지도 모른다고 말했다. 덧붙여 자신은 뭐 좀 해보려고 산 아래로 내려간 홀씨에 불과해 바람만 불면 이리저리 흔들리며 사는 것인지도 모르겠다고 한숨을 지었다.

아마도 많은 산꾼 경영자가 그의 말에 공감할 것이다. 그러기에 그들은 산을 탄다. 숯처럼 새까매진 가슴으로 눈물을 삼키며 산을 오른다.

흔들바위 앞에서의 명상

산꾼 경영자는 흔들릴지언정 뽑혀 나가지는 않는다

"저 바위만 보면 많은 생각을 하게 됩니다."

설악산 계조암에 이르렀을 때, 흔들바위 쪽을 바라보며 최희상 사장이 입을 열었다.

"저게 언제부터 저 자리에 놓여 있었는지는 모르지만, 생김새도 특이하고 들르는 놈마다 죄다 흔들며 찝쩍대도 조금 움직일 뿐 뽑혀 나가지는 않습니다. 저걸 보면 꼭 내 인생 같다니까요. 허허허."

최 사장은 흔들바위 앞에만 서면 온갖 시련에도 끝내 살아남은 자신과 회사가 생각난다고 했다. 흔들바위가 까딱거릴 때는 지조도 주관도 없어 보이지만, 기어코 자기 자리를 지켜내는 것이 꼭 인생을 가르쳐주는 것 같다고 했다. 그 바위도 뽑혀나가지 않으려고 안간힘 쓰며 속으로 인고의 심지를 박아 넣고 있으리라. 그 아픔을 생각하니 슬며시 정이 솟구친다. 수없이 밀어대도 여전히 그 자리에 남아 있는 경영자의 모습처럼 말이다.

　최 사장은 세파에 흔들려도 굳건히 제자리를 지키고 있는 흔들바위를 보면 자신의 인생역정과 클로즈업이 된다. 그도 그럴 것이 그는 사업을 하며 숱한 부침을 겪었다. 어떤 때는 하루아침에 뒤바뀐 정부 정책으로 부도 직전까지 내몰렸고, 또 어떤 때는 바이어가 거래처를 바꾸면서 공장이 한순간에 멈춰버린 적도 있다. 어디 그뿐이랴. 회사를 뛰쳐나간 내부 임원이 소송을 걸어 송사에 휘말리는 것은 물론, 적대적 인수합병을 추진해온 대기업 때문에 사장자리가 흔들거리기도 했다. 그렇게 세파는 그를 몹시도 흔들어댔다. 하지만 그는 가슴 밑바닥에서 인생의 끈을 놓지 않는 뭔가를 부여잡고 용케도 견뎌왔다.

　그런 시련 속에서도 최 사장이 지금껏 회사를 지켜온 비결은 무엇일까? 그는 자신이 강하기보다 약했기 때문에 회사를 유지하고 지탱해올 수 있었다고 한다. 자신의 유약함이 오히려 강점으로 작용했다는 얘기다. 휘어지되 부러지지 않고 갖고 싶되 계륵처럼 보이는, 갈구하되 흠이 있어 보이는 그의 특성이 회사를 지키게 한 힘이었던 것이다.

　"나보다 강한 회사나 사장들은 이미 오래 전에 죄다 부러졌어요. 저 나무 보이죠?"

　그는 등로 옆의 계곡 쪽으로 부러진 채 썩어가고 있는 나무 동강을 가리켰다.

　"자신이 세다고 생각하면 휠 줄을 모릅니다. 하지만 나는 시류에 맞춰 살아왔어요. 사업도 그렇게 해왔고…… 힘이 없기에 굴신도 했죠. 사람들은 참 이상한 구석이 있습디다. 내놓지 않으려고 하면 뭔가 더 있을까 싶어 흔들어대지만, 다 내놓겠다고 하면 괜스레 입맛을 잃고 오히려 손을 거두거든요. 마치 까탈스런 여자는 어떻게 해서든 꺾어보고 싶지만, 고분고분한 여자에게는 별로 흥미를 느끼지 못하는 것과 비슷하다고 할 수 있죠. 나는 갈댑니다. 늘 그렇게 믿고 사업을 해왔어요. 인생도 그렇게 살아왔고요. 남들보다 강해 보이면 뭐해요. 목수의 톱 세례나 받지. 갈대를 톱으로 썰겠다고 덤비는 나무꾼은 없잖아요. 그렇다고 갈대가 약한가요? 들불을 놔도 다시 살고 산불이 나서 몽땅 타도 다음해에 제일 먼저 싹이 올라오죠. 강하다는 건 어쨌든 살아남는 겁니다. 뿌리는 살려놓는 겁니다. 내가 저 흔들바위를 보며 여러 가지 생각을 떠올리는 것은 당연합니다. 나 같은 사람이 저것 보며 막걸리 한 잔 들이키는 게 설악산 산행의 묘미지 꼭 대청봉을 올라가야 제맛인가요? 하하하.”

그는 남들이 약점이라고 생각하는 것이 자신에게는 강점이라고 말한다. 남들은 욕망에 대한 강한 흡착력으로 바위를 넘고 산도 오르지만 그는 벌레처럼 기듯 천천히 오르며 생각을 하고 다짐도 했기에 여기까지 올 수 있었단다. 그런 그의 달통한 듯한 모습에서 허허실실의 경영자 모습이 엿보이는 듯했다. 하지만 사업을 포착하는 눈과 타이밍을 얘기할 때 그의 눈은 매처럼 번뜩였다. 나는 그런 그가 한편으론 섬뜩하기조차 했다.

“사내는 칼을 품고 다녀야 합니다. 사업이 칼처럼 단단하지 않으면 소용없어요. 사실 나는 칼집만 품고 사업을 해온 거나 진배없어요. 그래서 상대가 내 회사를 집어삼키려 할 때, 내가 칼도 없이 칼집만 휘두른다는 것을 모르게 하고 싶었죠. 저 아래는 고수들이 참 많아요. 내 사업은 실은 쭉정이라 저들이 손을 뗐구나 하고 생각했던 적도 많지요. 어느 정도는 사실이기도 하고. 그때마다 빈 칼집을 더듬으며 갈대처럼 울었지요. 내 칼이 어서 자라기를 고대하면서 말입니다. 흔들리면서도 내 길은 곧추 걸어왔고 칼을 키웠습니다. 이제 조금은 사업이 자리를 잡아가는 듯합니다.”

세상에 대충 사업을 하고 대충 성공한 사람이 어디 있겠는가? 그런 말은 대충 죽지 않고 살아있다는 말과 다르지 않다. 나이가 들수록 산의 매력에 푹 빠져드는 건 온갖 풍상에도 용케 버티고 있는 바위가 전해주는 도를 깨달아서가 아닐까? 산꾼의 얘기가 목탁 소리에 잠겼다.

적응방법을 가르치는 산행

산에서 배워야 할 최고의 교훈은 적응이다.
그 외에 또 무엇을 배워야 하는가

"강물로 넘실거리는 계곡의 이편과 저편 세상은 완전히 다르더군요. 그 무렵 나는 사업을 했는데 혼신을 다해 제품을 개발했지만 결국 실패하고 말았죠. 그건 마치 내가 만든 제품이 계곡 저 너머로 건너가지 못하는 것과 같았습니다. 이 계곡과 저 계곡 사이에는 넘기 힘든 거리가 있습니다. 강물을 넘어 저쪽 계곡으로 넘어가려면 대단한 혁신의 노력이 있어야 하죠. 생존엔 바로 그런 게 필요합니다. 계곡을 건너면 세상이 완전히 달라집니다. 거기서부터는 다른 고민을 하게 되니까요."

안회철 사장은 산행이 산 아래서 하는 사업에 대한 고민이나 전략적 판단과 전혀 다르지 않다는 점을 강조한다. 산꾼 경영자로 불릴 정도는 아니라는 그가 산행을 통해 얻은 경험을 줄곧 경영현장에 적용하는 이유는 생사가 걸린 일촉즉발의 경험을 했기 때문이다.

산을 좀 탄다고 자부하던 시절, 그는 날씨를 무시하고 산행을 강행

한 적이 있다. 장마철의 입산금지 경고조차 무시했다. 다음주부터는 바빠질 테니까 후딱 산에나 한번 갔다 오자고 무리수를 둔 게 탈이었다. 흐린 날씨는 국지적으로 몰아치는 빗줄기를 쏟아내며 산 전체를 수묵화처럼 맑게 물들였다. 계곡을 따라 트래킹을 하던 그는 갑자기 천둥번개를 동반한 비에 그만 아연실색하지 않을 수 없었다. 계곡물은 순식간에 불어나면서 콸콸 넘치기 시작했다.

급히 산등성이 쪽으로 이동했지만 계곡 이쪽에 머물다가는 큰일을 당하고 말겠다는 두려움이 밀려들었다. 마음이 다급해지면서 우당탕탕 흘러가는 물이 마치 자신을 자석처럼 끌어당기는 것만 같았다. 그는 서둘러 능선을 타고 상대적으로 안전한 저편으로 넘어가고자 했다. 그런데 올라올 때 그토록 많았던 다리가 눈에 띄지 않았다. 산이 그런 것이 아니라 내 마음이 허둥거리는 것이니 잘 찾아보자고 속으로 수없이 마음을 다잡았지만 심장은 거세게 요동을 쳤다.

천우신조로 마침 저쪽 등성이에서 하산을 하던 사람들이 다리가 있는 방향을 알려주었다. 그는 급히 몸을 움직여 난간 위로 올라섰고 등산화에까지 물이 닿을 듯한 위기상황을 벗어났다. 그런데 그게 끝이 아니었다. 다리가 한쪽으로 기울어지면서 몸이 쏠렸고 순간적으로 등골이 오싹해졌다. 아무리 철제 다리일지라도 불어난 물에는 속수무책일 수 있다. 자칫하다가는 불어난 물에 순식간에 빨려들어 갈지도 모른다는 생각에 그는 신속하게 다리를 건넜다. 얼마 후 철교가 한쪽으로 뒤틀리며 쏠리는 것이 눈에 들어왔다.

그때의 뜨악한 경험으로 그는 세 가지 가르침을 얻었다고 한다.

"아, 정말 목숨 걸고 얻은 교훈입니다. 하나는 이른바 환경이라는 것은 나와 별개로 존재한다는 겁니다. 그걸 무시할 때 비극은 시작되

혁신의 다리를 건너
그대는 닥쳐올 죽음을
가능한 삶으로 바꾸어놓아야 한다.
사는 길을 찾고자 하거든
죽음을 내던지고 혁신의 다리를 건너라.

죠. 두 번째는 냉철한 판단력과 신속한 행동이 요구될 때 머뭇거리면 죽음을 자초한다는 것입니다. 그때 만난 분들이 다리의 위치를 몰랐고 내가 신속히 움직이지 않았다면 어찌 되었을지 생각하면 지금도 소름이 끼칩니다. 세 번째는 이 모든 게 경영현장에서 그대로 벌어진다는 것입니다. 적응이니 혁신이니 하는 말이 죄다 그것과 일맥상통하죠. 나는 앞으로 판단을 늦춘 탓에 물귀신이 되는 일은 없을 겁니다. 아무리 위태로워도 죽음을 앉아서 맞이하기 위해 이편에만 머물지는 않을 것입니다. 그게 그 시절의 미숙한 산행에서 내가 배운 점이죠."

산 위에서 배운 것은 대개 산 아래에 오면 그저 추억담으로 끝나게 마련인데, 안 사장의 경우에는 그것이 경영현장과 연결되며 경영교훈으로 재생된 셈이다.

"적응은 결코 수동적인 게 아닙니다. 오히려 가장 적극적인 것이죠. 그걸 기업이 방기할 때 위험은 가중되고 끝내 휩쓸려가고 맙니다. 나는 늘 내가 개발한 제품이 이쪽에 있는지 아니면 저편에 있는지 자문하곤 합니다. 물론 직원들에게도 말하지요. '힘들더라도 저 다리를 건너가자. 그게 우리가 사는 길이다!' 다들 시큰둥해하다가도 내 경험을 들려주면 수긍을 합니다. 직원들이 내 애기를 들어주는 것만으로도 우리 회사가 안전지대에 들어설 수 있다고 나는 확신합니다."

앞으로 경영현장의 계곡 트래킹을 어떻게 인지하고 받아들일 것인가를 늘 염두에 두고 있다는 안 사장은 '선생존 후번영'을 회사 방침으로 삼고 있다.

"일단 살아나면 기회는 또 오게 되어 있습니다. 이 바닥에서도 많은 회사가 갑작스런 급류에 자취도 없이 사라졌어요. 죽은 다음에는 산을 애기할 필요도 없는 거죠. 어떻게든 살아나야 합니다. 그러기 위해서는 좀더 주의를 기울이고 알맞은 선택을 하면 됩니다. 그게 경영이니까요."

요즘엔 일이 바빠 산을 거의 오르지 못한다는 그는 한고비 넘기면 몇몇 직원과 함께 산행 겸 워크숍을 떠나고 싶다고 말한다. 생각 같아서는 악천후 때 산행을 하고 싶지만 그렇게 하기란 쉽지 않을 거라고 볼멘소리를 한다. 그는 직원들이 좀더 치열한 경험을 했으면 하지만, 어쨌든 산행 자체만으로도 배우는 게 분명 있을 것이다.

앞으로 그는 경영의 산에서 어떤 폭풍우를 만나게 될까? 다리는 안전하게 걸쳐져 있을까? 만일 모든 다리가 떠내려간 다음이라면 어떤 선택을 해야 할까? 그와 애기를 하는 동안 내게는 수많은 질문이 꼬리를 물고 이어졌다. 하지만 나는 입을 다물었다. 그것은 산을 오르는 자만이 품게 되는 의문이며, 결국 산만이 대답해줄 것이기 때문이었다.

‖**길을 잃거나 긴가민가할 때는 위로 올라가야 한다**‖ 이것은 등산과 경영의 핵심 원칙이다. 정상에는 길이 몇 개 나 있기 때문에 그곳에서 주위를 살펴보면 방향도 알게 되고 올바른 길도 찾을 수 있다. 산꾼 경영자의 의사결정은 기업의 운명을 좌우한다. 경영자의 잘못된 결정이 수백, 수천 명의 직원을 하루아침에 길거리로 내몰 수도 있다. 중요한 것은 눈앞의 사소한 일에 현혹되지 않고 원리원칙에 따라 올바른 결정을 내리는 것이다. 위로 올라가 전체를 조망해보고 결정을 내리면 확실히 실패는 줄어든다.

‖**경영의 산을 오를 때는 등산화 속의 모래알을 먼저 봐야 한다**‖ 히말라야 8,000미터급 고봉 14좌를 완등한 산악인 엄홍길 대장은 등산화 하나를 신을 때도 등산화 속의 모래를 손톱으로 하나하나 꼼꼼히 털어낸 후 신는다고 한다. 그만큼 기본에 충실하다는 얘기다. 산꾼 경영자를 힘들게 하는 것은 먼 데 있는 높은 산이 아니다. 신발 안에 있는 작은 모래알이다. 등천하 하려거든 신발 안의 모래알부터 털어내는 역사(役事)를 이뤄야 한다. 그것이 산행에서 우리가 배워야 할 제1원칙이다.

‖ **평형대에 오르는 자세로 산을 오르고 내려선다** ‖ 산은 오를 때보다 내려올 때 더 조심해야 한다. 등·하강이 성공적으로 이뤄졌을 때라야 등산이 완성됐다고 할 수 있다. 하산할 때 자칫 긴장의 끈을 놓으면 치명적인 사고를 당할 수도 있다. 따라서 산행 중에는 반드시 마음의 평형을 유지해야 한다. 이는 분별심이자 평정심이며 균형감이기도 하다. 특히 산꾼 경영자는 산에 오를 때 이 같은 균형감을 갖는 게 무엇보다 중요하다. 기업 경영에서 자칫 한쪽으로 쏠리다가는 힘의 균형이나 방향이 무너지며 위기를 초래할 수도 있다. 늘 평형대 위의 경영감각을 유지해야 한다.

‖ **목표를 향해 한 발 한 발 걷지 않고 무얼 하겠는가?** ‖ 산행은 한 걸음 '더하기'가 끝내 '곱하기'가 되어 정상에 수렴되는 과정과 같다. 물론 정상은 산꼭대기를 의미하지만 등산의 완성은 처음 내디뎠던 그 자리에 안전하게 돌아오는 것을 뜻한다. 왼발, 오른발이 함께 움직여야 정상에 오를 수 있다는 것은 불변의 진리다. 작은 걸음걸음이 모여 나를 정상으로 이끈다. 그러므로 거북이처럼 느려도 포기하지 않고 오르고 또 올라야 한다. 그것 말고 달리 할 일은 없다.

‖ **인생이든 경영이든 길의 연속이다** ‖ 그 연속선에서 우리는 관계를 쌓고 사업을 하며 경영의 산에 오른다. 하지만 그 관계가 영원히 지속될 수는 없다. 언젠가는 내 등반을 멈춰야 한다. 그때를 위해 지금 무엇을 해야 할까? 등산이 정신적 성장으로 이어지도록 해야 한다. 그래야만 내 뒤의 다른 사람이 내가 놓은 길을 보고 산을 오를 수 있다. 경영의 산을 오를 때는 마음 한편을 남을 위한 길을 놓는 데 할

애해야 한다. 아무리 힘들어도 러셀(russell, 선두에 서서 눈을 쳐내어 길을 다지면서 나아가는 일)을 하는 선등자의 호의를 베풀어야 한다.

‖ 앞에 놓인 수많은 길 중에 나는 큰 길을 따르리라 ‖ 산꾼 경영자가 산행을 통해 되새기는 격언 중 하나는 '큰 길을 따르라' 는 것이다. 이는 경영의 산을 오를 때 후미진 산길을 벗어나 정도를 걷겠다는 자기신념과 일맥상통한다. 소롯길(사람이 적게 다니는 작은 길로 논둑길 같은 곳)만 다니다 보면 내 앞에 펼쳐진 큰 길을 잃게 되고 그러면 사업의 맥을 놓칠 수 있다. 성공은 메가트랜드, 즉 큰 흐름을 잡는 것이다. 정상까지 오르는 가장 확실한 길을 확보하고 싶다면 그 길을 절대 놓쳐서는 안 된다.

‖ 잠들면 죽는다 ‖ 경영현장은 잠이 없는 곳이다. 산꾼 경영자는 잠을 자더라도 일을 꿈꾸며 늘 위기 앞에서 새우잠을 청한다. 이는 심지어 정상에 선 채로 맞이하는 비박과도 같다. 까딱하다가는 굴러 떨어져 천길 낭떠러지로 추락할 수 있는 것이다. 1953년 7월 3일 오후 7시 무렵, 오스트리아 출신의 등반가 헤르만 불(당시 스물아홉 살)은 히말라야 8,000미터급 고봉 중 하나인 낭가파르바트(8,125미터)의 정상에 섰다. 세계 최초 등정이자 단독등반이었다. 하지만 초등의 환희도 잠시, 밤이 찾아오고 있었다. 안타깝게도 정상 도전에 앞서 몸을 가볍게 하기 위해 밤을 보낼 장비를 모두 버린 뒤였다. 앉을 곳도 없던 가파른 정상 근처에서 불은 세계 등반사에 남을 결단을 내렸다. 꼿꼿이 선 채로 '죽음의 비박' 에 들어간 것이다. 그는 잠들면 죽는다고 속으로 외치면서 선 채로 밤을 지새운 뒤 산을 내려왔다.

‖ 언제까지나 올라가기만 할 수는 없다 ‖ 하산을 미리 염두에 두어야 한다. 오를 때가 있으면 내려올 때도 있는 법이다. 유능한 산꾼 경영자는 내려가는 길을 미리 확보해둔다. 성공적인 등반은 안전한 하산에 달려 있음을 알기 때문이다. 이 점을 알고 경영의 산을 오르면 훗날 남게 될 명예까지 얻게 된다. 정상에서 부도덕한 행위로 미끄러지면 경영의 산을 오른 이유조차 한꺼번에 날아가 버리고 만다. 따라서 명예를 지키는 하산을 염두에 둔 산행을 해야 한다.

‖ 앞에 무엇이 있는지는 아무도 모른다 ‖ 늘 조심하고 경계하며 흐트러지지 않아야 한다. 마음을 놓는 순간 내 목숨은 어느 계곡, 어느 바위에 처박히거나 독사의 것이 될 수도 있다. 경영의 산을 오를 때도 마찬가지다. 오를수록 겸손해지고 뒤를 염두에 두어야 한다. 앞의 눈보라보다 뒤에서 하는 말이 발목을 잡는 경우가 많다는 것을 알고 늘 앞을 보고 나아가되 뒤를 챙겨야 한다.

‖ 내가 오르는 이 길에는 수많은 복병이 숨어 있다 ‖ 경영의 산을 오를 때 등 뒤의 배낭에는 잡념, 지친 체력, 나약해지는 정신력, 올라봐야 별 것 없다는 퇴행성 사고 등이 들러붙어 있다. 그런 것은 계속해서 물러서고 퇴각할 것을 부추긴다. 그때 어떻게 해야 할까? 세찬 폭풍보다 더 강한 의지와 집념으로 산을 넘어야 한다. 어렵지 않으면 보람도 덜하다. 그러므로 시련을 보다 큰 만족을 얻기 위한 과정이라 생각하고 스스로를 독려해야 한다. 자신을 향해 내려치는 채찍을 든 채 끝까지 올라야 한다.

‖ 지금 어떤 산을 넘고 있는지 알아야 한다 ‖ 경영의 산에는 크게 죽음의 산과 생명의 산이 있다. 죽음의 산에서는 즐거움보다 고통이 따르고 사업이 붕괴하거나 갑작스런 낙뢰 같은 불운이 작용한다. 또한 동반자의 낙오나 추락이 뒤따른다. 말을 듣지 않는 직원, 자신만 생각하는 경영자는 모두 죽음의 산에 산재한 불합리한 요소로 볼 수 있다. 반면 생명의 산에는 활력이 넘치고 새로운 성장 동력이 있으며 땀과 성취를 전 직원이 공유한다.

만약 경영자가 자신이 속한 기업이 지금 어느 산을 오르고 있는지 모른다면 그것은 곧 죽음의 산에 가까이 있다는 의미다. 지금 오르고 있는 산에 의욕과 서로에 대한 격려가 가득하다면 반드시 정상에 오를 수 있다. 따라서 경영자는 지금 내가 어느 산을 넘고 있는지 직감적으로 알아야 한다.

‖ 경영현장에서 등산경영의 세 가지 요체를 살려야 한다 ‖ 산꾼 경영자에게는 세 가지 사항이 필요하다. 첫째는 체력이다. 이는 몸의 상태가 그에 맞는 산을 받아들이게 한다는 점에서 매우 중요하다. 현재의 몸 상태는 기업의 사력(社力)이며 그것이 몇 미터 산에 오를 수 있는지를 결정한다. 둘째는 인내심이다. 어떠한 경영환경에도 굴하지 않는 정신은 정상에 이르게 하는 주요 요소이다. 인내심이 없다면 경영의 산을 오를 수 없다. 셋째는 심력이다. 모든 것은 경영자의 마음먹기에 달려 있다. 나약한 마음을 먹든 강인한 마음을 먹든 마음먹은 곳까지만 가게 된다. 이러한 사항을 강화한다면 자연의 산이든 경영의 산이든 자유자재로 오를 수 있다.

‖ **산은 지상에서 가장 든든한 멘터다** ‖ 등산은 단순히 운동과 휴식의 기회만 주는 것이 아니라 삶의 지혜를 주는 멘터이다. 산행을 통해 우리는 도전과 격려, 협력, 우호의 정신을 배우고 보다 냉철한 사고를 하게 된다. 산행 중에 얻는 지혜는 경영에서 강한 위력을 발휘한다. 그 어떤 멘터도 산보다 풍부한 사고와 감동을 주기 어렵다. 산은 의연하고 든든한 경영자상을 구현해주는 가장 큰 스승이다.

‖ **리더를 믿지 않으면 절대 올라가지 못한다** ‖ 생명을 담보로 한 고산이나 설산, 암벽 등반에서는 리더의 역할이 매우 중요하다. 자일 파티에 몸을 묶은 선등자든, 러셀을 하며 올라가는 리더든 등반에서 리더의 역할은 절대적이다. 만일 리더가 체력에서 무너지거나 판단력이 정확하지 못하면 대원들의 삶을 죽음과 맞바꾸는 상황이 벌어지기도 한다. 또한 리더에 대한 믿음도 매우 중요하다. 리더를 믿지 못해 대원들이 위험한 상황에서 개인행동을 하거나 자기 역할을 다하지 못한다면 전체 대원의 안전에 치명적일 수 있다. 산행에서든 경영에서든 리더십은 필수적이다.

치고개 경영

산의 거대한 눈폭풍이 발목을 잡아 1만 5,000피트에 친 조그마한 텐트에서 꼼짝 못 할 때가 가장 좋지 않다. 경영에서 오르지도 내려가지도 못 하는 상황이 벌어지면 그보다 더 큰 도전이 어디 있겠는가?

산부리에 채여 넘어지는 경영자는 없다

산울림인지, 산울음인지

모든 경영자는 혁신 등반을 꿈꾼다

새롭고 남다른 등로를 찾아

망원과 현미의 경영세계

정상 부근에서는 끝내 누가 버텼는지 알게 된다

틈새 경영학 수업시간

마지막 산을 앞에 둔 사람과 만나다

백두대간에서 만난 고집스런 산꾼 경영자

저 산들도 풍화를 겪어 왔겠지

산에서 반딧불이를 만났네

산꾼 경영자에게는 별의별 사정이 많다.

직원이 돈을 빼내가는 바람에 곤란을 겪는 사람, 믿었던 직원이 경쟁사와 내통해 기술을 빼돌려 속을 태우는 사람, 믿고 차용증 하나로 보증서류를 대신 해줬는데 언제 돈을 받았느냐며 법정에서 생떼를 쓰는 납품처 대표를 믹서로 갈아 마셔도 시원찮다고 이를 가는 사람, 아내 몰래 젊은 여자와 살림을 차렸다가 덜컥 애가 생겨 이러지도 저러지도 못하고 속을 썩는 사람, 좀 똑똑하다 싶어 직원을 키워 놓았더니 냉큼 대기업으로 달아나는 바람에 속이 새까매진 사람, 돈 좀 투자했다고 감 내놔라 대추 내놔라 하며 경영에 참견하는 주주들 때문에 일 못해 먹겠다는 사람, 사업을 하다 보면 여러 군데 힘을 써놔야 하는 터라 서로 상의해서 돈을 썼는데 나중에 법인 돈 착복했다며 고소하는 공동창업자 때문에 죽을 맛이라는 사람, 어려울 때 도움을 청한 친구의 부탁을 뿌리쳐 20년 지기를 잃게 됐다며 푸념하는 사람

등 참으로 사연도 가지각색이다.

이처럼 온갖 사연을 안고 있는 경영자를 만났을 때 가장 좋은 위로의 말은 무엇일까? 산꾼 경영자는 한결같이 '산에 같이 가자'고 하는 것이라고 말한다. 산에 가면 어느 정도 답답함이 풀리기 때문이다.

문명철 사장은 인수봉 꼭대기에서 '사장님~' 하고 부르면 열에 서너 명은 쳐다보고, '나처럼 이런저런 고민이 있는 분?' 하고 물으면 열에 여덟 명은 손을 들 거라고 말한다. 마음에 들어앉은 짐이 무거워 산에 오르는 사람이 대부분일 거라는 얘기다.

문 사장은 피혁 수출입을 하다가 된통 서리를 맞은 후 스무 살 무렵의 취미로 다시 돌아왔다. 아무리 조심해도 발에 뭔가가 걸리면 넘어지게 마련이다. 그런데 사람들을 무너뜨리는 것을 보면 죄다 돌부리지 산부리는 아니다.

"경영자들은 종종 간과하지만 산행을 할 때의 위험처럼 경영상의 문제도 원래 작은 것에서 생겨납니다. 자기관리를 못했든 남을 너무 쉽게 믿었든, 아니면 회사가 작을 때 계약서도 없이 대충 이면 저면으로 합의한 것이 훗날 분쟁의 씨앗이 되든 모든 것이 작은 것으로부터 비롯됩니다."

그렇기 때문에 그는 늘 발부리부터 유심히 살펴보라고 강조한다. 이른바 '돌부리 경영론'이다.

"어디 그뿐인가요? 회사가 넘어질 때는 보통 큰 목표 때문에 그런 것이 아닙니다. 작은 구멍이 점차 넓어지면서 문제가 커지고 끝내 태풍 속으로 휘말려 들어가게 되지요. 따라서 경영자는 작은 것부터 신경 써야 합니다. 아시잖아요? 작은 게 결코 작지 않다는 것을 말이에요."

산은 크다.

산부리에 걸려 넘어지는 경영자는 없다.

그대를 쓰러뜨리는 것은 작은 돌부리들.

그대는 어찌 발밑을 간과한 채

저 정상만 응시하는가.

　문 사장은 경영자가 툭 털어놓지 않아서 그렇지 사실은 이런저런 사연을 한두 개쯤은 죄다 갖고 있다고 말한다. 그는 2세 교육을 잘못해서 기업을 무너뜨리는 것이나 오너 중심의 대기업 내부구조가 작은 내홍에도 쉽게 혼란에 빠지는 것도 모두 작은 일에서 비롯된 것이라고 주장한다. 한마디로 자기 발밑을 보라는 '각하조고(脚下照顧)'는 등산을 할 때 유념해야 할 영순위에 해당된다는 것이다.

　"내가 경영을 하면서 깨달은 것 중 하나는 늘 작은 것에 주목해야 한다는 것입니다. 문제가 발생했을 때는 물론 사업이 불처럼 일어날 때도 마찬가지입니다. 대구 국수집이 오늘날 가장 큰 대기업이 된 거 아녜요? 쌀가게 하다가 재벌이 된 거 아니냐고요? 여기 산에 오른 사람 중에도 아마 나중에 그렇게 큰 사업을 일구는 사람이 생길 테고, 역으로 돌부리에 걸려 쓰러지는 사장님도 있을 겁니다. 늘 작은 것을 주의해서 봐야 합니다. 그걸 못 보면 한순간 벼랑 끝으로 내몰립니다. 경영자라면 그런 돌이 실제로는 산길에 깔려 있는 게 아니라 자기 마음에 놓여 있다는 것을 알아야 합니다. 그걸 모르면 경영은 쉽게 손을 떠나게 되죠."

　작은 것을 무시했다가 생사의 기로에 여러 번 섰던 문 사장은 인생이나 사업에서 터득한 것 모두가 산에서 알게 된 것이라고 한다.

　산은 크다. 하지만 경영자의 마음속에 들어 있는 작은 돌부리는 산보다 더 크다. 그가 알게 된 깨달음은 이런 것이 아닐까? 산꾼은 이런 걸 좌우명처럼 걸어 두고 산 아래에서 산 위를 걷고 있는 사람들이 아닐지 생각해봤다.

덕유산 산행에서 만난 인영신 사장은 메아리 예찬론자다. 산은 무슨 얘기를 쏟아내든 다 들어주고 맞받아준다는 것이다. 메아리와 함께 수다를 떨면서 목이 터져라 소리를 지르고 나면 속이 다 후련해진단다. 산을 좋아하는 동기는 수 갈래로 난 등로만큼, 오르는 사람만큼 많다지만 인 사장은 좀 특이했다. 그는 산에서 포효하는 소리에 적잖이 매료된 듯하다.

"사업에서 실패하면 자연히 집에서도 주눅이 들고 말에 령(令)이 서지 않게 됩니다. 지나가는 동네 개도 본척만척하지요. 사업에서 실패해 힘든 나날을 보내다가 어느 날 답답한 마음에 산에 올라 소리를 질러봤어요. 소리를 지르니까 후련하더군요. 노래방에서 흐느적거리는 것과는 비교도 안 되죠. 내가 소리를 지르면 산이 받아서 되울려주고, 그 소리에 내가 우는 것인지 산이 우는 것인지 마음속에서 울컥한 것이 토해지다 가라앉는 느낌이 들더군요. 내 안에 또 다른 나,

어디 가서 한 번도 속 시원히 울어보지 못한 내가 있는 거예요. 산은 내가 우는 소리를 묵묵히 다 받아주더군요. '그래 울어라, 여기서 다 울고 내려가거라. 산 아래에선 다신 울지 마라. 속 시원히 다 풀고 마음 헹구고 가라.' 이렇게 말하는 거예요. 실컷 울었죠. 원도 한도 없이 울고 나니 하늘이 다 푸르딩딩하게 보이더군요."

인 사장이 산을 찾게 된 것은 그의 표현대로라면 대한민국 산업의 구조적 모순에 있다. 대기업에 부품을 납품하던 그의 회사는 아무리 애를 써도 대기업이 정한 마진만 취할 수밖에 없다 보니 가까스로 인건비나 따먹는 형편이었다. 직원들 월급을 주고 나면 손에 쥐는 것은 은행 대출이자밖에 없었다. 더구나 대기업이 몇몇 업체를 경쟁시켜 가격을 조절하는 터라 뒷돈을 박다 보면 영락없이 잔칫집 개 신세였다.

잔칫집 개는 그나마 떨어진 고물이라도 주워 먹을 수 있지만, 잔치가 끝날 때까지 문 밖에 서서 목 빠지게 기다려야 하는 하청업체로서는 죽을 맛이라는 것이다. 20년을 거래했어도 담당자나 임원이 바뀌면 새벽부터 오밤중까지 집 앞에 찾아가 아양을 떨어야 하고, 최선을 다했음에도 돌아설 때는 바람이 쌩쌩 부는 대기업 사람들을 만나면 늘 '을의 사람'으로 남아 있는 초라한 자신을 발견했다고 한다.

그나마 경기가 좋을 때는 직원들 월급봉투라도 채워줄 수 있어 참을 만했지만 경기가 하락하고 나자 그의 회사는 보란 듯이 팽 당했다고 한다.

"그 회사 방침이 바뀌어 퇴직 임원을 위한 자회사를 만들고 나니 막다른 골목에 떡 허니 서게 되더군요. 층층시하가 되니 이제는 그 구매대행사를 통해 납품하느라 전떼기 장사가 되어 버렸지요. 요령 있는 직원들은 슬그머니 그 회사로 옮겨가고 하나둘 경쟁업체가 문을 닫기 시작했죠. 대기업, 대기업이라…… 한국에서 어디 대기업 이길 중소기업 있나요? 뭐 좀 될 듯하면 구멍가게까지 치고 들어오는 게 대기업인데. 말이 자영업자지 그 회사의 개만도 못한 게 우리 신세입니다.”

인 사장은 울화통이 터진다며 등산 재킷을 벗어던졌다. 치고개가 저 앞에 있었건만 그는 하다만 얘기의 끝을 보려는 심사다. 그의 등짝에서는 모락모락 김이 솟아났다. 불현듯 나는 오래 전 시골집에서 키우던 소가 생각났다. 밭 갈고 모내기 하고 나무하고 타작마당에 짐 옮기고 눈길 헤치며 장터가고…… 힘든 노역을 할 때마다 소의 등에서는 모락모락 김이 솟았다.

“이러다 빚에 모든 게 넘어가고 말겠구나 싶어서 다 털고 지금은 조그마한 소매점을 운영하고 있습니다. 목 좋은 곳을 찾다 보니 대기업들이 모여 있는 오피스 근처로 가게 되더군요. 대한민국에서는 먹고살려면 대기업 언저리에서 놀 수밖에 없는 모양입니다. 그 그늘을 벗어날 수 없다는 얘기죠. 납품을 하든 구두를 닦든 식당을 하든 어쩔 수가 없습니다.”

그는 속이 좀 후련해졌는지 천천히 재킷을 꿰었다. 주말이면 대기업이 들어찬 시내가 공동화 현상이 일어나 자연스럽게 주5일제를 하게 되었다는 인 사장은 얼마 벌지 못해도 이렇게 산에 올 수 있어서 좋다고 했다. 나는 바보 같은 질문이라는 것을 알면서도 물었다.

“산에는 왜 오십니까?”

“산은 뭐든 받아들이잖아요. 바람도 좋고 시커멓게 썩어 들어간 속을 땀으로 쏟아내서 좋지요. 혼자 있는 것도 좋고, 이렇게 동행인을 만나면 얘기도 할 수 있어서 좋지요."

그는 산을 받아들이고 해석하는 것은 각자의 몫이라는 듯 '좋고' 시리즈를 연발했다. 이래저래 산이 좋다는 인 사장은 배낭을 챙기며 우리 일행보다 앞서 일어섰다. 앞서가던 그가 여러 번 기합을 넣자 뒤의 산꾼이 한마디 퉁을 쳤다.

"여보쇼. 산짐승들 놀라겠소. 우리한테는 주말이지만 저들한테는 불안한 날일 수밖에 없잖소."

그는 개의치 않고 연거푸 소리를 지르다 제풀에 그치고는 산길 모퉁이로 사라졌다. 오늘밤 우리는 산장의 고요 속에서 이 어둑시니 같은 밤을 맞이하기로 되어 있다. 자연만이 억만 겹 말없이 놓여 있는 적막의 산에서 말이다. 이보다 더 크게 영혼을 울리는 메아리가 어디 있을까. 산은 밤이 되면 벙어리처럼 몸으로 운다.

모든 경영자는 혁신 등반을 꿈꾼다

모든 방법을 구사해 산을 오르라. 그래야 달라질 수 있다

1970년대까지만 해도 히말라야 원정대는 대규모로 이뤄지는 게 상식처럼 여겨졌다. 따라서 수많은 물자와 이를 나르는 포터들이 동원돼야 했고 예산도 많이 들었다. 그렇다고 성공이 보장된 것은 아니었다. 여기에다 원정대가 산에 버리고 가는 쓰레기도 큰 골칫거리로 남았다.

이러한 상식에 반기를 든 등반가가 바로 라인홀트 메스너이다. 그는 낭가파르바트 앞에서 불현듯 전혀 다른 혁신, 즉 불가능하다고 생각했던 '단독등반'을 떠올렸다. 당시로서는 무모해보였던 그의 생각은 혁신 등반의 새로운 장을 여는 동시에, 치열한 경영환경에 선 경영자들에게 가볍고 경쾌하며 속도감 있는 경영 전략을 구사하도록 영감을 주고 있다. 이것은 마치 칭기즈칸의 몽골 전사가 소 오줌통 하나에 한 달 치 식량인 말린 양고기를 담아, 갑옷도 없이 초원을 내달리며 대륙을 정복하던 혁신적인 전투기법과 유사하다. 이들은 튼튼하고 몸집이 작은 몽골말을 타고 유럽의 골목골목을 자유자재로 돌아다니며 유린해 '몽고군은 개를 타고 왔다'는 소문이 날 정도였다.

그러면 메스너의 혁신적인 사고를 현실로 만든 단독등반은 어떻게 이뤄졌을까?

당시 원정대는 규모도 컸고 물자도 수 톤에 이르렀다. 동생 귄터와 나는 정상에 도달하기까지 낭가파르바트 벽에서 40일이라는 긴 시간을 보냈다. 히말라야 등반에 관해 새로운 생각이 떠오른 것은 그때였다. 이제까지 원정대에 관한 책을 통해 알았던 8,000미터급 거봉을 나는 다른 각도에서 보게 되었다. 그리고 지금까지 고산 등반가들로부터 배운 온갖 방식을 버리기로 했다. 나는 산에 대한 인식뿐 아니라 전통적인 공격 방법도 달라져야 한다고 생각했다. 그제야 나는 히말라야를 재발견하고 나 자신의 꿈을 키우며 내 세계에 의미를 부여할 수 있었다.

8,000미터급 거봉은 대규모 원정대를 꾸리지 않고는 결코 오르지 못한다는 편견이 지난날의 단독등반을 좌절시켰다. 단독등반은 마술 같은 일이라고 여겨졌고 심지어 그 아이디어는 이단시되었다. 어느 시대에도 이런 일은 있었다. 역사적으로 오늘 미친 짓이라고 웃음거리가 되던 일이 내일 옳은 일로 인정받게 된 경우가 얼마나 많았던가. 제7급 문제나 무산소 에베레스트 등정 문제가 그랬고 이번 단독등반도 마찬가지일 것이다(라인홀트 메스너,《검은 고독 흰 고독》중에서).

경영을 하다 보면 벽에 부딪혀 진로를 확보하지 못한 채 관망하게 되는 때가 있다. 이 경우 많은 경영자가 좌절하거나 불평을 쏟아내지만 지혜로운 경영자는 전략을 짠다. 메스너는 40일간의 숙고 끝에 단독등반이라는 착상을 얻었다. 아마도 그는 그때 짜릿한 느낌으로 전율했을 것이다. 그런 아이디어를 실현하기 위해 필요한 것은 과거의 생각, 믿음, 조롱 심지어 가르침까지 집어던지는 일이었다. 그래야만 사업의 다른 면, 즉 생존과 활력의 각도가 나온다.

이처럼 혁신은 달라짐으로써 재발견하는 것이다. 달리 생각하지 않으면 끝내 찾아낼 수 없다. 혁신의 또 다른 대표적인 예로는 마이크로칩이 있다.

1958년 7월 24일, 잭 세인트 클레어 킬비(Jack St. Clair Kilby)는 강력한 컴퓨터처럼 새로운 전자장비에 쓰일 배선을 설계하라는 명령을 받았다. 하지만 수 킬로미터에 달하는 배선이 들어가야 하고, 수백만 개의 납땜 커넥터가 필요한 이 작업을 해내는 것은 거의 불가능했다. 전 세계적으로 수많은 기술자가 앞 다퉈 해법을 찾고 있었지만, 아무도 그런 장치를 만들 수 없었다. 머리를 싸매고 고심하던 그에게 한 가지 아이디어가 떠올랐다.

'저항기, 콘덴서, 배분 콘덴서, 트랜지스터를 모두 하나의 칩에 담아내는 거다!'

이것은 기존의 방식과 달리 배선을 완전히 제거하는 새로운 방식이었고 그 순간 전자회로의 오랜 역사와의 결별이 시작되었다. 그 대단한 착상을 두고 처음에는 누구도 가능성이 있다고 보지 않았다. 하지만 그는 회로의 모든 기본요소를 똑같은 물질, 즉 실리콘으로 만들 수 있음을 알아냈다. 그러면 엄청난 부품을 작은 공간에 압축해 넣는 대신 배선은 필요 없게 된다.

손톱만 한 칩에 모든 컴퓨터 회로를 집어넣을 수 있다는 아이디어는 마침내 마이크로칩 시대를 열었고 오늘날 PC, 휴대전화, 인터넷

등의 IT혁명을 가져왔다.

　어떤 분야에서든 혁신적 사고가 없었다면 결코 이루지 못했을 일이 아주 많다. 특히 경영일선에서 혁신에 주목하고 이를 잘 관리한다면 기업 성장의 핵심 동력이 될 수 있다.

　산행 중에 무슨 생각을 하는가? 어떤 방식으로 산을 오르고 있는가? 경영자는 늘 이 문제를 묻고 답할 수 있어야 한다. 단순히 즐기기 위해 산을 오른다면 산에서 배워야 할 것의 1할도 배우지 못하고 내려오게 될 것이다. 산 그리고 자신이 달리 보이고, 미래에 달라질 내 사업이 보이지 않는다면 그건 혁신 등반이 아니다. 산을 오르는 사람의 생각이 산 아래의 판도를 바꾼다. 그래서 산꾼 경영자는 가끔 다른 길로 오르기도 한다.

새롭고 남다른 등로를 찾아

작아져서 비집고 들어가라. 거기서 새로움을 맞이할 것이다

천길 낭떠러지 벼룻길(아래가 강가나 바닷가로 통하는 벼랑길)을 헤쳐 나갈 때, 된비알(몹시 험한 비탈)을 가쁜 숨을 몰아쉬며 오를 때, 너설(험한 바위나 돌 따위가 삐죽삐죽 나온 곳)을 조심스럽게 지나갈 때, 몸 하나 간신히 붙이고 자드락길(나지막한 산기슭의 비탈진 땅에 난 좁은 길)을 건널 때, 어녹고 있어 휘딱이게 되는 얼음길을 내디딜 때 우리는 그 길이 탐탁지 않아도 길이라 부르며 걷는다.

길을 탓해도 아무런 소용이 없다. 길이 있다는 것은 누군가가 지나갔다는 것을 뜻한다. 이미 누군가가 통과한 길을 두고 길을 탓한다면 그건 길에 대한 예의가 아니다.

길을 만나면 그 길이 어떻든 반가이 맞아야 한다. 성난 길, 화난 길, 뿔난 길, 모난 길, 굽은 길, 막힌 길, 성한 길, 무너진 길 모두 감사할 따름이다. 특히 자신의 길을 놓아야 하는 산꾼 경영자에게는 더욱 그렇다. 인생과 사업은 길을 찾아가는 과정이다. 그렇기에 누가 놓아준

삶을 사랑하거든 묵묵히 산을 오르라.
누구보다 모든 생각을
강하게 소유하게 될 것이다.
산은 그대에게 침묵으로 잠언을 들려준다.

길이든 길이 있으면 마냥 고맙다. 그 길을 걸으며 산꾼 경영자는 자신의 길을 새롭게 놓는다.

산 위보다 산 아래에서 생존의 길을 놓아야 하는 경영자들은 탄탄대로는 아니어도 앞으로 나아갈 수만 있다면 어떤 길이라도 마다하지 않는다. 가시밭길도 헤치고 막힌 길도 뚫고 간다. 없는 길은 놓으며 간다. 그렇게 갈 수밖에 없는 것이 그들의 운명이다. 그렇기 때문에 그들이 지닌 의지, 헤쳐 나가려는 전략은 늘 세간의 주목을 받는다.

늘 뻥 뚫린 길만 앞에 놓여 있다면 무슨 감흥이 일겠는가? 간신히 손톱 하나 걸칠 수 있는 가파른 절벽에 몸을 의지하며 쉼 없이 가야 투지도 더해지는 법이다. 그래도 내가 겪은 어려움이 후발주자에게도 똑같이 진입장벽이 되어준다면 그만한 고생쯤은 문제도 되지 않는다. 독점적으로 먹을 수 있는 과실이야말로 가장 달콤한 것 아닌가!

암벽등반을 하듯 자기분야에서 온갖 간난고초 끝에 사업을 일궈낸 홍대웅 사장은 깎아지른 절벽을 보면 달라붙고 싶어진단다. 그리고 어디 비빌 틈이라도 있으면 그걸 붙잡고 오르기부터 한다. 허공을 밟고 올라가라고 하지 않는 것만 해도 다행이 아니냐고 말할 정도다. 참으로 사업을 악착같고 억척스럽게 일궈낸 사장다운 투지다.

"사업이라고 하면 모두들 거창하게 생각하지만 사실 사업은 대로(大路)를 지나는 게 아닙니다. 소롯길이나 개미 하나 지날 만한 길 같지도 않은 길을 간신히 통과해 정상까지 오르는 겁니다. 쑤시고 비집고 들어가는 거죠. 없는 틈도 만들어내야 하고 빈틈은 용케 찾아내야 합니다. 실오라기 하나라도 통과할 만한 틈이 있다면 닫히기 전에 잽싸게 틈입해야 합니다. 그러면서 사업의 길을 뚫어나가는 겁니다. 대기업이 기술과 자본력으로 방어벽을 친 모든 사업 영역에서 좌절하거나 물러서지 않고, 눈 시퍼렇게 뜨고 아주 가는 길이라도 놓아야 합니다. 그 길에 새로운 기술, 아이디어, 비즈니스 모델을 힘차게 박아 넣어야 합니다. 호시탐탐 경쟁사가 머물고 졸 때를 기다려 조용히 침투해야 합니다. 그렇게 해서 마침내 정상에 진입하고 나면, 더는 오합지졸로 보지 않게 될 겁니다. 승리하기 위해선 피터지게 싸워야 하죠. 조그마한 바위조각이라도 붙잡고 올라가야 합니다. 그래야 사니까요."

대기업에 다니다 10년 전에 창업한 그는 막상 대기업에서 나오고 보니 대기업의 울타리가 보통 높은 게 아니라는 것을 새삼 실감했다. 안에 있을 때는 몰랐지만 밖으로 나오자 자신이 온갖 방어벽이 둘러쳐진 곳에서 생활했다는 것을 깨달았던 것이다. 그때부터 안에서 배운 것으로 안을 공략해야 하는, 안의 틈새를 치고 들어가야 생존할 수 있는 사업목표가 그 앞에 숙명처럼 놓였다. 그 틈을 비집고 들어가지 않으면 밥은 고사하고 절벽에 매달려 죽을 수밖에 없었다.

물론 안에서 배운 것은 안을 이해하고 도모하는 데 적잖이 도움이 되었다. 그러나 특허의 장벽을 넘어서기란 거의 불가능에 가까운 험난한 등로를 오르는 과정과도 같았다. 그는 3년 넘게 관련 특허를 분석해 가까스로 두터운 암벽을 타고 넘어갈 루트 하나를 개발했다.

"그 촘촘한 특허의 그물에 그만한 개미구멍이 있으리라고는 상대 회사도 생각하지 못했을 겁니다. 어쩌면 너무 좁은 틈이라 간과되었을지도 모르지요."

전 세계에 특허 등록을 하고 기술개발에 들어가 상용화했을 무렵, 대기업은 득달같이 특허 침해 소송을 걸어왔다. 홍 사장은 방어 전략을 펴 가까스로 합의에 이르렀고, 특허를 상호 교차해 사용할 수 있게 범위를 넓혔다. 그제야 하청업체로도 받아주지 않던 대기업은 홍 사장을 당당한 파트너로 인정했다. 당연히 매출도 뒤따랐다.

"만일 내가 그 등로에서 편한 길을 택했다면 아예 진입조차 못했을 겁니다. 찾아가서 아쉬운 소리 해봐야 문전박대당할 게 뻔했죠. 기술 분야에선 특허라도 걸어놔야 어느 정도 교섭력이 생깁니다. 그러니 철벽을 뚫고 들어갈 각오로 임해야 합니다. 이미 만들어진 길은 아무 것도 보장해주지 않아요. 그럴 땐 직원들과 함께 마른하늘만 쳐다보게 됩니다. 고사목처럼 말라죽게 되는 거죠."

이 악물고 일궈낸 그의 사업은 안정궤도에 진입했고 그는 더 큰 산을 오르려 준비 중이다. 기술 기반 사업에서는 작은 산, 즉 가까스로 쌓아올린 산에 머물다간 누군가가 자신을 늘 주시하고 내려다보는 것 같아 발을 뻗고 편히 잘 수 없다고 한다. 언제 어디서 경쟁자가 더 뛰어난 기술로 휩쓸어버릴지 모른다는 불안감을 한시도 떨쳐낼 수 없기 때문이다.

"산에 오르고부터 대기업 장벽이 아무리 높아도 두려울 게 없다는 생각이 들었어요. 저 산은 그대로 있지만 내가 쌓은 산은 점점 자라게 될 테니까요. 내겐 그런 믿음과 확신이 있었죠. 그런데 여기에는 조건이 있어요. 만약 이 사회가 공정한 룰을 적용한다면 그건 얘기가 좀 다릅니다. 지금 바라보는 세상은 내가 시작할 때와 전혀 다릅니다. 나는 암벽에 몸을 붙인 채 내 거점을 확보했고 저들이 방심하기를 늘 바라고 있습니다. 물론 저들은 높은 곳에서 낮은 곳의 나를 내려다보겠지만, 그 높이는 점차 달라질 겁니다. 내가 매일 목이 부러져라 저쪽을 응시하고 있거든요. 그들은 나를 낮은 데서 춤추고 있는 불나방에 불과하다고 생각하겠지요. 언젠가는 내가 그들을 내려다보는 날이 꼭 올 겁니다. 이 손을 보세요."

그가 내민 손은 두꺼비 등처럼 두툼했다. 더욱이 바위틈에 짓이겨진 흔적이 그대로 남아 있었다. 그는 그 손으로 무엇이든 못할 게 없다고 말했다. 내가 '산꾼으로 다져진 손'이겠거니 생각을 하는데, 그가 내 뒤를 치는 말을 흘렸다.

"죽어라고 제품 만들며 고생할 때 그만 실험용 알코올 병이 터지면서 불에 그슬린 상첩니다. 그때 나는 내 인생의 화력을 가장 크게 높였고 내 몸이 타들어가는 것을 보았습니다. 그러면서 내가 이룬 산이 더 큰 산에 가려지는 게 아닌, 석양을 받아 붉게 타오르게 될 거라는 것을 알았죠. 말로는 표현하기 어려울 정도로 인생과 사업에서 가장 큰 보람을 느낀 순간이었습니다."

그의 등 뒤로 석양이 불을 뿜어대며 눈부시게 빛났다. 우리는 오래 전에 폐쇄되었다가 최근에 개방된 길로 접어들고 있었다. 그곳에는 새로운 세상이 우리를 기다리고 있을 게 분명했다.

망원과 현미의 경영세계
가깝고 먼 것을 구분할 줄 알면 경영의 산 절반을 넘은 것이다

산을 오를 때는 종종 착시에 빠지곤 한다. '저 정도 높이는 한 시간이면 충분할 거야'라고 생각했던 거리도 막상 오르고 나면 두세 시간이 넘게 소요된다. 거리에 대한 감각도 부정확하다. 기껏해야 500미터 전방에 있는 것 같지만, 실제로는 그보다 훨씬 멀리 있다. 오르막에서 내리막을 바라보는 거리도 다르고 목표지점에 강이나 계곡이 놓여 있을 때도 다르다. 매 상황에 따라 정확한 거리를 측정하기란 쉽지 않다.

날씨 영향도 크다. 안개가 끼거나 흐리거나 맑은 날씨에 시각만으로 거리를 측정하면 많은 편차가 생긴다. 또한 해가 뜰 때와 해질 무렵이 다르고 등산자의 몸의 상태에 따라서도 달라진다.

산을 오르며 산꾼들은 때로 자기 눈을 의심한다. 의심을 하기에 그들은 산꾼 경영자다. 흐린 눈을 보정하고자 지도와 나침반을 준비하는 것은 기본이다. 높은 산이 없는 국내 산행일 경우, 평소에는 별 볼

일 없어 보이던 것들이 악천후나 일몰 무렵에 제 역할을 톡톡히 해낸다. 이것이 산행이 잦아지고 박(泊) 형태를 띨수록 배낭에 챙기는 짐이 점점 늘어나게 되는 이유다.

산꾼 경영자는 착시의 위험을 경영현장에서 그대로 느낀다고 고백한다. 눈에 보이는 것과 실제는 언제든 다를 수 있다! 경영에서 위험관리란 실제와 인식 사이의 거리를 좁히는 과정이다. 선입견이 과도하게 작용해 객관성을 잃지 않도록 수시로 시각 조정을 해야 한다. 특히 특정 사업에 대한 이해나 인식, 시장변동 추이에 대한 판단, 진입 전략 등과 관련해 객관성을 확보하는 것은 언제나 중요한 의사결정의 바로미터가 된다.

조직에서 관리자급 이상은 반드시 망원(望遠)과 현미(顯微)의 시각을 갖춰야 한다. 멀리 보아야 할 때 현미경을 들이대거나 가까이 보아야 할 때 그 반대로 하면 결과는 실망스러울 수밖에 없다.

경영의 산에서는 먼 산, 가까운 산별로 세워야 할 전략이 다르다.

먼 경영목표를 위해서는 원거리 경영 전략을 세워야 하고, 여건이 허락하는 동안 신속히 목표시장에 진입해야 한다. 기동행군은 경영의 필수다. 이때 단기목표에만 신경을 쓰면 곤란하다. 누가 빨리 전선에 도착해 진지를 구축하고 적을 기다리고 있느냐에 따라 승패가 갈리기 때문이다.

반면, 인근 산을 목표로 한다면 목표와 성취와의 간격에 초점을 맞춰 단기적으로 조정해나가는 전략을 구사해야 한다. 이때는 어퍼컷이나 훅보다 작고 빠른 연속 잽이 요구된다. 대학시절에 체대에서 복싱을 하고, 졸업 후 자동차 영업맨으로 시작해 상장사 임원 자리에 오른 태연수 전무는 원근과 경영의 상관관계를 이렇게 빗대 설명하고 있다.

"어느 산이든 정상에 가보세요. 정상에 서면 '장기적 안목' 이란 말이 생각납니다. 넓은 데를 바라보게 되는 거죠. 만일 거기서 눈앞의 것에 정신이 팔려 있다면, 올라간들 아무 의미가 없죠. 높은 데서는 멀리, 낮은 데서는 가까운 걸음부터 봐야 합니다. 평범한 우리네야 그렇지 못하지만 탁월한 경영자는 이 원근의 조화를 첫걸음부터 안다고 합니다. 어디에 있든 전체 판도를 보고 눈앞의 상황도 예리하게 관찰하는 거죠. 바로 그런 데서 남다른 분별심, 통찰력이 나옵니다. 숲에 가려 보이지 않을 때는 어떻게 하느냐고요? 그때 그 사람들은 상상력을 발휘합니다. 그리고 자신의 생각이 맞는지 계속 시도하면서 확인하고 보정해나가죠. 산행이 경영으로, 경영 행위가 산행으로 채널이 맞춰져 있는 겁니다. 특히 방향감각이나 언제까지 어디에 힘을 쏟겠다는 전략이 분명합니다. 반면 아마추어는 달라요. 그들은 헛힘을 쓰거나 과욕을 부리죠. 그건 전략이 없다는 얘기와 똑같습니다. 성공한 경영자가 우리보다 높이 올라간 데는 다 이유가 있어요. 그게 우리와 그들의 차이점이죠."

그는 자신이 사업차 만난 내로라하는 경영자들은 뭐가 달라도 크게 달랐다고 설명한다. 어느 정도의 차이는 나만의 장점으로 커버할 수 있지만, 그들의 어떤 강점은 그야말로 히말라야 철벽처럼 앞에 떡 버티고 서서 입이 쩍 벌어지게 한단다. 대표적으로 고(故) 정주영 회장이 그런 사람이었다고 한다.

"산행은 경영자의 크기를 가늠케 하죠. 경영자에게 전략이 있으면 기업도 전략이 있는 겁니다. 경영자가 목표가 뚜렷하다면 불만이 쏟아져 나와도 결국에는 다들 승복하게 됩니다. 하지만 경영자가 단순히 돈만 벌려 하고 일신의 영달만 생각하면 함께할 사람들은 그만큼 줄어듭니다. 기업도 마찬가지입니다. 비전과 그것을 달성하기 위한 전략이 없으면 목표에 이를 수 없습니다. 그러면 그 자체로 위깁니다. 어느 기업이 언제까지 어디에 당도하겠다는 게 없으면 길에서 갑자기 어둠을 맞이하는 것과 다를 바 없습니다. 그럴 땐 황당해지죠."

길에서 어둠을 맞이한다고? 산꾼들은 산행 중에 난데없이 길을 잃거나 목표를 너무 길게 잡아 길에서 어둠을 맞이했을 때의 기분을 잘 알 것이다. 아무리 침착하려 해도 마음속으로 불안감이 엄습한다. 더욱이 완전히 어두워지기 전에 미리 잠자리를 봐두지 않았다면 여간 불안하지 않다. 이는 경영에서 망원과 현미의 세계를 알고 시의적절하게 전략과 과감한 도전으로 목표를 이루고자 하지 않으면 결과는 실망스러울 수밖에 없는 것과 마찬가지다.

"산에 오를 때는 앞사람의 발이나 뒤통수만 보며 걷지 마세요. 일행이 있어도 스스로 전략을 짜보고 수정해가며 내 생각과 다른 사람의 생각이 얼마나 다른지 가늠해보는 것이 큰 훈련이 됩니다. 그것은 산행뿐 아니라 산을 내려와 숫자를 만질 때도 똑같이 적용됩니다. 산행에서 작은 실천이 몸에 배게 되는 거죠. 똑같이 산행을 하면서 누구는 열 개를 배워서 내려오는데, 기껏 한두 개를 배워 내려오거나 배운 것 없이 땀만 질질 빼고 내려온다면 너무 아깝잖아요."

그는 대학시절부터 운동선수로 지낸 것이 50대 중반에 들어서도 단련된 몸을 갖게 된 배경이라며 늘 일상에서 필승을 다짐하라고 주문한다. 어차피 오를 거라면 제대로 오르라는 얘기다.

경영의 산을 오를 때는 무엇을 가까이 두고 무엇을 멀리 두어야 할지 고려하는 것만으로도 소위 내가 생각하는 거리와 남이 생각하는 거리를 파악할 수 있다. 나름대로 '거리의 철학'을 설파하는 그에게 충고를 하나 부탁했다. 그러자 그는 히죽 웃으며 한마디만 해주겠다고 말했다.

"내 앞에 있는 사람이 움직이는 게 보이면 그땐 나하고의 거리가 800미터입니다. 움직이는 게 확인되면 그 사람과의 거리를 좁히기 위해 죽어라고 걸으세요. 신속히 움직이면 팔다리가 보일 겁니다. 그땐 400미터로 줄어든 겁니다. 옷에 달려 있는 마크가 보이면 이제 150미터로 줄어든 것이고, 상대의 이목구비가 제대로 보이면 그때는 100미터가 남은 겁니다. 만약 상대가 보이지 않는다면 둘 중 하나죠. 내가 2,000미터 뒤로 처져 있거나, 반대로 상대가 죽어라고 내 뒤통수를 쪼고 있는 겁니다. 이걸 알고 가시면 됩니다."

산을 오른다고 다 같은 산행은 아니며 산꾼 경영자라고 해서 다 같
은 경영자가 아니다. 그다지 밀도 높지 않은 분야의 경영자와 각진
분야의 경영자는 오르는 방식이나 오르는 산이 각기 다르다. 경쟁이
치열한 분야일수록 도전의식이 강하고 그러다 보니 산 아래서 쌓은
그들의 내공은 악산(嶽山)에 더 어울린다. 웬만히 하면 먹고살 정도
는 되는 분야의 경영자는 여러 사람과 여흥도 즐겨가며 산을 오르지
만, 경쟁 밀도가 높은 분야의 경영자는 혼자 오르거나 여러 사람이
올라도 그야말로 악! 소리나는 산을 타며 분투한다. 먹고사는 일이
험하다 보니 타는 산도 주인을 닮는 모양이다.

하긴 저 생긴 대로 노는 게 세상사니 등산이든 일이든 뭐가 다를까
싶다. 어느 분야라고 굳이 말하지 않아도 치열함이 고스란히 묻어나
는 산업 일선에서 지휘봉을 든 권환엽 사장의 얘기를 듣다 보면 그가
평범한 육산이 아닌 악산을 찾는 이유를 알 것 같다. 산을 옥죄는 바

위처럼 얼굴에 그어진 굵은 주름이나 앙다문 이빨은 어딜 봐도 그가 녹록한 분야에서 쉽게 밥숟갈을 들 거라는 생각은 들지 않는다. 그는 산에서 처세와 처신의 비법을 배우고 내공을 한층 더 쌓았다. 산행도 경영이려니 하고 산을 대한단다. 실은 산을 대한다기보다 맞선다는 표현이 더 어울릴 법하다.

"기왕 오를 거면 높은 산을 올라야지요. 기껏 올라갔는데 옆에 더 높은 산이 있으면 기분이 어떻겠어요? 실망스럽지 않나요?"

산을 대하는 태도가 그 사람의 경영을 그대로 보여준다는 말은 그를 보면 전혀 틀린 말이 아니라는 걸 알 수 있다. 한두 마디만 나눠봐도 대번에 느낌으로 팍팍 전해온다. 그는 전국의 악산이란 악산은 죄다 찾아다니며 수련을 쌓듯 산을 올랐다. 악장(嶽長)이 악산을 오르는데 산이 응답하지 않을 리 없다는 산행철학 때문이다.

"높은 곳은 어디든 바위죠. 올라가면 올라갈수록 바람이 거세집니다. 바람이 세면 나무든 풀이든 몸을 낮춥니다. 심지어 발목 밑으로 낮게 엎드립니다. 나는 거기서 인생과 사업의 슬기를 배웁니다. 그동안 내가 너무 뻣뻣하게 서 있던 것은 아닌가, 비바람이 나를 후려친 건 그 때문이 아닌가, 오기로만 맞서고자 한건 아닌가 하는 생각이 듭니다. 내가 이룬 성공이 작았던 탓에 나는 스스로 몸을 낮추지 못했다는 것을 잘 압니다. 바람, 풀, 나무들이 다 나를 가르치고 일깨워줍니다. 올라갈수록 배움의 깊이가 달라지는 거죠. 높은 곳에 있는 것들은 모두 그만한 이유가 있어요. 그걸 배우는 거죠."

그는 한두 번의 작은 성공에 눈이 가려 산을 산답게 보지 못하고 경영을 해왔다고 한탄했다. 그 같은 착각이 가장 큰 위험이었다고 고백했다. 누구나 한두 번의 성공은 이룰 수 있는데 그것이 지속되리라고

내 앞엔 거센 바람이 부는
가파른 정상이 버티고 있다.
바람이 세찰수록 정상이 가깝다는 걸 안다.
그러기에 산꾼은 정상이 가까울수록 초목(草木)처럼
스스로 몸을 낮춘다.

믿는 것이 착각이라는 얘기다.

낮은 도전의식은 그에게 좌절을 안겨주었다. 직원들이 모두 나가고 거덜 난 사업체 움켜쥐고 홀로서기까지 그는 뼈저린 반성의 시간을 보냈다. 그때 성공이 최악의 적이라는 사실을 알게 되었다. 한창 잘 나갈 때는 그저 '이 정도면 되겠거니. 계속 이렇게 먹고살 수 있으려니' 하는 안이한 생각을 했는데, 결과는 냉혹했다. 그렇게 산보하듯 경영에 임하던 어느 날 마음속에서 불현듯 강한 꾸중의 울림이 들려왔다.

'너는 경영의 산에 오를 자격이 없다!'

몇 해를 술, 담배 끊고 지하 셋방 공장에서 다시 시작해 패자부활전에 나선 그는 지금의 성공을 성공으로 보지 않는다. 매출액 600억 원에 경상수지 45억 원이면 업계에서는 썩 잘하는 거라고 하는데, 그는 그런 말을 하는 사람을 보면 동산에나 오르고 말 사람이라는 생각이 들어 아예 그와 함께하는 시간조차 아깝다고 한다. 권 사장이 바위투성이의 악산만 골라서 야간산행에 나선 것은 남들이 먹고살 만하다고 말할 때부터였다.

"'대충, 이쯤에서'라는 생각이 들면 사업을 접어야죠. 특히 내 분야에서는 그런 생각이 들 때 털고 일어나야 남는 장사입니다. 어쩌면 이런 생각조차 작은 성공에 취해서 하는 말인지도 모릅니다. 그런 생각을 하면서도 계속 버티면 그 다음의 결과는 추락으로 이어집니다. '나는 그나마 남보다 낫다'는 생각이 들면 빨리 내려가는 게 낫습니다. 더 오를 자격도 없고 그런 생각으로는 올라가지도 못할 겁니다. 사업에서는 이런 생각이야말로 금물이죠. 한순간에 모든 것을 잃고 맙니다. 만족하는 태도가 화를 자초하는 거죠."

그는 악산의 바위 끝에 서면 오히려 한 발 더 앞으로 내디뎌보려 애쓴다. 극도의 긴장감으로 괄약근이 꽉 조여지는 그 자세로 경영에 임해야 한다는 것을 새삼 깨우치기 위해서다. 그럴 때마다 각오가 시퍼렇게 살아난다. 맨 위에 서 본 사람만이 가장 열악한 환경에서의 생존법을 알고 산을 내려가게 되는 법이다.

"그야말로 악! 소리나게 사업에서 뼈저린 경험도 해봤고 지금도 치열하게 사업을 한다고 주변에서 얘기합니다. 목표가 크면 그만한 대가를 지불해야죠. 그렇다고 모험주의로 일관하는 것은 아닙니다. 낮게 엎드리는 것도 배우고 이를 실천하죠. 일어나면 누군가가 휙 채가고 맙니다. 역량이 있다고 느껴질 때일수록 바짝 엎드려야 하죠. 영안모자 보세요. 누가 대우버스를 인수할 거라고 생각이나 했겠어요. 그때까지 얼마나 이를 악물고 한 발 한 발 기어올랐겠어요. 그러니까 저 정도까지 올라가게 된 거죠."

그는 세계 모자시장에서 품목별로 20~80퍼센트를 점유하고 있는 영안모자를 예로 들었다. 백성학 회장은 젊은 시절부터 혼자 배낭을 메고 전국을 돌아다니며 새로운 사업 계획과 아이디어, 중요한 결정을 얻어냈다고 한다. 권 사장은 누구에게나 별 것 아닌 것으로 보이는 게 오히려 이를 갈며 오르기에는 더할 나위 없이 좋다고 말했다.

'일어서면 채간다.'

그는 일어설 때가 오기 전까지는 낮게 임할 것이라고 포부를 밝혔다. 경영의 산에서 정상에 오르려면 더욱 몸을 낮춰야 하고 실력이 있어야 한다. 물론 기업의 체력인 사력도 요구된다. 정상 앞의 마지막 지점에서 요구되는 것이 바로 그러한 역량이다.

"그렇다고 내가 치고 올라가야 할 때조차 기기만 하겠다는 뜻은 아닙니다. 일어서기 전까지는 낮게 오르며 전방을 주시하겠다는 거지요. 웅크렸다가 튀어 오르는 개구리의 도약을 떠올리면 됩니다.”

앞으로도 악산만 찾아다니며 정상에 오를 때까지 힘을 비축하겠다는 권 사장은 업계 사람들의 말마따나 ‘큰 일 저지를 사람’ 으로 보였다. 그가 어느 날 8,000미터급 경영의 산을 올랐다는 소식을 듣게 될지 누가 알겠는가? 지금의 그 다부진 자세라면 그는 반드시 그 산을 오를 수 있을 거라는 생각이 들었다.

“왜 안 올라갑니까? 어서 갑시다.”

그가 뒤에서 재촉하고 있었다.

틈새 경영학 수업시간

틈새를 뚫어야 정상에 닿듯 틈새시장을 뚫어야 기업이 산다

바위만 고집하는 한뫼산악회의 고진성 사장은 산 아래 세상에서 '산에 미친 사람'으로 불린다. 하루가 다르게 경쟁이 치열해지는 업계에서 사업하기도 버거운데 한가하게 무슨 산이냐고 수시로 타박을 당하기 일쑤다. 심지어 목숨이 그렇게 아무렇지도 않느냐며 경솔하다는 투로 말할 때는 난감하기까지 하다. '그냥 골프나 치지' 따위의 빈정거림은 그래도 양반축에 속한다. 한두 번도 아니고 사람을 만날 때마다 듣는 말에 이젠 바위 사랑, 산 사랑을 늘어놓기보다는 그저 빙긋이 웃고 만다.

바위를 타보지 않은 사람들에게 어찌 다 말로 표현할 수 있을까? 그들은 암벽을 타는 것이 곧 사업이라는 것을 알 리 없다. 세상에는 자기가 직접 경험을 해봐야만 아는 것이 있다. 그런 까닭에 이제는 입이 아프도록 설명하기보다 아예 입을 봉해 버린다. 그 찰라, 그의 머릿속에는 바위산이 안개처럼 스치고 지나간다.

그가 바위를 미치도록 사랑하는 이유는 디디고 짚어가며 정상에 오르는 것이 경영과 같다고 여기기 때문이다. 어느 곳을 스탠스로 삼을지 어디를 홀드로 할지 어느 틈에다 카라비너를 걸지 어떻게 리딩할지를 결정하는 것이 경영상의 중대한 의사결정과 전혀 다를 바 없다는 얘기다. 더욱이 괄약근이 움찔움찔해질 때의 짜릿함과 정상에서의 바람으로 스트레스가 한 방에 날아가는 쾌감은 맛보지 않은 사람은 결코 알 수 없다.

특히 고 사장은 바위에서 틈새를 발견했을 때 뛸 듯이 기뻐한다. 확보물을 만들기도 좋지만 그 돌짬에서 놀라운 생명력으로 바위틈을 비집고 움을 틔우는 식물들을 보면 저절로 탄성이 나온다. 돌짬은 어디에 그리도 부드러운 흙살을 담아 두고 있는지…… 세상에 보물이 따로 없다.

어떻게 해서 그 틈에 진출해 뿌리를 내리게 되었을까? 처음에는 그 식물을 뿌리째 뽑아 너른 바위 아래 땅에다 심으려 했지만 잘려 나온 것은 이파리뿐이었다. 뿌리는 어찌나 강하게 바위를 붙들고 있던지 좀처럼 뽑히지 않았다. 바위 아래의 식물은 뿌리와 줄기 위를 비교했을 때, 위가 훨씬 더 길다. 그러나 돌짬에 돋아난 식물은 뿌리부터가 다르다. 물을 찾고 조금이라도 흙이나 먼지를 얻고자 하는 열망이 바위까지 뚫어버린다. 그 끈질긴 생존에의 의지를 볼 때면 고 사장은 '사업도 저렇게 해야 하는데' 하는 생각에 전율하곤 한다.

"모든 것을 갖췄을 때 잘하는 것은 누구나 할 수 있죠. 없어도 잘하는 것, 상황 탓만 하지 않고 자신을 이겨내는 것, 그것이 사업의 본질입니다."

그는 사업에서도 틈새에서 잘 버티고 생존하는 것을 원칙으로 삼

틈이 난 벽에 핀 꽃
그 갈라진 틈에서 널 뽑았다.
여기, 뿌리째, 내 손에 들고 있다
작은 꽃- 하지만 너는 무엇인지,
뿌리째, 전부, 내가 이해할 수 있다면
신과 인간이 무엇인지 알 수 있으련만.
- 앨프레드 테니슨, 〈암벽 사이에 핀 꽃〉 중에서

고 있다. 그런 그에게 틈새는 남다른 의미가 있다. 어쩌면 그것은 자신의 사업이 돌짬에서 뻗어나간 사업의 형국이라 그런 것인지도 모른다.

"어떠한 사업에서도 세분화된 시장이나 갈라지는 부위는 반드시 존재합니다. 그 틈새가 발견되면 신속히 뛰어들어야죠. 이전 업체가 발견하지 못했거나 개발하고 있지 않은 잠재사업 부문을 발견하면 남들이 그곳에 도달하기 전에 먼저 도착해 그 사업 영역에 말뚝을 박아야 합니다. 그게 바로 선등자의 혜택입니다. 후발주자로 올라와보세요. 남는 건 장탄식뿐입니다. 그나마 저 아래에 있지 않는 것이 다행이긴 하지만요. 우린 정상에 오르고 나면 거기서 조그마한 잔치를 엽니다. 아무리 바람이 세차게 불어도 가볍게 세리모니를 하죠. 이 '서미트(Summit) 만찬'을 아는 사람이 얼마나 될까요? 나를 비난하고 쉽게 보는 사람들은 이런 만찬에 한 번도 초대받지 못했죠. 그들의 눈으로 보면 나는 미친 사람에 불과합니다."

고 사장은 자신을 업신여기거나 놀리는 투로 말하는 사람은 대부분 질투와 시기 때문에 그렇게 말하는 것이라는 걸 안다. 사실 그들은 고 사장의 회사와 어떤 식으로든 제휴하지 않으면 기술적 도움을 받기 어려운 처지에 있다. 고 사장은 속 좁은 사람들이 어떻게 생각하든 개의치 않는다고 말한다.

아래서 하는 이야기는 위에서 보는 것과 많이 다르다. 정상을 오를 때 틈새를 발견하는 것은 결국 바위에 매달린 사람들뿐이고, 그들의 모험은 보상을 받게 마련이다. 사업도 마찬가지다. 그의 틈새 경영학 찬양은 계속된다.

"바위에 붙을 때 까딱하면 추락합니다. 추락을 면하려면 여러 가지가 필요한데 그중 하나가 생각하는 방식입니다. 바위를 타려면 돌파뿐이 아닌 발상의 전환이 있어야 합니다. 콘셉트가 중요하다는 얘기죠. 어떻게 확보하고 가겠다는 전략 말입니다. 사업으로 얘기하자면 새로운 시각으로 고객의 잠재수요에 접근하는 것과 같죠. 물론 목표에 대한 끈질긴 도전과 추진력은 기본이고요."

그는 틈새를 통해 정상에 오르려면 틈새에 끼는 온갖 장해물을 극복해야 한다고 말한다.

"모든 경영자는 그동안 사업해온 방식을 고집하며 항상 자기가 맞다고 우겨댑니다. 그러기에 나만의 사업철학을 세우는 것이 중요합니다. 마치 암벽등반에서처럼 말이죠."

그는 앞으로도 '바위 위에서의 만찬'을 계속 누릴 것이라고 말한다. 바위의 간결함과 지극한 순수성을 모르고는 사업의 본질을 꿰는 전략이나 행동이 쉽지 않을 것임을 알기 때문이다. 그는 자신이 산꾼 경영자가 아닌, 바위맨으로 불렸으면 좋겠다고 말한다.

'서미트 만찬'이라! 만찬의 식단이 무엇인지 궁금하기만 했다.

암벽등반

암벽등반은 바위의 형태에 따라 다양한 등반환경을 조성한다. 선등자(先瞪者)는 바위 같은 자연적인 지형지물에 매듭 묶은 줄을 연결함으로써 가장 좋은 확보물을 만들어야 한다. 설치된 확보물은 암벽등반을 할 때 다양한 상황에서 쓰인다. 이것은 생명과 직결되기 때문에 항상 든든하고 안전해야 하는 것은 필수다. 선등자는 바위에 틈새가 있으면 그 틈새에 필요한 정확한 크기의 확보물을 설치한다. 또한 필요할 때는 너트(nut)를 바위 틈새에 설치하기도 한다. 바위에 틈새가 있으면 그 틈새에 손이나 발을 꽉 끼우고 디디며 전진한다.

홀드(hold)

암벽등반에서 손으로 잡을 수 있는 곳이나 발로 디딜 수 있는 돌기 혹은 패인 곳을 말한다. 손잡이는 핸드홀드(hand hold), 발디딤은 풋홀드(foot hold)라고 한다. 위치에 따라 눈높이보다 위에 있는 손잡이는 몸을 끌어올리는 풀홀드(full hold), 허리 위치에서 잡아당기는 것은 언더홀드(under hold), 가로 방향의 것은 사이드홀드(side hold), 밀어대는 것은 푸시홀드(push hold), 그리고 힘을 내리누르는 것은 프레스홀드(press hold)라고 한다. 또한 크기로 나눠 손가락만 걸리는 것을 핑거홀드(finger hold)라고 한다. 풋홀드도 핸드홀드처럼 발가락만 딛는 것, 옆으로 딛는 것 등으로 분류된다. 산꾼 경영자의 홀드는 어디에 있을까?

마지막 산을 앞에 둔 사람과 만나다
산에서 나를 씻어내지 못한다면 바다에 가서나 씻어내랴

"전 성공했죠. 재산도 많이 모았고 사업체를 꾸려 매출액 천억 원 대의 궤도에 올려놓았으니까요. 처음에는 남들이 모두 불가능하다고 했죠. 이제는 뭐라고 하는지 아세요? 떡잎부터 달랐다고 하더군요. 멋지게 복수한 셈이죠. 단 한 사람, 그 작자를 제외하고는 말입니다."

그 작자? 코스닥까지 진입한 명진호 사장은 얘기 끝에 '그 작자' 라는 말을 썼다. 대체 그 작자가 누구기에 성공한 지금까지도 그를 염두에 두는 것일까? 그의 의식에 앙금으로 굳어 아직도 털어내지 못하는 그 존재는 누구일까? 나는 궁금증이 일었다. 대한민국 0.001퍼센트 안에 들었다면 모든 면에서 만족할 만하지 않은가? 그럼에도 그 '단 하나' 가 여전히 그를 과거에 붙잡아 두고 있는 듯했다.

"사업이란 게 말입니다, 꼭 정직하고 양심적으로 한다고 해서 되는 게 아닙니다. 때로는 비겁하고 비양심적이어야 할 때도 있죠. 나만 정의를 부르짖다간 오히려 정신병자 소리를 듣고 맙니다. 무리 속에는 그들 나름의 경영철학이라는 게 있습니다. 그게 옳든 그르든 그건 문제가 안 되지요. 그 방식을 따르지 않으면 따돌림당하고 나만 바보가 되기 십상입니다."

산에 오르는 이유가 씻어내기 위해서라는 말로 시작한 우리의 대화는 땅거미가 지는 노을을 바라보기까지 계속 이어졌다. 곧 밤이 올 거고 그러면 초가을 날씨가 싸늘하게 온몸에 스며들 것이다. 나는 가벼운 우모복을 걸쳤다.

"다니던 회사에서 금융사고가 일어났는데 그때 나와 오 부장이라는 사람이 참 순진했어요. 거래처에서 받아온 전표에다 다시 일괄적으로 사인을 해오라고 하더군요. 한 3, 4개월 흘렀을까? 어느 날 출근을 하니 경찰이 와 있더군요. 횡령 고발이 접수됐다며 조사할 게 있다고 하더라고요. 경찰은 우리가 사인한 서류를 내밀며 다 알면서 사인한 것 아니냐고 닦달을 하더군요. 며칠을 밤새 심문을 당하고 돌아오니 회사 측에서는 문제가 커지는 건 싫으니 서로를 위해 사표를 쓰라고 했지요. 금융사고에 대해 누군가가 책임을 져야 하는데 직접 관여한 사람이 나와 오 부장이니 두 사람이 책임을 지라는 얘기였죠. 정말 미쳐버리겠더군요. 그 작자가 야비한 인간이라는 건 알았지만 이렇게 머리를 쓸 줄은 미처 몰랐어요. 그 작자가 지금은 사장이 돼서 떵떵거리며 삽니다. 얼마 전에 오비(OB)모임에 불쑥 얼굴을 디밀고는 사업이 잘된다는 얘길 들었다며 지껄여대는데 주먹이라도 한 방 먹여주고 싶더군요. 가끔 그런 생각합니다. 그 작자는 그 작자고 나는 난데, 이렇게 성공하고 나서도 왜 이토록 그 작자에 대한 악몽에서 벗어나지 못하는가 하고 말입니다. 자꾸만 이 정도로는 복수가 안 된다는 생각이 드는 거예요. 끊으려야 끊을 수 없는 업이죠. 불교

사람이 산이다.
그 산에 막혀 평원으로 나가지 못하고,
그 산에 막혀 나를 벗어나지 못한다.
때로는 저 산이 좋아 몸을 던져 의탁하고,
때로는 저 산이 미워서 돌아선다.
노을 지는 지리산에 저녁 새가 든다.
산이 사람이다.

에서 얘기하는 업보란 게 있죠? 그 작자와 나 사이엔 악연도 그런 악연이 없어요."

그는 성공했다고 하면서도 옛날의 그 아픔을 씻어낼 만큼 복수를 하지 않으면 화장실을 갔다 와서 밑을 닦지 않은 것처럼 개운하지 않다고 말했다. 물질보다 마음의 위안이 필요한데, 상대가 일취월장 잘 나간다는 소식을 들을 때마다 이를 간다고 했다. 그런 마음을 씻어내기 위해 일부러 더 힘들고 험한 산행을 한다는 명 사장은 소주를 털어 넣으며 각오를 다졌다.

"세상 어디에 미움의 산이 있어서 그 산만 넘으면 미움도 화도 다 사라졌으면 좋겠어요. 번뇌도 사라지고…… 늘 산행을 하며 그걸 털어버리려 하죠. 저 산만 넘으면 나는 그 기억에서 자유로워진다, 업장이 풀린다 하며 자기암시를 불어넣습니다."

내일 한 번 더 오르면 모두 서른 번이나 천왕봉을 오르게 된다는 그는 어둠 속에서 천왕봉 방향을 가리키며 홀린 듯 중얼거렸다.

"아마도 저 봉을 백팔 번 넘으면 나를 찾게 될 겁니다. 내가 나를 넘어서게 되는 거죠. 단순히 사업이 잘되는 게 성공하는 것이 아니라, 내가 선(禪)의 세계로 들어갈 때가 인생에서 진짜 성공하는 거죠. 미움, 화, 불필요한 경쟁, 나쁜 습관, 내 작은 생각, 집착 따위를 다 넘어섰으면 좋겠습니다. 이제 돈만 있다고 행복한 게 아니라는 걸 아시겠어요? 누구나 속에는 말 못할 사연이 있습니다. 결코 삭지 않을 고민을 하는 사람도 있고요. 나는 그걸 산에 와서 씻어내려고 합니다."

그는 회한에 젖어 어둠을 응시했다. 나는 사업은 그렇다 치고 그가 인생에서 성공한 게 무엇이냐고 묻고 싶었다. 성공한 사장이라기보다 떨쳐내지 못하는 나쁜 기억에 사로잡혀 있는 초라한 사내가 내 앞에 있었기 때문이다. 나는 그가 말한 대로 마지막 산을 올라 백팔번 뇌를 끊고 하산하는 날이 속히 오기를 바랐다. 명 사장은 스스로 설정한 '마지막 산'을 올라 평화에의 경지에 오르고 싶어 하는 것은 아닐까?

"양심? 나는 그런 게 허접한 쓰레기라고 생각합니다. 물론 때로는 이런 생각이 나를 붙잡는 족쇄라는 생각도 하죠. 여기서 벗어나려면 그냥 산 아래에서처럼 정신없이 살아야 하는지도 모릅니다."

그는 심각했지만 나는 아무 말도 할 수 없었다. 얼마나 많은 산꾼이 불편한 마음을 안고 산을 찾는가? 사실 그들은 이미 답을 알고 있다. 나는 그것을 알기에 그들이 스스로 심적 결빙에서 풀려나기를 지지해줄 뿐이다.

마지막 산은 누구에게나 있다. 그것은 경영의 산만큼이나 높지만 궁극적으로는 스스로 쌓은 마음의 산, 즉 번민을 뛰어넘어야 한다. 그렇지 않고는 산에 올라도, 심지어 머리를 깎고 절에 들어가도 다 허망한 일이다.

명 사장은 자신이 세운 화두로 산 아래에서의 삶을 살아갈 것이고, 그가 저주를 퍼붓는 사장이란 작자도 그 나름대로 산 앞에서 한없이 작은 자신을 발견하는 날이 올 것이다. 다만, 지금은 자신을 모를 뿐이다. 산꾼 경영자라면 누구에게나 대범함과 남다른 결단력이 있을 거라고 생각한다면 그건 오산이다. 사람은 누구나 온갖 번민과 고통 속에서 살아간다. 다만 지리산까지 오를 정도라면 그러한 고뇌를 풀려는 자기 노력은 하고 있다고 보아야 할 것이다.

사람은 산에 대해 아는 것만큼 오른다. 이 말을 믿는다면 명 사장도 어느 날 불현듯 자신이 자유인이 되어 산을 오르는 날을 경험하게 될

것이라는 생각이 들었다. 단지 지금은 그의 말마따나 아직 덜 씻겨서
그런 것인지도 모른다. 우리를 감싸 안은 산은 적막하고 인생은 장터
목에서 또 다른 전기를 마련하고 있다. 어둠, 특히 산에서 맞이하는
어둠은 산꾼 경영자에게 적잖은 위안으로 다가온다. 아니면 스스로
그것에 다가가거나.

백두대간은 북에서 남으로 줄기차게 뻗어 내리며 한반도의 등줄기를 이룬다. 그 사이 사이의 대간에서 분화해간 산줄기들이 노령, 차령, 소백 등이다. 백두대간의 힘찬 뻗어나감과 거대한 자연의 붓으로 삐침을 긋듯 옆으로 뻗어나간 줄기들은 마치 사업의 본질과 형세를 보여주는 것 같다. 거대기업에서 분화해가는 형상이 아마도 이럴 것이다.

홍기형 사장은 늘 그런 백두대간을 눈여겨본다. 대기업 주요 연구소장까지 지낸 그가 바람처럼 창업을 한 것은 5년 전으로, 이후 온갖 간난고초 끝에 7부 능선까지 도달했다. 하지만 지금도 지인들 사이에서는 그의 창업을 두고 말이 많다. 심지어 기자들도 띄엄띄엄 주워들은 이야기로 물어오는 까닭에 신경이 쓰인다. 그럼에도 홍 사장은 과거에 대한 공격성 발언에 늘 단호하다. 마치 발 디딜 틈조차 없는 칼바위를 등짝에 꽂고 사는 형국이라고나 할까? 마음은 불편하지만 사업은 신기술 덕분에 날로 확장되고 있다. 홍 사장에게 과거사를 물으면 그는 관자놀이 부근의 핏줄부터 꿈틀거리기 시작한다.

"대체 사업이란 게 뭐요? 윤리경영이다 뭐다 해서 말들이 많지만 그건 우리가 서로를 물어뜯는 짐승 수준까지는 내려가지 말자는 얘기지, 다같이 성인군자가 되자는 것은 아니잖소. 내가 그 회사의 주요 프로젝트를 맡아서 일하다 독립한 것을 두고 여전히 이러쿵저러쿵 말이 많습디다. 회사에 연구비 부담을 지도록 하고 내 사업체를 만들었다나 뭐라나. 하지만 내가 그 회사에 벌어준 걸 생각해봐요. 내 개인적인 시간과 노력을 생각해보세요. 개발 중에 이 아이디어를 얻었고 이건 본래 프로젝트에서 의도하지 않은 기술이었소. 순전히 내가 노력해서 발견한 거란 말이오. 더 이상 서 있을 힘조차 없는 노화된 산은 빨리 무너져야 합니다. 백두대간에서 이 산이 분화되어 나왔듯 사업은 다른 길을 찾아 분사도 하고 독립도 해야 하는 겁니다. 대체 태양에서 불을 훔치지 않은 자가 어디 있단 말이오? 우리는 누군가의 것을 훔친 겁니다. 이 말은 곧 모든 게 누구의 것도 아닐 수 있다는 얘기가 됩니다. 내 사업이 그렇듯이요."

자신의 창업을 두고 이전 회사의 기술을 빼내 성공했으며, 그와 관련이 있든 없든 이전 회사가 붕괴될 조짐이 보이는 것을 두고 여러 사람이 입방아를 찧는 것이 온당치 않다는 불만에 찬 얘기였다. 그는 자신의 노력이 오늘의 사업을 만든 것이지 자신을 믿어준 회사를 배반하거나 이용한 것은 아니라고 항변한다. 하긴 이제는 이마저도 맞상대할 필요조차 없다고 단언한다. 이미 전 직장의 상당수 기술자가 우회적인 방법으로 홍 사장의 회사로 넘어왔다. 이전 회사의 사장은 엄포를 놓다가 이제는 하소연도 하고 원망도 하고 협박도 해대지만 그는 눈썹 하나 꿈쩍하지 않는다.

그는 사업의 탄생이 원래 그렇고, 그래서 사업은 비정하고 냉혹하다고 말한다. 설사 그게 잘못된 것일지라도 그것은 사람관리에 실패한 사장의 책임이지 자신을 두고 뒷공론을 펼칠 일은 아니라고 그는 못을 박았다. 노기에 찬 그의 모습은 마치 불을 뿜어대는 화인(火人) 같다는 생각마저 들었다.

"만일 사장님의 회사 직원이 그렇게 했다면 어떻게 생각하시겠어요?"

나는 물어서는 안 될 질문을 과감히 찔러 넣었다. 그는 한동안 침묵하더니 묵직하게 대답했다.

"그렇다면…… 잘라야죠."

잠시 후 그는 말을 이었다.

"그런 일은 자연에서든 사업에서든 다 있을 수 있는 것입니다. 적어도 나는 그 양반처럼 남과 나눌 줄 모르고 내 자식에게만 물려주겠다는 식의 생각은 하지 않습니다. 그 과도한 욕심과 인색함을 보면 한마디 해주고 싶어요. 한편으로 나는 그 회사를 떠나며 탐욕과 인색함으로부터 나를 건져낸 셈입니다. 나를 따르는 많은 직원도 마찬가지입니다. 물론 나도 욕심이 있지만 동시에 베풀 줄도 압니다."

그렇게 말하는 홍 사장은 고집 센 나귀 같기도 하고 오르기 힘든 바위투성이의 산 같기도 했다. 독불장군 같기도 했지만 다른 한편으로는 강렬한 카리스마도 엿보였다. 그의 총천연색 욕망에 오히려 나는 묘한 매력을 느끼기까지 했다.

"나는 지금까지 결정적인 순간에 물러서거나 양보를 해서 큰 일을 그르치는 경우를 종종 보아왔습니다. 내 사업이 누가 봐도 견고해질

저기 바위산을 오르는 그대,
그대는 우뚝 솟음으로써 가장 낮은 산이 되리.
가장 낮아짐으로써 가장 높은 산이 되리.
산 사람아, 산에 묻어가는 티끌 같은 사람아.
미답의 영토를 개척하는 혁신가야!
그대 앞에 놓여 있을 무수한 위험과 변화와 기회들아!
새로움을 일궈내는 창조의 힘아!

때까지는 독재자 노릇을 좀 할 겁니다. 그렇지 않으면 술에 물을 탄 듯 회사는 방향도 잡지 못하고 우왕좌왕하게 됩니다. 내가 마음을 제대로 먹는다면 좀 독재자가 된들 어떻겠어요? 내가 오너경영을 고집하는 이유가 이 때문입니다. 나보다 회사 생각을 더 많이 하는 사람이 있으면 나와 보라고 하세요. 세상 어디에도 나보다 내 회사를 지키기 위해 더 고군분투하는 사람은 없습니다. 그리고 그것이 바로 직원들을 지키는 길이기도 합니다."

기업이 어느 정도 궤도에 오르면 창업자 중심에서 전문경영자 중심으로 이행해야 하고, 그것이 회사를 좀더 성장시킬 방법이라는 말을 여러 차례 들어온 그는 거기에 대한 소신을 분명히 했다. 그러면서 그는 자신은 분명 끝까지 선등자의 각오로 경영의 산을 오르겠다고 말했다.

한반도를 틀어쥔 백두대간은 그 굵직한 등뼈 사이로 갈빗대 같은 지맥을 만들어냈다. 어쩌면 경영자에게는 그런 고집스러움이 필요할지도 모른다. 그 줄기를 어디로 내뻗을지는 경영자의 몫이다. 가다가 끊기면 거기서 모든 것이 멈추고 만다. 그럼에도 자수성가형 경영자는 누구보다 자기 사업에 강한 집착을 보인다. 때론 그것이 사회적 물의를 빚는 화근이 되기도 하지만, 그로 인해 사업의 지맥이 넓어지는 경우도 있다.

홍 사장에게서는 산꾼 경영자의 반추나 물러섬의 심성과 전혀 다른 면이 엿보였다. 그의 산행은 오로지 하나의 목표, 즉 정복을 위한 것이다. 그것이 때로는 허무하다 못해 허망하게 느껴지지 않느냐고 물었더니 오히려 이쪽이 오판을 하고 있다고 말한다. 그의 등산에는 올라감만 있다. 성장과 확장만 있다. 거기에는 내려섬을 가리키는 나침반 따위는 없다. 그런데도 무모해보이는 그에게서 어떤 매력이 느껴졌다. 불을 뿜어대는 동안 화산은 매캐한 염산가스와 돌덩이를 분출하지만 그 자체로 아름답지 않은가? 거리를 두고 안전한 데서 바라본다면 말이다.

앞서 가던 그가 뭐라고 혼잣말을 했다. 나는 귀를 활짝 열었다.

"산불기산(山不其山)이요,

　인불기인(人不其人)이라."

뭐라고? 산불산 인불인? 산은 산이로되 그 산이 아니고, 사람은 사람이로되 그 사람이 아니다? 그를 붙잡아 세우자 그는 입가에 힘을 준 채 나를 내려다보았다.

"내가 저 아래로 내려가면 같은 사람일 줄 알아요?"

이런, 제길! 대화가 이쯤에 이르면 첩첩산중에서 치고개를 넘기란 애당초 집어치우고 어디 여우가 운영한다는 주막집을 찾아가야 하는 것 아닌가? 알 수 없는 사람이 알 수 없는 산의 깊이로 내 생각을 넘나들었다.

저 산들도 풍화를 겪어 왔겠지

**비바람을 맞을 때,
산은 그 모든 고통을 나를 가다듬는 과정으로 받아들인다**

하늘을 찌를 듯한 설악산의 뾰족바위를 보면 제 아무리 날카로운 칼바위도 풍화를 겪어왔을 거라는 생각이 든다. 그 날카로움은 창업의 정신이자 시장에 다가가는 사업의 엣지(edge)임에 틀림없다. 날카롭게 벼린 칼날과 송곳으로 시장을 가르고 지금의 경쟁력을 만들어낸 국인환 사장은 뻐근하게 감개무량을 느꼈다.

그런 그가 산행을 결심하게 이유는 무뎌지는 회사의 사풍을 진작시키기 위해서다. 스스로를 다잡고 자신부터 채찍질하고자 했던 것이다. 사업이 어느 정도 궤도에 오르자 임원들은 무사안일주의에 빠졌다. 애당초 에베레스트를 목표로 한 것이 아니니 이제 그만 오르고 해발 1,500미터쯤에서 하산을 하자는 식이었다. 더욱이 창업을 함께한 임원들은 적당한 시점에 주식을 털어내며 액싯(exit)을 하고, 직원들 보기에 모양새 사납게 차부터 바꿨다. 국산차와 외제차는 확실히 성능 면에서 차이가 난다나 어쩐다나.

국 사장은 그런 행태에 화가 치밀었다. 개중에는 슬슬 자기 사업을 알아보는 임원도 있었다. 인사부서에서 모니터링한 내용을 보고받는 자리에서 그는 깜짝 놀랐다. 아무개 임원이 아랫사람들 앞에서 자신도 사장이 됐으면 벌써 됐을 거라고 호언장담했다는 얘기가 적혀 있었다.

'대체 무엇이 부족해서? 나를 만나 이 정도 성공했으면 됐지…… 이제 회사에 더 크게 공헌해야 할 일을 찾아야 하는 것 아닌가.'

국 사장은 머리가 쭈뼛해지고 뒷골이 당겨 잠을 이룰 수 없었다.

'벌써 하산을 하자는 건가?'

그는 그만 식은땀이 흘러내렸다. 그것이 한두 사람의 문제라면 상관없지만, 이미 그들만의 문제가 아닌 게 되어 버렸다. 창업동지들은 더 이상 오를 생각이 없는 모양이다. 풍화가 창업정신을 갉아먹고 있는 것이다. 이런 패배주의적인 생각이 언제부터 조직에 만연한 것일까?

국 사장은 새로 뽑은 임원들을 머릿속에 꼽아보았다. 눈에 띄는 임원이 없었다. 쟁쟁한 회사에서 내로라하는 경력의 소유자들을 비싼 연봉에 스카우트했지만, 회사가 요구하는 야생마 같은 기질을 발견할 수 없었다. 오히려 공동창업자들 사이를 배회하며 이리저리 줄을 놓는 것이 그들의 최대 관심사 같아 보였다. 국 사장은 침울했다. 회사의 미래가 지금처럼 어둡게 느껴진 적이 없다.

언제부터 우리 회사에 '이걸로 됐어, 괜찮아' 주의가 판치게 됐을까? 사장인 나 때문인가? 국 사장은 창사 이래 가장 큰 위험이 다가오고 있다는 걸 예감했다. 어떻게 해야 할 것인가? 컨설팅을 받아보고 그걸 빌미로 구조조정을 단행할까? 칼에 피를 묻혀야 하나?

그는 어떤 희생이 따르더라도 새 판을 짜야겠다고 다짐했다. 그렇지 않고는 몇 년 내 회사는 주저앉을 판이다. 그러자 그의 면전에서 핏대를 세우며 반발할 임원들의 얼굴이 줄줄이 그려졌다. 흩어진 지분이 이렇게 천추의 한이 될 줄이야…… 친구들과 공동창업을 해 회사를 이끌어온 결과는 엄청난 대가를 요구했다. 머리가 굵으니 령(令)도 서지 않았다.

피를 부르지 않고는 이 대책 없는 낙관주의와 한 뼘 한 뼘 시장에서 물러나는 형세를 바로잡을 수 없다. 국 사장은 만약의 사태에 대비해 우호지분을 합해보고, 이리 모았다 저리 흩어보면서 시뮬레이션을 하듯 말없이 산을 올랐다.

따지고 보면 그동안 속 터지는 일이 한두 가지가 아니었다. 그럼에도 용케도 여기까지 왔다. 중간에 말썽을 일으키며 팀을 끌고 나간 창업동지에서부터 과도한 인수대금으로 지분을 매입해줄 것을 종용하던 창업임원에 이르기까지 다들 보통내기가 아니었다. 어쩌면 모두들 한가락했기에 오히려 지금까지 잘 버텨왔는지 모른다. 하지만 지금은 사정이 다르다.

국 사장은 그 대목을 생각할 무렵 치고개를 앞에 두고 있었다. 지금은 온 힘을 쥐어짜 이 고개를 넘어서야 한다. 그렇지 않고는 직원들 앞에서 비전 따윌 운운할 자격조차 없다. 그는 혼신의 힘을 모아 한 발 한 발 앞으로 내디뎠다. 사장으로 반평생을 살아오며 영욕도 많았고 눈물도 많았다. 어디 가서 하소연할 데가 없어 복장이 터지기도 했다. 그때마다 그의 유일한 친구는 산이었다. 산은 그 자체로 위안이었고 언제든 받아주었으며 변함이 없었다. 산에 우뚝 솟은 칼바위는 늘 이렇게 말하는 듯했다.

"여보시게. 풍화되지 않는 것이 어디 있던가? 그러니 멈추지 말고 날마다 가죽을 벗기듯 살라 하지 않던가?"

그런 생각이 들 때면 그는 남몰래 눈물을 훔쳤다. 녹슬고 왕왕 잔고장을 일으키는 데다 가다가 멈춰선 것조차 모르는 회사가 안타까웠다. 이젠 결단이 필요하다. 스무 해 동안 한솥밥을 먹은 창업동지들에게 칼을 겨눠야 한다. 조직을 살리려면 읍참마속이 필요하다.

국 사장은 설악산 칼바위 앞에 서서 결단의 의지를 벼렸다. 버리고 베어내는 것이 회사와 직원들을 살리는 길이다. 너, 칼바위는 풍화될지언정 내 회사는 풍화될 수 없다! 정상에 이르렀을 즈음, 그는 고독하게 전방을 응시하다가 눈을 감았다. 그런 다음 휴대전화를 꺼내 인사실장에게 전화를 넣었다. 그의 음성은 나직했으나 단호했다.

"지금부터 내가 부르는 명단에 대해 그동안 내사한 걸 기반으로 내용을 만들어보게."

전화기 너머에서는 사장의 결단을 직감한 듯 목소리가 떨렸다. 국 사장은 썩은 가지들, 이미 풍화되고 마모돼 산 같지도 않은 산들의 이름을 호명했다. 그리고 사장이 보내는 월간레터에 이런 내용을 넣 어 임직원들에게 보내라고 지시했다.

"창업 당시의 모험정신이 풍화(風化)되지 않도록……"

전화를 끊은 그는 저 멀리 펼쳐지는 산군(山群)들의 군무를 보며 등산화에 눈물을 뚝뚝 떨어뜨렸다. 20년 전 창업을 하며 산 등산화는 몇 번 밑창을 갈긴 했어도 여전히 그의 산행에 동행하고 있었다. 그 가 가는 길이면 어떤 곳이든 묵묵히 따라와준 그 동지의 헌신을 그는 잘 알고 있다.

아직 길은 멀다. 그는 먼 전경을 응시했다.

산에서 반딧불이를 만났네

나는 어떤 반딧불이가 될까? 내가 밝히는 이 작은 불은 뭘까

"가야산에 올랐을 때였어요. 한여름에 비박을 하는데 눈앞에 불꽃이 아른거리더군요. 신기해서 가보니 반딧불이였지요. 순간, 이런 생각이 들더라고요. 저들도 작은 몸으로 빛을 내고 있구나, 그런데 나는? 태양처럼 몇 억 광으로 세상을 두루 비추는 빛은 언감생심 바라지 않는다고 해도 헤드랜턴까지 끼고 가면서 앞도 제대로 못 보는 나를 돌아보았죠. 살아온 날들이 너무 초라하고 남들이 낸 빛이나 받아 축내는 것 같고⋯⋯ 내가 너무 작게 보이더라고요. 뭔가 의미 있는 일을 하며 살아야겠다는 생각이 들더군요."

어떤 산행도 인생과 마찬가지로 촌음(寸陰) 내에 벌어지는 한 장면의 삽화와 같다. 대자연의 유구한 역사와 그곳에 사는 생물들의 생존 혹은 적응방식을 보면 불현듯 자기 존재를 깨닫게 된다. 나는 무엇인가? 누구나 한번쯤은 이런 생각을 해보았을 것이다.

산과 함께하면 그런 생각은 더욱 강하게 솟아난다. 산은 그래서 좋

다. 상념이 나를 깊게 만들고 내면의 인간성에 더욱 깊이 다가가게 해주기 때문이다. 그런 연유로 생각이 있다면 산에 이르러 자신을 보게 되고, 생각이 없다면 흙 바위에 쌓인 뫼만 보고 마는 것이리라. 촌음에 불과한 인생을 살며 산에 올라 자신을 만날 수 있다는 것은 산행이 주는 커다란 혜택이다. 산은 기묘한 인생길에 하나의 나침반이 되어 나를 반추케 한다. 나지막한 산을 오르는 것도 그러할진대, 무구한 세월을 견뎌온 악산에 오르면 그 마음이 오죽이나 강하게 다가올까?

산꾼 경영자는 경영에 대한 허욕조차 짧은 순간의 영광이자 만족이라고 생각한다. 그러기에 세상 속으로 파고들며 세상 밖을 기웃거리게 되고, 후미진 곳을 밝히는 작은 불빛을 발전(發電)해내고자 삶을 더욱 채찍질하게 된다. 특히 하산할 무렵이면, 저 아래로 내려가 부지런히 살아야겠구나 하는 생각이 찾아들면서 도심으로 들어서는 길을 더욱 재촉하게 된다. 빨리 내려가 뭔가 해야 하고 매듭지어야 할 일이 생겨 다급해진다. 마음이 걸음보다 자연 빨라진다.

산은 그렇게 열린 자들에게 다가온다. 자신을 받아들이고자 하는 자에게 항상 열린 채 마주하고 있다.

"산 아래에서 내가 하는 일이 산에 와서 안타깝게 보이면 인생을 돌아볼 필요가 있어요. 사는 건 정말 뻔한 일이죠. 더운 밥 먹고 더운 똥 싸고 남의 돈을 내 주머니로 옮기는 일에 매일 몰두하고…… 사업이란 게 그것 말고 또 뭐가 있을까 싶죠. 그러기에 나는 산에 와서 좀 더 성숙해지고 반딧불이처럼 작은 불빛이라도 비출 수 있다면 된다고 생각합니다. 인생이 지금처럼 허탈하지만 않으면 되는 거죠."

모든 면에서 산행의 의미를 남다르게 생각하는 봉태환 사장은 최소한 분기나 반기별로 한 번씩 산에 들어와 잠을 잔다. 아니, 자는 게 아니라 내면으로 빠져드는 명상의 시간을 갖는다. 온갖 현란한 관계와 돈을 두고 벌어지는 아귀다툼에서 벗어나 치열하게 자신과 대면하는 것이다. 비박은 그에게 속성(俗聲)에 가려 들리지 않던 내면의 소리를 듣게 하는 시간이자, 제 모양조차 찾아볼 수 없을 만큼 찌든 자신의 참모습을 조금이나마 찾게 만드는 귀향에의 시간이다.

"돈을 버는 건 끝이 없어요. 아흔아홉 개를 얻으면 하나 더 채우고 싶고, 구백구십 개를 얻으면 나머지 열 개를 더 채우고 싶죠. 그렇게 속아 살다가 죽는 겁니다. 우수리를 떼어낼 줄도 알아야 하는데 하나를 더 붙여 그걸 불릴 생각만 하죠. 내 주위에도 그렇게 살다 죽은 사람들 참 많아요."

그래서 그는 그렇게 살다 가면 뭐가 남을까 하고 진지하게 고민해 보았다. 그런 숙고 끝에 그는 누구처럼 용기 있게 재산을 뚝 잘라 기부하진 못해도 큰 돈의 우수리는 떼어내며 살고 있다고 귀띔한다. 그걸 조금이라도 떼어내야만 자신의 눈이 흐려지고 가리는 일이 없을 거라고 믿기 때문이다.

"내 몸에서는 조금이나마 향나무 향기가 날 거라고 생각해요. 늘 고깃내, 비린내만 나서야 되겠어요?"

많은 산꾼 경영자가 산을 경영의 화두로 삼지만, 사업에 연륜이 깊어지고 나이가 들면 조금씩 달라진다. 익거나 늙기도 하고 때로는 썩기도 한다. 무작정 산과 다투듯 오르는 것이 아니라 산을 보듬으며 자신을 끌어안는 과정을 거치게 된다.

산을 두들겨 패듯 오르는 것은 하수(下手)다. 산을 보듬는 것은 상수(上手)다. 산아불이(山我不二)의 경지가 되는 것은 최고수다. 그중

반딧불이 같이 작은 불씨를 심장에 지피고 내려오는 산꾼은 세상의 산을 오르는 데 있어 가장 높고 깊다. 봉 사장은 산행이 도의 경지에 이르는 게 이런 거 아니겠느냐고 반문한다.

반딧불이가 있어서 산은 산답다. 그리고 봉 사장 같은 산꾼이 있어 산은 더욱 아름답다.

"저 반딧불이가 혼신의 힘을 다해 제 몸을 밝히는 것 아시죠?"

오늘도 산꾼 경영자는 혼신의 힘을 다해 산을 오르는 반딧불이가 된다. 내 눈에는 헤드랜턴을 끼고 줄지어 야간산행을 하는 끝없는 대열이 눈에 보이는 듯했다. 그 줄에는 분명 빛나는 경영자가 한둘은 있을 것이다. 나는 어디에 서 있을까?

경영의 산을
오르는
20가지
방법

‖가야 할 길을 분명히 알아야 한다‖　인생과 사업에서 수많은 사람이 길을 잃는다. 길을 잃고 탈진하고 끝내는 인생의 길에서 죽어간다. 나는 예외라고 말할 수 사람은 누구인가? 그러니 가야 할 길을 분명히 알고 가야 한다. 제아무리 옳다한들 그 길조차 영원히 이어지지는 않는다는 것을 알고 가자.

‖살 수 있는 길을 선택해야 한다‖　경영에서 공통적이고 검증된 각자의 생존기술을 익히고 산에 오르는가? 산행 중에도 여전히 생존 방식을 익히는가? 경영의 산을 오를 때는 살 수 있는 길을 찾아 오르고, 끝내 산 자로 내려와야 한다. 그것이 산을 타는 가장 훌륭한 방법이다.

‖한 걸음의 깊은 뜻을 알아야 한다‖　경영의 산을 오를 때는 일일탐험, 주간탐험, 월간탐험, 연간탐험 계획을 수시로 짜고 매일 탐색해 탐험해야 한다. 그렇게 한 발 한 발 내딛는 발걸음이 쌓여 결국 정상에 오르게 된다. 나아가 그런 걸음이 쌓여 10년 후, 100년 후를 결정짓는다.

‖산에서마저 마음이 싸움터가 되지 않도록 한다‖ 산 아래서의 싸움은 산 아래서 마무리해야 한다. 산 아래에서 이뤄진 싸움은 산 아래 내려놓고 올라가야 한다. 산이 무슨 죄가 있겠는가? 왜 그 무거운 마음의 짐을 지고 정상까지 오르는가? 그것을 내려놓으면 정신은 더욱 맑아지고 삶의 의미를 새롭게 깨닫게 될 것이다.

‖끝을 보고 산행을 시작한다‖ 등반에는 반드시 오름과 내려감이 있다. 그 끝을 알고 시작하는 것은 경영의 산을 오르는 가장 또렷한 지혜다. 사업에서는 어떠한가? 참여하는 순간, 그 끝을 염두에 두고 경영의 산을 오르고 있는가? 처음부터 끝을 보고 시작하지 않으면 자칫 벼랑 끝으로 향할 수도 있다.

‖보이지 않을 때가 가까이 있는 법이다‖ 비바람이 몰아치는 날에 정상을 오를 때는 대체 정상이 어디냐고 묻게 된다. 그때 내 멘터는 이렇게 말해주었다. "가장 높은 정상일수록 안개에 가려져 있는 법이다." 그렇다! 경영과 삶의 목표는 잘 보이지 않을 때, 그 너머가 정상이다. 안개를 묘연한 추상으로 받아들이지 않고, 구체로 받아들일 때 삶의 목적을 알게 된다. 삶에 긴 불확실성을 극복해나가는 경영자가 가장 성공적인 등반가이다.

‖미끄러지는 것을 막는다‖ 미끄러질 때는 스틱이나 피켈 혹은 등산화를 이용해 제동하거나 본능적으로 움직여 그 흐름을 막아야 한다. 제동기술은 미리 익혀둘 수 있다. 특히 겨울 산행에서는 멈춰 세우는 기술이 중요하다. 경영의 산을 오를 때는 언제든 자신과 사업을

제어할 수 있어야 한다. 무엇을 제어할 것인가? 사업, 심신, 화(禍)를 통제하는 능력은 모든 상황에서 생명을 구해준다.

‖ 길의 본성을 꿰뚫어야 한다 ‖ 애당초 잘못된 길이란 없다. 길은 길 자체로 존재한다. 단지 길을 인지하는 방식이 사람마다 다를 뿐이다. 어떤 길로 갈 것인가는 내가 결정한다. 자신이 선택한 길을 왜 스스로 탓하는가? 경영의 길을 걸을 때는 길에게 묻지 말고 자신에게 물어라. 자신이 바로 길이다.

‖ 내가 바라본 산은 그 산이 아닐 수도 있다 ‖ 정상에 올랐을 때 그 산이 바라던 산이 아니거나 또 다른 산이 다가서면서 좌절하게 할 수도 있다. 실망할 것 없다. 지금 오른 산이 지금으로서는 최고 높은 산이다. 천왕봉에 올라 히말라야를 오르지 못했다고 한탄할 것 없다. 각자의 산은 모두 다르다.

‖ 산은 나에게 어떤 것도 약속하지 않는다 ‖ 우리가 할 수 있는 일은 산의 규칙에 맞춰 오르고 내려가는 것뿐이다. 산에 무얼 그리 요구하는가? 경영의 산을 오르고 내려서는 건 순전히 각자의 몫이다. 거기엔 성공 등반도 실패 등반도, 그 어떤 것도 약속된 게 없다. 그저 오르고 내려오기 위해 오늘도 묵묵히 오를 뿐이다. 오르는 것 말고 인생에 무엇이 또 있는가?

‖ 산을 의심하고, 산을 바라보는 나를 의심해야 한다 ‖ 산꾼은 산의 표면 뒤에 무엇이 숨겨져 있는지 알아야 한다. 특히 겨울 산은 천

사의 모습으로 다가와 악마의 발톱으로 할퀴기도 한다. 어디 겨울 산 뿐인가? 경영의 산에는 무수한 미혹의 크레바스(빙하의 표면에 생긴 깊은 균열)가 늘 입을 벌리고 있다. 그 산을 의심하고 그것을 바라보는 나를 의심하며 의심하는 마음을 의심해야 한다.

‖ 막아설 수 없는 바람이 불면 즉시 엎드려야 한다 ‖ 현명한 산꾼은 한줄기 바람에도 몸을 숨길 줄 안다. 급변하는 시장의 거센 도전 앞에서는 낮춤으로 일어서고 끝내 꼿꼿이 선다. 낮추는 것은 굴신이 아니다. 그만한 용기가 없는 산꾼 경영자는 경영의 산 정상에 다다를 수 없다. 크고 높음으로써 낮추는 것이다.

‖ 굽은 길을 걸으면서도 늘 바르게 한다 ‖ 산전수전 다 겪으며 길을 오를 때는 때로 멈춰 서서 올라온 길을 돌아보라. 그 길이 반듯하기만 한가? 결코 그렇지 않을 것이다. 어떤 길을 걷든 바르게 해야 한다. 일단 정상에 오르면 더 높은 곳으로 향하는 길에는 결코 굽은 길이 없다는 것을 알게 된다. 곧은 사람이 가장 높은 곳에 이른다.

‖ 항상 자기 실력을 의식하고 기본에 충실해야 한다 ‖ 준비된 실력, 몸, 장비, 시간, 음식물 등은 산행의 기본요소이다. 이러한 기본을 무시하고 등반을 하면 결국에는 조난의 위험과 만나게 된다. 낙오자는 기본에서부터 그 가능성이 잠복돼 있다.

‖ 득의담연 실의태연(得意淡然 失意泰然)해야 한다 ‖ 오르지 않으면 하산도 없다. 양사언의 시는 오늘날에도 의미심장하다.

"태산이 높다 하되 하늘 아래 뫼이더라. 사람이 제 아니 오르고 재만 높다 하더라."
등산에 관한 한 최고의 절창이다. 오르려 하지 않으면서 경영의 산을 품으려 한 적은 없는가?

‖ **땀의 총량이 정상으로 인도한다** ‖ 땀은 반드시 보답받게 되어 있다. 인생은 믿어볼 만한 가치가 있다. 계속 도전하라. 경영의 산을 오르면서 '지금뿐이다' 라는 생각으로 땀을 줄줄 흘려라. 몸뿐 아니라 정신으로도 남김없이 흘려라. 그럴 때 산꾼 경영자의 정신은 감천(感天)해서 세상을 감싼다.

‖ **경영의 산은 오르다 협곡에 빠져들기도 한다** ‖ 때로는 강물 저편으로 넘어가야 생존할 수 있다. 어려움을 대비해 미리 다리를 놓아라. 그간 줄대기는 해봤어도 다리놓기에는 소홀하지 않았는가? 현재의 위기를 넘어가는 다리 없이는 계곡 저 너머로 건너갈 수 없다. 고립무원의 상황에 갇히지 말고 지금 경영의 다리를 쉼 없이 놓아라.

‖ **정상을 도전하는 루트도, 하산 루트도 다양하게 확보한다** ‖ 산행과 경영은 환경에 적응하는 것이다. 적응이란 주어진 환경에 순응하는 것이 아니라 적극적으로 개척하는 것을 말한다. 산행길이 단 하나뿐이라면, 이는 곧 조난의 위험에 가까이 다가간다는 것을 뜻한다. 좀더 많은 루트의 정보를 얻기 위해 노력하고 그 길을 확보하라. 생존게임에는 옵션이 많아야 좋다.

‖ 산행과 경영의 공통점은 준비가 필요하다는 것이다 ‖ 올라가기 전에 지도라도 보고 간 것과 짐작으로 가는 것은 하늘과 땅 차이이다. 근교 산행도 무턱대고 올라가는 것보다 준비된 것이 다섯 배나 유리하다. 산머리, 등산로 입구에는 어디든 산 전체를 조망해볼 수 있는 조망도가 있다.

‖ 지금 어떤 산을 오르고 있는가? ‖ 지금 오르는 산이 평생 죽도록 오르고 싶어 했던 바로 '그 산'인가? 보람을 주는 산인가? 실제 존재하는 산인가? 지금 산의 어디를 오르고 있는가? 산속에 갇혀 있는가, 혹시 산에 묻혀 다른 산을 못보고 있지는 않은가? 더 큰 산을 부르는 산인가? 산속에서 산을 찾고 산 밖에서 산을 알며 그 마음, 그 자세로 산을 그리고 있는가? 산에서 배우는 모든 것이 이것이다.

멧부리 경영

　자신을 극한까지 몰아붙이면 살고자 하는 의지는 더욱 강해진다. 죽고 싶다면 손톱이 다 빠지도록 바위를 붙잡고 정상까지 올라가보라. 죽고 싶다는 생각이 싹 가실 것이다. 몸이 나약한 마음을 일으켜 세우기 때문이다.

영혼을 불태우는 도전

경영의 산에 가면 산전수전 다 겪은 경영자의 '산전(山戰)'을 목격하게 된다

산다운 사람, 산처럼 담연하고 호연하며 겸손하고 고독한 사람, 폭풍처럼 속으로 부는 바람을 안고 사는 사람, 늘 제자리에서 풍파를 맞으며 의연히 서 있는 사람이 바로 산꾼 경영자다. 그들은 외로이 산을 탄다. 외로움만으로는 산을 오를 수 없기에 누구보다 치열하게 이를 악문다. 등로를 걷다가 고개에서는 치고 올라가며 뒤처지다가도 앞선다. 어느 코스에서는 무서운 집념과 괴력을 발휘해 누구보다 먼저 정상에 가 닿는다. 무엇을 얻으려고 산을 오르는 것일까? 수만 갈래 질문을 던질 수 있지만 그 대답은 전적으로 그들 자신에게 달려 있다.

그들에게는 변치 않는 원칙이 있다. 바로 도전이다! 끝없는 도전의 행렬로 지구의 역사와 함께하고 경영의 진화 과정을 온몸으로 겪어내며 전쟁터를 불사하는 경영현장에서 수많은 역전의 전투를 치러낸다. 그 역전의 용사들이 치르는 산전은 또 다른 감회를 불러일으킨다.

그들은 산에 오르기 위해 몸과 마음을 가다듬는다. 산을 오르는 몸은 공략해야 할지, 휴식을 취하며 전략을 짜야 할지, 퇴각해야 할지, 치고 올라가야 할지, 야영을 해야 할지를 결정할 때 마음과 공조한다. 그들은 수많은 의사결정과 결단의 과정에 직면해 있다. 그 과정은 삶을 죽음으로 바꾸기도 하고 죽음을 벗어나 생존을 얻게 해주기도 한다. 그들의 머리는 차갑지만 가슴은 용광로와 같다. 세상을 품고 도전하고 이로써 뜻을 세운다.

등반은 나를 찾는 과정이다. 마음을 다하는 비나리다. 산꾼 경영자는 바로 그런 마음으로 경영현장에 선다. 도전을 자아에 대한 발견으로 알기에 그들의 성취는 남다르다. 나아가 그들은 산처럼 베풀 줄도 안다. 사시사철 온몸으로 변화를 받아들이며 정상을 향해 오르고 또 오른다.

2004년 새해, 새해맞이 산행에 오른 일송산악회 회원들의 각오는 새로웠다. 갓 30대에 접어든 청년 사장부터 60대에 이른 업력 30년의 중견기업 창업자까지 그들은 경영목표에 한 발 더 다가서기 위해 날을 벼리는 마음으로 정상으로 향했다. 그들의 배낭에는 각자의 소원이 담긴 희망의 타임캡슐이 들어 있었다.

연 매출목표 1천억 원 달성, 신기술 개발 프로젝트 성공, 동남아 해외시장 교두보 확보, 중국시장 진출, 3년 내 코스닥 상장, 업계 시장 점유율 20퍼센트 확보, 정규회원 고객 10만 명 확보……

모두 만만찮은 경영목표다. 희망과 도전의 의지를 담은 그들의 도전사명서는 타임캡슐 안에서 1년을 기다리다 내년 정월 산행에서 꺼내질 것이다. 그들은 그렇게 야심 찬 경영목표를 달성하고자 산행에 나선다. 산을 타면서 그들은 몸을 다졌다. 몸이 다져지면서 감각은 갈참나무 숲을 스치는 바람의 줄기도 잡아낼 만큼 날카로워졌다. 나아가 산을 오를수록 영혼이 맑아졌다.

7부 능선을 넘으니 마지막 급경사가 이어졌다. 사업에는 오르고 내려섬과 더불어 모든 전사적 역량을 모아야 할 때가 있다. 그때를 잡아내야 한다. 등로는 언제 힘을 써야 하고 집중해야 할지를 알려준다. 동물적인 감각으로 방향을 잡고 치고 올라가야 하는 때를 알려주는 것이다.

순간에 얻어지는 성공이란 없다. 한 걸음 한 걸음이 쌓여 정상에 다다르듯, 오랜 불굴의 노력 끝에 각자가 설정한 궤도에 오르게 된다. 그것을 알기에 그들은 서두르지 않는다. 다만 꾸준히 걸을 뿐이다.

상장을 목표로 이번 산행에 나선 노대은 사장 곁으로 다가가자 나름의 산꾼철학이 줄줄이 쏟아져 나온다.

"정말 옛말 틀린 거 하나도 없습니다. 오르고 또 오르면 못 오를 리 없지요. 나와 함께 20여 년 전에 사업한 친구들은 몽땅 나가떨어졌어요. 한눈팔고 딴생각을 했기 때문이죠. 등산처럼 꾸준히 오르려 하지 않고 단번에 승부를 내려고 무리하거나 사행심에 빠져 길을 잃곤 했죠. 내가 가진 건 꾸준함밖에 없어요. 안 되긴 뭐가 안 돼요? 사양산업이 어디 있어요? 사람이 밥 먹고 똥 싸고 공부하고 옷 사 입고 건강 챙기는 일이 없어질까요? 부산의 신발업체들 보세요. 신발 안 신고 사는 사람 있나요? 조금만 머리를 쓰면 거기서도 얼마든지 방법을 찾을 수 있는데 쉽게 포기하는 겁니다. 내가 아는 어떤 회장님은 다들 신발산업 망한다고 할 때, 지도 쫙 펴놓고 부산과 위도가 같은 곳이 어딘가 살펴보더니 중국 광저우에 가서 신발공장 차려 크게 성공했어요. 직원이 7,000명이나 됩니다. 꾸준함과 결단의 결실이죠. 사장은 이거 없으며 안 돼요."

그는 사업에서 가장 어려운 건 유혹이라고 말한다. 물러서고 싶은 유혹, 찬 바람 부는 산야보다 따뜻한 안방에 남고 싶은 유혹, 남들이 간 길을 편안히 가고 싶은 유혹, 현실에 안주하고 싶은 유혹…… 이런 것은 경영현장에 불어닥치는 눈사태에 해당된다.

도전은 적응이자 파괴이며 언제까지 내가 어디에 도달하겠다는 강한 의지의 표현이다. 그래서 산꾼 경영자의 영혼은 늘 빠르게 돌아가는 경영현장에서 긴장의 연속선상에 있다. 그런 긴장의 끈을 고삐 조이듯 꽉 조여야 정상까지 오를 수 있다.

"산에 오르면 내가 새로워진다는 것이 느껴집니다. 투지가 불타오르는 거죠. 산 아래서는 빈둥거리던 정신이 산 위에 올라서면 빨리 내려가서 뭘 해야겠다는 각오로 불탑니다. 내가 길을 재촉하는 이유도 그 때문이죠."

산악회 일행은 바위 틈 밑의 언 땅을 조금 파서 도전목표를 적은 타임캡슐을 묻었다. 그것이 꺼내지는 날, 그들은 또다시 새로운 도전에 나설 것이다. 산꾼 경영자는 결코 도전을 멈추지 않는다. 아직 올라야 할 산이 적어도 천만 개는 더 있기 때문이다.

겨울 산에서는 울음소리가 들려온다. 바람이 울 때, 경영자는 자신의 의지를 실험해본다. 칼날바람이 불어도 올라야 할 목표가 있지 않은가? 그 목표가 그들을 개밋길처럼 정상으로 이끈다.

칼산 위에 선 자

무당이 작두에 오르듯, 산꾼 경영자는 칼산에서 자신을 만난다

"경영이요? 그건 아주 복잡한 얘깁니다. 심신이 복잡하지요. 하긴 모든 것이 돈과 관련된 것들입니다. 돈 하나를 매개로 온갖 것이 뛰어들고 엮이죠. 상품, 직원, 거래처, 고객, 경쟁사…… 모두들 돈과 관련돼 있습니다. 특히 사장에게는 더욱 그렇죠. 그래서 사장들은 대범해보여도 다들 좁쌀영감입니다. 제정신 지닌 채 간이 부어 있는 사람은 없어요. 늘 조심하는 거죠. 사업이 험난한 걸 똑 부러지게 알기 때문입니다."

경영자는 길을 들어서거나 나설 때 늘 길에 대한 두려움을 가진다. 혹시 발을 잘못 들여놓은 것은 아닌지, 이 길이 벼랑 끝으로 가는 외통수는 아닌지 조심스럽다. 그리고 안전하다고 판명될 때까지 계속 마음을 졸인다. 그들은 야간산행에서 묘지 앞을 지날 때처럼 등골이 오싹해지는 경험을 매일 경영현장에서 일상사로 치뤄낸다.

L/C를 받고 선적한 수출품이 중동에서 난데없이 전쟁이 터지며 모

든 대금이 묶여버릴 때의 참담함, 죽어라고 개발비를 투여해 생산해
낸 제품이 결정적인 결함으로 리콜되면서 전화통에 불이 날 때의 다
급함과 망연자실함, 거래처를 바꾸겠다고 엄포를 놓는 대기업 담당
과장 앞에서 더럽고 치사한 꼴 다 견뎌내야 하는 인간적 모멸감, 매
출이 계속 줄어 직원들 불러 사직 권고할 때의 미안함과 송구스러
움…… 그들은 언제든 이런 답답하고 암담한 상황에 놓일 수 있다.

그러다 보니 딛고 있는 곳이 칼산이고 베고 누운 게 작두날 위다.
평지에서도 땅이 꺼질까 노심초사하게 되는 마음이 사장 마음이라고
한다. 이문항 사장은 위장약이 잘 팔리는 것은 그 때문이라며 속내를
털어놓는다.

"나는 습관적으로 발밑을 봅니다. 어느 순간 낭떠러지가 턱 나타날
지 모르기 때문이죠. 특히 중소기업은 잠깐의 실수로 모든 게 끝나버
리고 맙니다. 그래서 그런지 늘 조심하는 법, 인내하는 법, 생각하는
법, 때를 기다리는 법을 마음속에 새겨두게 됩니다. 평생 가꿔온 꿈
을 실현하기 위해서라도 칼산에서 미끄러지면 안 됩니다. 어떻게 일
궈낸 사업입니까? 밤샘을 해서라도 살아남아야죠. 졸아서도 안 됩니
다. 늘 위태위태하니까요. 잘나가면 경쟁사가 금방 가격으로 치고 들
어오니 안심할 수 없고, 잘나가지 않으면 직원들이 언제 한솥밥 먹었
느냐는 식으로 돌아서니 불안합니다. 나를 믿지만, 한없이 믿기만 하
면 본능적으로 죽음이 가까이 있다는 걸 알게 됩니다. 때에 따라 나
를 믿기도 하고, 또 믿지 말아야 하는 게 사장입니다. 그걸 잘못하면
끝장이죠. 잘못했을 땐 사장이고 뭐고 없는 겁니다."

그는 자신이 지금 칼산의 맨 꼭대기에 위태롭게 서 있다고 했다. 그
렇기에 오히려 결연하고 속임수가 없단다. 자신이 한 모든 일의 결과

그대, 두 발로 칼산에 오르라.

두려움은 산 아래 내려놓고

불타는 의지로 오르라.

흔들림 없는 신념으로 정상으로 오르라.

그대 오른 그곳에 결단코 꿈꾸던 내일이 있다.

를 곧 보게 될 테니까.

"정상일수록 바람이 세잖아요. 자칫하면 총알받이가 되기 십상입니다. 경영의 최전선에 선 중소기업은 순간순간에 죽느냐 사느냐가 결정됩니다. 간신히 발 디딜 만한 곳에 버티고 서는 것조차 정말 힘겨운 일이죠. 게다가 바람은 늘 세차게 불어댑니다."

이 사장은 그래도 칼산이 좋다고 한다. 땀 흘려 올라온 정상이고 그 분야에서는 내려다볼 수 있기 때문이란다. 정상에서는 헛된 인생이 아니었다는 생각에 보람도 느껴지고, 그 맛에 산에 오르면 언제나 정상까지 올라간다. 그는 단 한 번도 정상 밑에서 돌아선 적이 없다. 거기를 디뎌야 사업에서 좀더 악착같은 승부근성이 생겨 산을 내려갔을 때 자신의 결정을 스스로 믿을 수 있기 때문이다.

"다른 사람은 어떤지 모르겠지만 나는 등산을 나와의 싸움이자 약속이라고 봅니다. 몸이 따르지 않아 오르지 못할 나이가 될 때까지 나는 산을 오를 거고 언제나 정상을 밟을 겁니다. 거길 디뎌야 나중에 후회가 없을 것 같아요."

그는 이미 전국 200여 개 산에 자신의 발자국을 선명하게 남겨 두었다. 그의 책상서랍에는 두 개의 수첩이 있는데 하나는 경영상황을 메모한 기록장이고 다른 하나는 산행기이다. 그것을 들여다보면 사업을 하며 살아온 20여 년의 세월이 주마등처럼 스쳐 지나간다.

칼산 위에 서 본 산꾼 경영자에게 왜 산에 오르느냐고 물으면 아마도 이렇게 대답할 것이다. 사업을 계속하는 한 디딜 곳이 그곳밖에 없기 때문이라고. 그래서 오르고 또 오른다고. 그곳이 정상이어서 오르는 게 아니라 끝이기에 멈춘 것뿐이라고……

겨울 산에서의 사색

겨울 산의 깊이로 빠져드네. 그 깊이에서 다시 시작하네

산은 철마다 그 느낌이 매번 다르다. 봄 산은 사람을 속수무책으로 달뜨게 만들고, 여름 산은 대책 없이 풍성하게 해준다. 가을 산은 단풍으로 시도 때도 없이 요란하고 겨울 산은 영혼을 추수케 한다. 그래서일까? 산꾼 경영자는 겨울 산에서 더 많은 걸 느끼고 얻는다. 다른 계절의 산에서는 육신이 땀을 흘리지만, 겨울 산에서는 영혼이 땀을 흘린다. 겨울 산은 많은 사색을 가져오기 때문이다.

바람이 거침없이 드나들 만큼 그 헐벗은 모습, 속살을 죄다 드러낸 나목들, 중머리처럼 매끈하게 밀어 올려진 산마루…… 그야말로 한 점 부끄럼 없이 있는 그대로 보여준다. 다 벗어던지고 속살로 남아 있기에 가릴 것도 감출 것도 없다. 그래서 속으로 파고든다.

영혼을 돌아보는 겨울 산에서 해는 짧은 꼬리를 서둘러 감춘다. 그래서 발걸음을 더욱 재촉하게 된다. 마치 서둘고 바삐 뛰어야만 하는 경영현장에 서 있는 듯하다.

황량하기만 한 산정(山頂)에서
산꾼은 산 아래에 있는 나를 발견한다.
산은 그 자체로 영혼을 뒤흔들어 놓는다.

고요와 적막이 뱀의 빈 껍질처럼 남아 있는 겨울 산행은 어디 가서도 하소연하지 못하는 사장의 마음을 닮았다. 그래서 외롭지만 오히려 알차다. 외로이 뼛속까지 보여주는 겨울 산은 딱딱하고 깊다. 전라(全裸)의 겨울 산은 그래서 단박에 단도직입적이다.

설악산 중청에서 내려다보이는 공룡능선은 이름 그대로 딱딱하다. 산을 에워싼 산을 부르면 산의 군단이 몸을 일으켜 이동할 듯하다. 저 많은 산이 제 높이를 뽐낼 때, 그들보다 더 높은 산은 우두커니 서서 굽어본다. 정상은 남다르다. 가장 높으나 그 끝에선 오히려 닿을 수 없는 청천(靑天)이 뻗어 있기에 겸손하다. 천하의 넓음을 알고 머리 숙이게 되고 인생의 짧음이 보이기에 숙연해진다. 그것이 산의 가장 끝인 정상이다.

산꾼 경영자는 정상에서 산 아래를 굽어볼 때, 문득 시장 내 후발주자들을 떠올린다. 그게 자신일까 두렵다. 산 아래에는 좀더 성장하려는 중견기업을 막고 선 강자연합이 있다. 길 앞에는 그들 철옹성이 막아서고 퇴로는 없다. 어떻게 해서든 전진해야 하는데 온몸에 식은땀이 흐르며 조바심을 치게 된다.

하지만 정상에 서면 자신의 사업이 새롭게 보인다. 자신과 사업을 시장의 방향을 결정할 수 있는 위치에 놓아야겠다는 다부진 결심도 하게 된다.

그들의 경영 상념은 밤새 이어진다. 지금 내가 있는 곳이 기회가 이동하는 길목인가? 시장의 맥을 제대로 짚고 있는 것인가? 백두대간의 등뼈를 밟고 제대로 동서남북으로 뻗어갈 수 있는가? 상념의 미로 속을 헤매다 보면 뼛속까지 시린 바람보다 생각이 골수를 더 시리게 한다. 콧등까지 싸해진다. 겨울 산에 오른 고봉수 사장은 그런 상념에서 길을 낚기 위해 애썼다.

"모든 현실을 다 볼 수 있는 사람은 없습니다. 대부분의 사람은 자신이 보고 싶은 현실만 봅니다. 산을 오르는 사장님들께 물으면 아마도 이렇게 대답할 겁니다. '사장이라고 모든 경영현실을 볼 수 있는 것은 아니다. 대부분의 사장은 자기가 보고 싶은 현실밖에 보지 않는다.' 그렇죠. 바로 이런 때가 문젭니다. 산이 산 그대로 보일 때, 우리는 산을 제대로 알고 오르는 것입니다. 그런데 많은 경영자가 산을 오르지도 않고 저 아래에서부터 산과 다툽니다. 그들에게는 자신이 생각하는 혹은 보고 싶어 하는 과거의 산만 존재하는 거죠. 기억을 더듬는 회고형 사고는 결코 상상력이 아닙니다. 그건 해발 1,806미터 높이의 지리산 제석봉에 펼쳐진 죽은 고목들의 세계와 다를 바 없습니다. 그 자체로는 멋지지만 어떤 생명도 왕성하게 틔워내지 못하죠. 경영자는 겨울 산에 올라 그 쓸쓸함과 황량함을 알아야 합니다. 그럴 때라야 훨씬 더 겸허해지고 차분하게 경영을 바라볼 수 있게 됩니다. 잡다한 장식을 모두 떼 내고 온전히 자신을 보게 되는 것이죠."

산꾼 경영자는 정상에 올라 사업의 '큰 그림(big picture)'을 그린다. 어떤 때는 영감처럼 큰 그림이 눈앞에서 펼쳐지는 걸 맞아들이기도 한다. 그래서 정상은 그들에게 남다른 의미가 있다. 단순히 산을 오르는 게 아니라, 경영의 산을 올라 천하사방의 넓음을 알게 된다. 그렇다고 늘 깨달음이 찾아오는 것은 아니다. 그것은 간절할 때 그리고 받아들이고자 할 때 불현듯 찾아온다.

하지만 깨달음은 아주 짧게 지나간다. 그렇기 때문에 때론 하산을 하면서 어떤 것이라도 주워 내려가고 싶어 두리번거리게 된다. 그마저도 여의치 않을 때는 어떻게 해야 할까?

“그도 저도 아니면 산장에서 소주 한 잔 마신 걸로 만족해야죠. 산행을 할 때마다 꼭 뭔가를 얻을 수 있는 건 아닙니다. 또 오면 되죠. 일하다가 답답하고 훌훌 떠나고 싶을 때 말이죠.”

고봉수 사장은 자신을 산행 경력 20년, 사업 경력 25년의 산꾼이라고 소개했다.

“베테랑이시네요”

이 말에 그는 마음을 후비는 질문을 던졌다.

“산은 다닐수록 더 몰라요. 산이 뭔지 아세요?”

"한마디로 지체부진아, 발육이 멈춘 회사, 정신적 유아였죠."

강호문 사장은 자신이 산을 오르기 전의 회사 꼬락서니가 꼭 그랬다고 잘라 말한다. 그의 각진 턱만큼이나 냉철하다 못해 얼음장같이 차가운 자가진단이었다. 현실의 장벽을 극복하는 방법은 단 하나 소금으로 그것을 녹여내는 것이다. 유한임리(流汗淋漓, 땀이 마구 흘러 떨어짐)라고 하지 않던가! 땀으로 보답받지 못할 일은 운명으로도 보답받지 못한다! 땀으로 모든 걸 말하겠다는 것이 강 사장의 신조였다.

20여 년의 세월을 부지런히 달리며 적수공권으로 사업을 일으켜 세운 그의 유일한 경영원리는 땀이었다. 그는 지게를 지고 명동입구에서 짐을 나를 때 철철 쏟던 땀을 생각해 지금도 직원들을 데리고 산을 오른다. 지게 밑으로 다 헤진 농구화에 떨어지던 땀은 지금 유명 메이커 등산화 위에 떨어지고 있다. 땀방울을 볼 때마다 속에 가득 찬 노폐물이 빠져나가는 것 같아 좋고, 여전히 힘을 다해 움직이는 자신이 좋아진다.

강 사장이 '나 홀로 산행'에서 '직원 대동 산행'으로 선회한 것은 회사가 영 매가리가 없고 늘 그 타령이 그 타령이라는 절박감 때문이었다. 더욱이 요즘의 젊은 사원들은 패기를 팔아먹었는지 눈을 씻고도 찾아볼 수 없었다. 뭔가 하겠다는 각오와 결기는커녕 싹수가 노랬다.

그러니 회사가 성장할 리 없었다. 힘껏 발버둥을 쳐서 그래도 좀 치고 올라갔으려니 하는 기대감으로 뚜껑을 열어보면 늘 제자리였다. 다급했다. 지게를 지던 짐꾼 강호문 사장은 언 밥을 깨먹던 시절을 생각해 이를 악물고 직원들에게 등산화를 신겼다. 관리직급들이 요리조리 빠져나갈 핑계를 댔지만 무시해버렸다. 코뚜레에 끌려가는 망아지처럼 오를 때는 억지춘향으로 갈지라도 내려오면 달라지는 게 산이니, 그 산을 올랐을 때의 희열을 위해 다같이 뛰어보자고 호소했다. 그것도 말이 아닌 행동으로 직접 나섰다. 그래야만 직원들이 땀과 도전의 의미를 알게 될 것 같았기 때문이다.

"경영은 땀의 양으로 결정됩니다. 요령이란 없어요. 있다 해도 그건 잠깐일 뿐입니다. 산을 오르고 수많은 직원을 산에 오르게 하는 게 경영이죠. 사업에서는 사장이든 직원이든 땀이 중요하고, 땀의 양이 쌓여야 뭐가 이뤄져도 이뤄집니다. 땀의 양으로 사업이 바뀌는 거죠. 땀은 머잖아 질적인 변화를 가져옵니다. 사업의 태가 바뀌고 다시 일대 전환의 기회가 찾아오는 겁니다."

강 사장은 땀을 흘려보지 않은 사람은 그만큼 인생과 사업을 알 수 없다고 한다. 그의 땀 철학은 모든 것에 우선한다. 심지어 피보다도 앞선다. 피를 누를 수 있는 것은 소금이고 소금은 땀에 배어 있다. 허옇게 땀이 마른 얼굴이 바로 경영자의 얼굴이란다.

"마니산에 가면 저 돌을 어떻게 쌓아 탑을 만들었을까 하고 탄성이 저절로 나오죠? 갑석마다 누군가의 비나리가 올올히 배어 있고 읽혀지는 듯한 느낌이 들죠? 그것 모두가 하나하나 땀으로 세운 것들입니다. 자신하건대 내가 해온 일들도 탑을 쌓는 것과 같을 겁니다. 지난 20년간 어찌나 공을 들였는지 내 사업이 자식처럼 느껴질 때가 한두 번이 아니었어요. 정말 피땀 많이 흘렸지요. 지금 오르는 이 산도 내가 흘린 소금이 굳어져 만들어진 걸 겁니다. 살려면, 회사를 키워내고 지키려면 이 정도로 산을 올라야 하죠."

그의 주말산행은 지난 몇 년간 계속되고 있다. 아무리 바빠도 몇몇 측근을 데리고 산을 오르고 반기별로 전 직원이 산악행군을 한다. 이제는 직원들도 산에 가는 걸 당연시하고 산을 통해 경영을 배운다.

"땀 흘린 뒤에 함께 시원한 맥주라도 나눠 마시면 그 맛이 꿀맛입니다. 다들 회사로 돌아갈 때는 무척이나 만족스러워하죠. 몸이 풀려 버스 안에서 쓰러져 자는 직원들을 볼 때면 애들이 어렸을 때 자는 모습을 보는 듯합니다. 뭉클한 애정이 솟구치죠."

지게를 지다가 지게 대여업을 했고 물건을 나르다가 유통을 배웠다. 그러면서 사람 쓰는 법을 배우며 사업을 일으켰다. 지금도 그는 전 세계 어느 곳의 원단이 가장 좋은지, 가장 싸게 들여올 수 있는 것은 무엇인지 알고 있다. 섬유산업이 그리 신통치 않아 신규사업 분야를 개척할 팀을 만들 때, 그는 선발조건으로 '등산 이력'을 꼽았다. 새로운 걸 하려면 사장과 눈높이를 맞춰 서로를 알아봐야 하고 밀어붙이는 추진력도 있어야 한다. 그는 그걸 한눈에 알아볼 수 있는 게 등산이라고 했다.

"회사가 잘되면 직원이 잘되고, 직원이 잘되면 그 가족이 편안합니다. 가장이 돌파력이 없으면 사는 것도 거기에서 벗어나지 못합니다. 산 하나만 잘 타도 직장에서든 가정에서든 환영받습니다. 더욱이 산꾼 치고 배배 꼬인 사람 없습니다. 산이 사람을 그렇게 만들기 때문이죠. 협동심이나 리더십도 자연스럽게 생깁니다. 산에 오르는 것만 봐도 그 사람이 뭘 할 사람인지 보입니다. 그런 직원을 중용하죠. 산에서 저만 살겠다고 하는 사람은 없잖아요. 우리 회사 산행은 팀플레이니까요."

전 직원이 정기산행을 시작한 뒤로 회사 분위기가 확 바뀌었다. 인사팀을 통해 슬쩍 알아보니 일단 사소한 일로 서로 뒷담화를 하며 헐뜯는 일이 없어졌고 부서간 협조가 잘 이루어졌다. 잘 돌아가지 않던 팀을 같은 조로 붙여 놓으니 협조할 수밖에 없었고 자연스럽게 머리를 맞대고 의논하는 풍토가 형성됐던 것이다.

"산은 경영의 보약입니다. 이보다 좋은 단결력 배양 스포츠는 없어요. 사무실에 콱 처박아 두고 일을 시킬 게 아니라, 1년에 한두 번은 무조건 빼내 산에 데려오면 오히려 하루 공장을 돌리는 것보다 더 큰 돈을 벌게 됩니다. 경험상 산에서 흘리는 땀이 헛수고가 되는 경우는 없습니다."

그런 그에게 회사의 방침이 싫어 이직한 직원은 없느냐고 물었더니 즉시 대답이 돌아왔다.

"당연히 있죠. 어디에나 있을 법한 사람은 우리 회사에도 있습니다. 하지만 나가고 나면 후회할 겁니다. 나이 들어 허리 굳고 관절이 아플 때면 그 회사 괜히 그만뒀구나 하고 후회할 게 뻔해요."

이제 회사가 지진아에서 벗어나는 느낌이라는 강 사장에게는 남다른 포부가 있다. 내년에 전 직원과 함께 해외원정을 가는 것이다.

지게꾼에서 사장이 되기까지 그의 파란만장한 인생역정에는 늘 산이 함께했다. 물론 지금은 50여 명의 직원이 함께한다. 그는 사람을 만드는 산에서 차기 임원감을 눈여겨볼 생각이란다. 산의 기운을 받은 직원이라면 회사의 미래를 맡겨볼 만하다고 생각하기 때문이다. 그는 대뜸 자리에서 일어나 등반 기념사진에 나온 직원들의 얼굴을 유심히 살펴보았다.

모두가 베이스캠프를 7부 능선에 쳐야 하는 건 아니다

나를 있게 한 희생을 감싸 안아라. 그것이 오늘의 나를 만들었다

얼마 전, 국내 한 대기업의 경제연구소에서 개최한 강의를 듣게 되었다. 어찌나 설득력이 강하던지 나는 물론 함께 강의를 들은 여러 회사의 임원들은 그 이야기를 구전으로 퍼 옮기기에 바빴다.

이야기인즉슨, 1953년에 에드먼드 힐러리 경이 에베레스트 등반에 처음으로 성공한 이후 2차 등반은 10년이나 지나서야 이루어졌는데 최근에는 1년에 몇 명씩 등반에 성공한다는 것이다. 그 이유는 무엇일까? 그 원인은 장비 발달, 루트 개척 등에도 있지만 무엇보다 베이스캠프를 7부 능선쯤에 치다 보니 정상까지 나머지 3부를 정복하기 위한 시간과 기회가 훨씬 높아졌기 때문이라는 것이다. 예전에는 3부 능선쯤에서 시작하던 등반을 요즘에는 정상과 가까운 7부 능선쯤에서 시작하기 때문에 출발부터가 다르다는 분석이었다.

이것을 경영에 빗대 그는 기업이 경영목표를 높게 세울수록 성공 가능성은 그만큼 커진다고 설명했다. 또한 목표를 높게 잡아야 그 이상의 성과를 달성할 수 있다고 했다. 누가 들어도 요즘처럼 만만찮은 도전에 직면한 경영환경에서 무릎을 칠 만한 이야기였다.

그 이야기를 들을 때 나는 다분히 효율성 중시의 미국식 경영관이 배어 있다는 생각이 들었지만, 그 같은 주장에 빨려 들어가지 않을 수 없었다. 외환위기 이후 상시적인 경영위기는 직장인들, 특히 경영자들을 정신적 공황상태로까지 몰고 가지 않는가? 이러한 현실 속에서 난국을 타개하기 위한 방안으로 '7부 능선 베이스캠프론'은 매우 설득력 있게 다가왔고 심지어 매력적이기까지 했다.

현실이 어려울 때는 무엇에든 붙들리게 마련이다. 경영학은 이것을 주도면밀하게 전파하고 세일즈하는 것은 아닐까? 나는 그때 들은 '새로운 히말라야 등반방식'을 머릿속에 묻어두고 있다가 시간이 좀 지났을 때, 산을 밥 먹듯 타는 산꾼 친구에게 물어보았다. 그때 그는 북한산 일대를 10시간가량 누비고 해발 840여 미터의 백운대를 오른 후 우이동 계곡으로 내려와 탁배기 한 잔을 앞에 놓고 있었다. 그 친구의 전문적 견해와 요즘 유행하듯 등산과 경영의 크로스오버(cross over) 같은 생각도 들을 겸 묻는 나에게 친구는 뜻밖에도 전혀 다른 대꾸를 해왔다.

"그래도 엄홍길이 사람은 됐어!"

뜬금없이 내던지는 화두에 나는 일순 긴장했고, 그런 나를 떠보기라도 하듯 그는 자신이 그렇게 대답한 까닭을 설명해주었다. 그때 들은 이야기는 효율 만능주의의 허상과 심지어 경영혁신의 기본 마인드부터 다시 생각해보는 계기가 되었다.

"강연장에서 그런 말을 하는 사람은 히말라야에 가보기나 하고 그런 말을 하는 거래?"

"글쎄…… 그건 잘 모르겠는데……"

"그거 알아? 7부 능선에 베이스캠프를 치기 위해 셰르파들이 얼마나 죽어갔는지. 남이 짐을 운반해주면 나머지 3부만 오르고 정상을 정복했다고 하는 것은 산악인으로서 좀 부끄러운 일 아냐? 요즘 등반가들이 하는 그 잘난 정상 정복을 위해 7부까지 남루한 복장으로 짐을 옮기는 셰르파들의 죽음을 생각이나 해봤어? 엄홍길이 얼마 전 그동안 자기가 등반할 때 4명의 셰르파를 희생시켰는데, 앞으로 자기는 자신의 등반을 위해 죽은 셰르파와 그 가족을 위해 등반하겠다고 했다지? 그래서 내가 그 사람이 됐다는 얘기를 하는 거야. 이제는 정상에 오르는 법을 알게 된 거지."

그의 말은 내가 처음 '7부 능선론'을 듣게 되었을 때의 감동과 전혀 다른 시각에서 나온 것이라 나는 주춤거리지 않을 수 없었다. 그 친구의 대답은 다분히 경영적 관점에서 목표지향의 사고에 빠져 있던 내게 다른 종류의 패러다임을 불러일으켰다. 나는 입을 다물고 있을 수밖에 없었다. 그 산꾼 친구는 산에 오르지 않고는 알 수 없는 것들을 들려주고 있었다.

"요즘에는 정상을 오르는 진정한 의미를 무시한 채 목표지향적으로 오르기만 하는 경향이 너무 강하지. 그런 마음자세는 정상을 정복하고 나서 더욱 허탈감에 빠져들게 해. 성과 이외의 삶은 목표 없는 삶으로 치부되고 경영지표가 전부인 양 부각되고 있어. 우리가 늘 접하는 경영환경이란 게 이래. 인간 중심, 직원 중심보다 주주 자본주의에 치우쳐 탐욕스럽게 이 사회를 끌고 다니고 있지. 기업들은 앞다퉈 과도한 목표를 세우고 직원들의 희생을 강요하고…… 그걸 경영효율성 제고인 양 도토리 키를 재면서 강조하고 있어. 심지어 그런 식의 효율성이 잭 웰치식 선진 경영기법으로 칭송받고 있을 정도니 말해 뭐하겠나? 그거 알지? 잭 웰치가 해낸 가장 큰 일이 사람 자르는 일이었다는 것. 왜 애써 그걸 무시하지? 그의 별명인 '중성자탄'은 수많은 셰르파, 즉 직원들을 희생시킨 대가로 얻어낸 거 아냐?"

한마디로 유구무언이었다. 어디 반박할 구석이라도 있어야 말문을 열 것이 아닌가?

"한국 기업들은 지난 10년간 연례행사 치르듯 혁신을 부르짖어 왔어. 특히 외환위기 이후 우리는 어디가 올라야 할 산인지도 모른 채 무조건 오르고만 있지. 이 사회를 양분시킨 극도의 상향식 경쟁구도가 경영자들의 마인드에 고정관념으로 박혀 있다니까. 함께 오르는 등반도 아니고, 그들 혼자 하는 등반이 무슨 큰 의미를 갖겠나? 적어도 이 부분에서 우리는 누구도 자유롭지 않아."

그의 일목요연한 주장에 '7부 능선 베이스캠프론'이 여지없이 깨지는 듯한 느낌이었다. 직원들의 소외감이나 상시적 고용불안 상태가 일상적인 삶에서 기업이 경영의 승리를 이끌어내려면 무엇부터 해야 할까? 사회적 공기(公器)로써 기업의 역할에 대해 좀더 성숙한 사고를 해야 하지 않을까? 안에서부터 직원들을 끌어당기고 그들의 애환과 함께하며 그들의 고통을 자신의 것으로 받아들이는 순간, 가장 존경받는 기업이 될 것은 자명하다. 그럼에도 직원들이 그저 대체가능하다는 이유로 7부 능선까지 짐을 옮기는 셰르파 역할에 국한되고 있는 건 아닌지 자문해보아야 한다.

경영은 예나 지금이나 변함없이 사람을 소중히 여기며 목표를 공유하고 이를 함께 추구해나갈 때 완성된다. 그것은 과거의 분별없는 카리스마처럼 '어떤 희생도 감수하는 자세'가 아니라, '어떤 희생도 줄이고자 하는'데서 출발한다. 직원들은 격전의 경영현장에서 총알받이가 아닌 운명공동체라는 보다 뚜렷한 가치 중심적 경영으로 사고가 전환되어야 한다. 희생을 없애거나 최대한 줄이면서 목표로 하는 경영성과를 이뤄내는 것이 탁월한 경영이지, 어떤 희생이 있더라도 더 큰 목적을 추구하는 것이 탁월한 경영이 될 수는 없다.

나는 산꾼 친구의 얘기를 들으면서 '가치'가 전면에 부상하고 있는 우리 사회가 새로운 경영단계를 예비하고 있다는 걸 예감할 수 있었다. 언제까지 셰르파들은 묵묵히 등짐을 짊어지고 7부 능선, 아니 9부 능선까지라도 죽음을 불사하며 올라가야 할까? 그중 얼마나 많은 사람이 죽음에 이르게 될까? 경영자는 이러한 질문에 설득력 있는 대답을 내놓아야 한다.

산꾼 친구와의 대화는 내게 수많은 경영적 사념을 불러일으켰다. 그가 내게 들려준 이야기가 아직도 귀에 생생하다.

"혼자 올라가면 그곳에 얼마나 오래 머물겠어? 올라가자마자 환호성 지르고 그 다음엔 쫓기듯 황급히 내려오는 게 다지. 무엇이 정상 정복일까? 같이 오르지 않으면 사는 재미도, 오르는 재미도 없을 텐데. 더구나 히말라야든 어디든 늘 해는 정해진 시간에 지게 되어 있거든. 그때면 더욱 함께할 친구가 생각날 텐데 말이지……"

에베레스트 등정사

세계 최고봉인 에베레스트는 1953년 영국 원정대가 첫 등정에 성공한 이후, 우리나라에서는 1977년 고상돈 대원이 세계에서 58번째로 등정에 성공했다. 특이한 점은 등정에 성공한 대원의 수가 2004년에는 330명, 2006년에는 480명에 달할 정도로 급격히 증가하고 있다는 점이다. 원인을 조사한 결과, 장비 발달 외에 과거처럼 정상 도전을 위한 베이스캠프를 3,000미터 높이가 아니라 6,000미터에 친다는 것이 밝혀졌다. 베이스캠프가 높아진 만큼 정상 정복을 위한 체력부담을 덜 수 있어 성공기회가 늘어났다는 얘기다. 하지만 베이스캠프의 상향화는 짐을 운반하는 셰르파들에게 커다란 위험을 가중시키고 있다. 그럼에도 오로지 정상 정복이라는 미명 아래 이들의 배가된 위험은 무시되고 있다. 심지어 히말라야에서 셰르파들은 소모품으로 간주되고 있다.

산을 오르다 보면 가끔은 지금 내가 어느 산을 오르고 있는지 알 수 없는 산이 있다. 고도는 물론 정상이 어딘지 분간이 서지 않고 시야는 제로(0)상태다. 한 번도 타보지 않은 산, 더욱이 등로가 없는 루트를 개척하다 보면 불안감이 더욱 엄습하기 마련이다.

처녀산에 러셀을 만들며 오르는 것과 마찬가지로 남다른 사업은 묘연하다. 누구도 오르지 않기에 얻을 과실이 많을 수 있지만 생사의 두려움이 경영자를 에워싼다. 그게 경영이다. 많은 기업에서 그토록 혁신을 부르짖으면서도 그다지 혁신적이지 못한 이유는 본질적인 혁신을 꾀하지 않기 때문이다. 살가죽이 벗겨지지 않고 환골탈퇴를 부르짖는다면 그것은 거짓이고 위선이다. 그렇다 보니 떠드는 사람은 입만 아프고 듣는 사람은 귀를 막게 된다.

혁신은 한마디로 제 살을 스스로 물어뜯는 것이다. 산행에서 만나는 뱀처럼 제 몸을 감쌌던 과거의 나를 벗어던지는 것이다. 혁신 경영자는 언제나 남과 다른 길, 독자적인 길을 걸음으로써 새로운 시대를 연다. 가히 혁신 경영자라고 할 수 있는 등반가 앨버트 프레드릭 머메리는 '머메리즘(Mummerysm)'이라고 불리는 그의 등반관을 통해 오늘날의 경영자들에게 혁신과 차별화가 뭔지 적나라하게 보여준다.

사람들은 어떻게든 정상에 오르기만 하면 모든 게 끝난다고 생각한다. 하지만 그게 전부는 아니다. 남들이 닦아 놓은 길을 따라가는 것이 무슨 등반인가? 중요한 것은 '어떻게 오르느냐'이다. 나는 당신들과는 다른 길로 모든 봉우리를 다시 오를 것이다. 남들과 다른 방식, 즉 보다 어렵고 다양한 루트로 오를 것이다.

등반사에 한 획을 그은 그의 등반관은 이전까지 등반사를 지배해온 '등정주의(피크헌팅, Peak Hunting)'를 폐기시키고 '등로주의'를 부상시키는 배경이 되었다. 오늘날 에베레스트에 오르는 루트는 무려 22개에 달한다. 이러한 루트를 따라 지금까지 1,000명 이상이 정상에 올랐다. 알려진 루트를 따라 오를지라도 힘이 드는 것은 마찬가지지만 그다지 새로울 게 없다. 이들 루트를 개척하는 동안 엄청난 사람이 산에 목숨을 묻었다. 루트를 개척할 때의 희생은 그 이후보다 훨씬 크지만 그 개척의 의미 또한 크다.

머메리의 말처럼 산을 어떻게 오르느냐 하는 것만 중요한 것은 아니다. 경영자로서 어떻게 사업을 하느냐보다 어떤 사업 경로를 선택하고 개척해나가느냐가 더 중요하다. 오늘날의 경영에서는 남들이 선행(先行)한 것을 따라하는 벤치마킹이 점차 의미를 잃어가고 있다.

대신, 창조적 발상을 요구하고 있다. 원천소스보다 어플리케이션(응용)만 갖고도 먹고살 수 있던 경영환경은 이제 과거의 얘기가 되어버렸다.

지금의 경영적 한계를 극복하려면 다른 사고, 즉 창의력이 필요하다. 머메리즘은 창의적 경영관과 맥을 같이한다. 히말라야를 다른 길로 오르는 것은 영예로운 것에 불과하지만, 경영의 산을 오르는 것은 생존에 필수요소이다. 남다른 사업 영역을 독차지하려면, 선택은 단 하나 '다른 길'을 개척하는 것뿐이다.

등산에 미쳤다는 말을 듣는 오상규 사장은 국내 200여 개의 산을 누빈 후 마침내 히말라야 트래킹에 나섰다. 좀더 젊고 몸이 따라준다면 원정대에 도전장을 내밀었겠지만 그 정도는 아니라서 히말라야 4,000미터급 트래킹을 다녀왔다. 그 한 번의 등산에서 그는 평생 산을 돌아다닌 것보다 더 많은 것을 느꼈다고 한다.

산은 그에게 형언하지 못할 영감을 불러일으켰다. 히말라야에서 돌아온 그는 연봉을 찍은 초대형 사진을 방에 걸어두고 늘 루트를 탐색하고 있다. 등반을 위해서가 아니라 사업 루트를 개척할 영감을 얻기 위해서이다. 그 사진에는 명성 높은 등반가들의 등로가 세세히 표시되어 있다. 그는 그것을 보며 이들은 왜 이 루트를 선택했을까, 다른 루트로는 오르지 못하는 걸까를 생각했고 그것을 발전시켜 우리 사업은 왜 이런 방식으로만 할까, 다른 경로를 선택할 수는 없을까를 고민한다.

한참 골똘히 생각하다 그중 가장 어려워보이는 방법을 1순위로 놓고 검토에 들어갔다. 그러면 묘하게도 불가능해보이던 것이 어떤 이유로든 가능성이 찾아지고, 그 루트는 좁은 크레바스 사이의 길이 아니라 더 넓은 등로로 보였다.

"달리 봐야 합니다. 사고방식이 달라지지 않으면 결코 차별화된 아이디어를 도출할 수 없습니다. 그러면 혁신은 날아가고 맙니다. 가본 길만 가면 재미도 없고 아무리 산에 다녀도 늘 초보자일 수밖에 없습니다. 그런 의미에서 나는 남들이 가지 않은 길을 간 머메리가 최고의 혁신가라고 생각합니다. 경영자로서 내가 그럴 수만 있다면 나는 이 분야에서 남다른 경지를 펼쳐 보일 수 있을 겁니다."

주말마다 꼬박꼬박 산을 타는 그의 검게 탄 얼굴에는 남다른 주름의 골이 깊게 패여 있다. 그것은 그가 경영자로서 살아온 방식이 남달랐다는 것을 보여주는 인생 루트일지도 모른다.

하드프리(hard free)

난이도가 높은 루트를 오르는 것을 뜻하는 등반 용어다. 프리클라이밍(free climbing) 중에서도 특히 난이도가 높은 것을 하드프리클라이밍, 줄여서 하드프리라고 한다. 요세미티 등급체계 비교표에는 UIAA 6급 이상에 해당하는 5.10a 이상의 등급이 5.14d까지 수십 등급으로 나뉘어져 있을 만큼 다양하다. 하지만 4급이라도 개인에 따라 겨우 오를 수 있는 정도라면 그에게는 그것이 하드프리이고, 반대로 7급이라도 수월하게 오를 수 있다면 하드프리가 될 수 없다. 등급을 나누는 절대적 기준을 세우기는 어려우며 그런 의미에서 하드프리는 상대적인 개념이라고 할 수 있다.

흰산

흰 눈을 머리에 뒤집어쓰고 있는 저 산은 경영자를 닮았네

높은 산의 정상은 왜 대부분 흰 빛을 띨까?

대표적으로 백두산, 설악산, 지리산, 태백산만 해도 정상은 바위와 암석으로 이뤄져 있다. 그곳에서는 나무는커녕 풀포기조차 자라기 어렵다. 물론 아래로는 키 낮은 관목 숲이 펼쳐져 있지만 그것은 바람의 방향을 따라 몸을 휜다. 환경에 치열하게 적응해온 결과다. 겨울이면 머리에 흰 눈을 뒤집어쓴 산은 어디서 봐도 경외감을 불러일으킨다.

정상은 마치 오랜 풍파에도 자기 사업을 굳건히 지켜온 산꾼 경영자의 머리에 앉은 흰 서리를 보는 듯하다. 만년설이 뒤덮인 히말라야 연봉은 더 말할 나위도 없다. 그 자체로 지난한 세월의 역사가 새겨져 있다.

정상은 평지보다 훨씬 기온이 낮고 특히 히말라야 준봉에는 늘 살을 에는 듯한 바람이 휘몰아친다. 더욱이 5,000미터급이 넘는 산이

아니더라도 산소는 줄어들기 시작한다. 그 높은 산의 정상에 오르는 것도 쉽지 않지만, 정상을 지켜내는 것도 결코 녹록치는 않다. 정상은 언젠가 찍고 내려올 수밖에 없는 흥망성쇠의 장이다. 그러나 산꾼 경영자는 영원히 그곳에 머물고 싶어 한다. 어떤 도전도 이겨내고 정상의 주인으로서 굳건히 자리를 지키고 싶어 한다. 그래서 치열한 욕망이 불을 뿜고 한 치의 양보도 없는 투쟁이 벌어진다.

일단 그곳에서 미끄러지면 누구도 호의적으로 봐주지 않는다. 패잔병이 되어 철수할 때면 지나가던 개마저 물어뜯으려 달려든다. 탓에 산꾼 경영자는 '경영의 산에서는 하산이 곧 죽음'이라고 생각한다. 물러서면 찾아오는 것은 빚보증을 선 기관이나 경영과 관련된 온갖 뒤치다꺼리밖에 없다. 그것을 처리하고 나면 곧 잊혀진다.

"가장 무서운 것은 시장에서 우리 사업이 잊혀지는 겁니다. 사람들이 우리 회사 제품을 모르고 우리 회사가 뭘 하는 회사인지 모를 때 가장 막막하죠. 답답하기도 하고 화가 나기도 하면서 더 열심히 해야겠구나 하는 각오가 생기기도 합니다. 누구나 똑같죠. 사업이 안 되면 산에 와서 울적함도 달래고, 또 용기를 얻어 내려가기도 합니다. 자기 분야에서 작더라도 정상에 오른 사람은 늘 온갖 상념에 시달립니다. 여기서 밀리면 어떻게 하나? 어떤 놈이 밤새 치고 올라오지는 않을까? 등 뒤에서 누가 밀지는 않을까? 내가 쥔 줄이 끊어지지는 않을까? 산꾼 사장들은 겉보기에 호탕한 거 같지만, 실은 작은 데 마음이 꽁꽁 묶여 있는 사람들입니다. 아무래도 자신이 평생 쌓아온 사업이기에 집착이 강한 것이겠지요."

경영자의 심정은 같다. 오르지 못해 걱정, 오르면서도 걱정, 올라와서도 걱정이다. 늘 걱정거리를 안고 산다. 그래서 산에 오르면 오히려 내려가기 싫을 때도 있다.

"산을 오르는 지혜요? 오히려 나 같은 사람이 가장 무지한지도 몰라요. 늘 걱정뿐이잖아요. 마음이 편해본 적이 거의 없는 것 같아요. 여기는 실은 사람을 허심하게 만드는 것이 아니라 더 옹골찬 욕심으로 가득 차게 하는 곳이죠. 산은 그냥 산일뿐이고 산을 오르는 사람은 그냥 사람일 뿐이에요. 달라지지 않는다는 거죠. 만약 달라졌다면 치졸한 일 따위는 집어치우지 않겠어요? 하지만 다들 목구멍이 포도청이고 자기가 살아남아야 하니까 남을 죽이기라도 해야 하는 겁니다. 산이 오히려 욕망을 더 부추기는 건지도 몰라요."

산행 경력 7년차의 조강래 사장은 산에서 오히려 욕망을 확인하고 다진다는 자기 철학을 피력했다. 산을 통해 허심을 가르치고 배우려는 것은 그때뿐이고, 그것 역시 부질없는 욕망의 표현에 지나지 않는다고 급격직하로 깎아내린다. 15년을 대기업에 다니다 창업한 그는 마흔을 갓 넘긴 머리에 벌써 흰 눈이 조금씩 날리고 있었다.

산을 보는 눈이나 생각은 사람마다 다르다. 구태여 산과 경영을 연결시키려는 시도에 제동을 거는 산꾼 경영자가 있는가 하면, 철학이고 뭐고 다 집어치우고 그냥 산이 좋아서 오른다는 경영자도 있다. 운동 삼아 산행을 즐긴다는 사람이 있는가 하면 꼭 정상을 밟기 위해 오른다는 사람도 있다.

조 사장과 달리 황대홍 사장은 산을 오르는 분명한 이유가 있는 사람이었다. 창업한 지 20년 됐다는 그는 안산에 있는 한 중소기업을 경영하고 있다.

"우리처럼 중소기업을 하는 사람들은 늘 속이 탑니다. 항상 불안하죠. 그래도 20여 년을 같은 사업체를 이끌고 온 것을 보면 스스로도 놀랄 때가 있어요. 오랜 시간이 지나면 산도 조금씩 내려앉는다고 하는데, 생각해보면 산이든 경영자든 모두 참고 견디는 것 같습니다. 지금까지도 이겨냈지만 여전히 이겨낼 것 투성이죠. 저 산머리의 흰 눈이 나를 그대로 빼닮은 것 같아요."

치악산으로 향하는 겨울 산행에서 만난 황 사장은 정상을 가리키며 스스로를 돌아보았다.

"사업이란 보은하는 겁니다. 나를 키워주고 이만큼 먹고살게 해준 세상에 머리를 부딪쳐서라도 종을 울려 까치처럼 보답하는 것이죠. 경영자가 이렇게 생각하면 결국에는 태산에도 오르게 될 겁니다. 태산은 저승 갈 때 지나가는 산이라죠? 그땐 가족이나 힘써 일군 사업 그리고 나 자신조차 놓고 가야 하죠. 결국 그 산을 오르기 위해 이렇게 산에 오르는 연습을 하는 건 아닌지 하는 생각이 들 때가 있어요. 내 나이가 벌써 쉰네 살인데, 스물아홉 살에 창업해 사업을 하다가 쓰러진 다음부터 등산화를 신기 시작했지요. 족히 10여 년은 산을 탄 셈이네요."

치악산 정상에는 눈이 쌓이고 있었다. 지금쯤 밑에서 시작하는 사람들은 이 눈보라가 얼마나 청량한지 아직 모를 것이다. 눈은 속절없는 세상에서 마음에 무엇을 품었든 겨울 산길마저 순백으로 열어주고 싶었나 보다. 그의 흰머리 위로 눈이 날릴 때, 살아온 삶도 자연스럽게 흰 눈에 포개졌다. 하산하면 어디 뜨거운 구들장에 몸을 구우며 토종닭 한 마리라도 뜯고 싶다는 간절함이 퍼뜩 일었다.

겨울 치악산

너는 벌거숭이
산
세상의 산
오르고 난 뒤
합장하고 만나는
마지막 산

폭풍우 몰아치고
폭설 사정없이 몰아칠 때
세월아 무심히 밟고 간
산

오르도록 허락한 산
내려오도록 인도한 산
말 못하는 까치의 산
아버지 뒷모습같이
긴 그림자의 산

너는 산
나는 산
산 따라 오르는
또다른 산
산에서 만나는
사람의 산

벌거숭이 산
외로운 산
雪山,
눈 내린
겨울 치악산.

산은 태양을 품고, 태양은 경영자를 품는다

신은 죽음에 가장 가까이 다가가 있는 사람을 먼저 알아본다.

－남미 속담

새해 아침에 일출을 보기 위해 산을 오르는 사람 중에는 크고 작은 회사의 경영 일선에서 지휘봉을 꼬나들고 있는 사람이 적지 않다. 그들 중에는 산꾼 경영자도 있는데, 이들은 새해 해돋이를 새로운 도약의 전기로 삼고자 한다. 사람들은 영원한 우주의 일부를 이루는 에너지의 근원이자 지구를 존재케 하는 신비하고 위대한 태양의 힘을 빌려 자신의 짧은 생애와 경영의 불을 밝히고 싶어 한다. 산에서 맞이하는 첫 태양은 그래서 더욱 경이와 탄성을 자아낸다.

경영자들은 태양을 닮고 싶어 한다. 태양의 심장을 달고 기업 내부를 쾅쾅 울리며 피가 돌도록 하고 싶은 것이다. 또한 그들은 이글거리는 태양처럼 열정으로 삶을 불태워 저 높은 경영의 산을 오르고 싶어 한다. '신은 죽음에 가장 가까이 다가가 있는 사람을 먼저 알아본다'는 남미의 격언처럼 모든 것을 바쳐 뼛가루가 되도록 자신의 족적을 남기고자 한다. 그런 각오로 임하면 끝내 하늘이 화답할 거라고

살며 인생의 스승을 만나고 싶거든,
그 스승의 말이 늘 한결같고 나를 묵상케 하고
자유롭게 하는 큰 가르침을 얻고 싶거든,
그대 산을 오르라.
그곳에 인생의 영원한 스승이 있다.

믿으며 그들은 오늘도 새해 첫 산행에 나선다.

일출은 맞이하는 사람의 마음에 감개무량한 장엄함을 심어 놓는다. 움직이지 않는 원칙, 금석맹약의 의지, 일찍이 없던 강력하고 새로운 사고, 폭넓고 담대한 큰 뜻을 품게 한다. 태양을 맞이한 다음 산을 내려오는 그들은 이미 그곳에 가기 전의 그들이 아니다. 대자연의 장엄함은 우리를 작고 옹그라진 생각에서 웅장함의 세계로 인도한다. 개중에는 보다 인류애적인 고민과 결단을 품는 사람도 있다. 카터 전 미국 대통령은 히말라야에서 보다 큰 변신을 이뤄냈다.

대통령직을 그만둔 지미 카터는 가장 먼저 히말라야 남체바자르 쿰부의 롯지를 찾았다. 그는 왜 웅혼한 히말라야 산군(山群)을 찾아갔을까? 그는 거기서 무엇을 보았을까? 아마도 그는 산밖에 없는 산의 땅, 영혼이 머무는 땅에서 앞으로 무엇을 해야 할지 영감을 떠올렸을 것이다. 분명 그는 "내 안의 신이 그대 히말라야의 신을 만나러 왔습니다"라고 말했을 것이다.

그날 이후 그는 인류애적 대역사의 장정에 나섰다. 수많은 국가의 지도자가 퇴임 이후에 작게 퇴화해간 것과 대조적으로 그는 대통령직에 있을 때보다 오히려 퇴임한 후에 더욱 활발하게 사업을 벌였다. 카터센터를 설립해 국제 분쟁의 평화사절로 활동하기도 하고, 집 없는 이들에게 집을 지어주는 해비타트 운동에 참가하는 등 여러 가지로 세계평화에 도움이 되는 긍정적인 사업을 벌여 나갔다.

카터가 머물렀던 롯지의 거실에는 그의 사진이 걸려 있다. 그 역시 히말라야 산행에서 100루피(1,500원)의 나무침대에서 자고, 10루피(150원)짜리 따뜻한 물 한 컵을 사 먹었을 것이다. 그리고 그 거대한 영혼의 세계에서 자신이 가야 할 길을 찾았을 터다. 1월 1일 새해 히말라야 산군에서 모습을 드러낸 일출을 보며 그는 유한한 인생에서 보다 뜻 깊은 삶을 살겠다는 의지를 각인했던 것 같다. 그것은 이후의 활동에서 여실히 드러난다.

경영자들은 각성한다. 그것은 어제와 다른 오늘의 나를 만들고 미래의 나를 만나러 가게 한다. 수많은 산꾼 경영자가 산을 찾는 이유는 마음에 낀 때를 훌훌 털고 새로운 공기를 들이마시고 싶어서라고 한다. 그 공기는 그들의 영혼을 맑게 정화한다.

"한 번이라도 히말라야를 밟아본 사람은 이전의 자기 모습으로 되돌아갈 수 없다."

이 말은 적어도 히말라야에 갔다 온 사람에게는 진리이다. 산을 오르고 내려서며 산꾼은 방금 전의 자신과 결별하고 새로운 나를 만난다. 불의 강, 철의 장벽, 바위가 막아서는 절벽을 헤치고 경영의 산을 오르는 경영자는 분명 어제의 그들이 아니다. 희망을 좇는 그들의 형형한 눈빛은 결연하다 못해 매섭다. 산정을 훑고 오르는 첫 태양이 산꾼을 휘감는다.

엄홍길 대장: 한두 시간 내에 정상을 밟을 수 있을 것 같습니다.

고인경 회장: 시계(視界)가 맑아서 네가 착각할 수도 있어. 14시간 50분이나 악전고투한 다음이라 체력도 네 생각과 다를 수 있고. 네 목표는 정상이 아냐, 살아서 내려오는 거지!

(안나푸르나 7,200미터 지점에서 나눈 엄홍길 대장과 고인경 회장간의 대화)

성공한 산꾼 경영자 중에는 적지 않는 돈을 들여 해외원정을 다녀오는 사람들도 있다. 그들은 산에 미쳤다기보다 오히려 경영에 미친 사람으로 볼 수 있다. 산을 오르려는 목적보다 뛰어넘고자 하는 의지가 경영현장에 반영되고 이를 실제 기업 활동에 활용하고 있기 때문이다.

산악인 엄홍길을 후원하는 것으로 잘 알려진 파고다어학원의 고인경 회장이 대표적인 예이다. 고 회장이 히말라야를 거의 정기적으로 다녀오는 이유를 일반인은 쉽게 이해하기 어려울 것이다. 히말라야에 갔다 온다고 하면 놀라움을 표시하다가도 경영자가 근 20여 일이나 자리를 비운다고 하면 '그래도 되느냐'는 식의 반응을 보인다. 더구나 생명을 건 위험천만한 등반이 아닌가? 하지만 고 회장에게는 나름대로 경영철학이 있다.

93년 기업인으로서는 국내 최초로 남극탐험 대장이 되어 떠났을 때, 그는 남극이 그처럼 춥고 바람이 세차리라고는 예상조차 못했다. 가자마자 뼈저린 후회가 밀려왔다. 하지만 그는 히말라야에서와 마찬가지로 그곳에서 경영의 산을 하나 더 넘었다.

그는 강하기 때문에 남극탐험을 하는 것이 아니라, 살아남은 결과 강해지는 것이라는 소신을 펼친다. 또한 갈 때는 아무 생각 없이 갔다가도 내려올 때는 풍요롭고 넉넉한 생각으로 내려오는 게 등정심이라고 강조한다.

"생과 사의 거리가 한 치도 안 될 만큼 혹독한 그곳에서는 '내가 다시 돌아가면 직원들을 따뜻하게 사랑할 것이다'라는 생각을 하게 되지요. 경영은 사랑입니다. 욕심을 모두 버릴 생각을 하면 보입니다. 열아홉 번의 히말라야 원정을 하면서 한 가지 깨달은 것이 있습니다. 어느 순간부터 그동안 죽은 직원들, 세르파들이 보이더군요. 우린 모두 빚진 사람들입니다. 경영자는 결국 직원이든 거래처든 상대에게 사랑의 마음을 전해야 합니다. 그게 손해를 보는 것처럼 보이지만 결국에는 이득이 됩니다."

최근에 그는 4,897미터의 남극 최고봉인 빈슨매시프를 등정할 때 혹독한 추위와 몰아치는 눈바람에 로프에 걸린 카라비너의 안전핀이 순간적으로 얼어붙는 난처한 상황에 놓이고 말았다. 로프에 매달려 있을 수도 그렇다고 오를 수도 없는 상황에서 그는 물리적인 힘으로 카라비너를 빼내려다 그만 앞니 두 개가 부러지고 말았다. 고교시절부터 산을 올랐다는 그에게 등산이 재미있느냐고 물어보았다. 그러자 그는 정색을 하더니 같은 질문을 오히려 내게 물었다.

"등산이 재미있느냐고요? 천만에요!"

터무니없다는 투다.

"재미는커녕 너무 덥고 춥고 힘든 일입니다. 히말라야에서는 텐트 안에서 소변을 봐도 꽝꽝 업니다. 영하 40도에서 볼일을 봐야 한다고 생각해보세요. 얼마나 힘든 일인 줄 아십니까? 그걸 겪고 나면 편하게 먹고 자고 소변보는 게 얼마나 행복한 일인지 깨닫게 됩니다. 자기 전에도 발바닥이 어는 게 아닌가 하고 걱정할 정도니, 당연히 편하게 잠자는 즐거움이 뭔지 알게 되죠."

일부러 고생을 사서 하는 것에 대해 경영자로서 그의 철학은 뚜렷하다. 그것은 그의 인생을 지배하는 확고한 정신적 기반이다.

"대학시절에 어떻게 살 것인지를 생각해봤는데, 그때 내 인생의 좌표를 잡았습니다. 그것이 산을 찾게 된 동기였죠. 경영현장에 있으면 내가 누군지 잘 모릅니다. 고산을 가는 것은 이상을 향해 떠나는 것과 같습니다. 가만히 있으면 정체되게 마련인데, 그런 것을 각성할 수 있죠."

그는 왜 하필 히말라야 같은 고산을 택하는 것일까? 국내의 산을 돌아봤기 때문이라는 것은 밥을 매일 먹어서 밥에 물렸다는 말과 같은 것 아닌가? 고 회장은 지그시 눈을 감았다 떴다.

"고산을 등반하면 만년설을 뒤집어쓴 산의 장대한 모습에 가슴이 짓눌려오고 무아지경에 빠져듭니다. 그때는 심플라이프(simple life),

산에는 수많은 정상이 있다. 인생에
도 수많은 정상이 있다. 저 산을 못 올
라 애태우는 이여! 그대가 오를 산은
어디고 있다네.

즉 매우 단순해집니다. 산에서 얻는 것은 '자기'입니다. 미래에 대한 욕심이 없어지고 지상에서 느끼지 못했던 맑고 고결한 생각을 갖게 됩니다. 아무 생각 없이 올라가지만 내려올 때는 복잡했던 것이 모두 정리되는 느낌입니다. 나는 평지에서 경험하지 못하는 경험을 얻기 위해 고산을 등반하는 셈입니다. 더구나 고산으로 올라가면 화이트 아웃(white out, 주로 겨울철에 일어나며 눈이 많이 내려 모든 것이 하얗게 보이고 원근감이 없어지는 백시상태) 현상이 나타납니다. 그때마다 잃어버린 아들을 만나는 경험을 합니다. 높은 산에 오르면 내 아들이 있는 하늘나라와 가까워졌다는 느낌, 아들을 만나는 고산에서 묻혀 죽어도 좋다는 유혹에 빠져듭니다. 그러면 자연히 기도를 하게 되죠."

고 회장의 얘기를 들으면서 나는 오히려 배경으로 히말라야보다 밀레의 만종이 떠올랐고, 황혼 무렵 들녘에서 기도를 올리는 농부 부부의 모습이 그려졌다. 그때 그의 이미지는 양복에 넥타이를 맨 산꾼 경영자라기보다 소박함과 간절함이 배어나는 아버지의 모습 그 자체였다. 하지만 그는 경영자 아닌가? 더욱이 산꾼 경영자가 아닌가? 내친 김에 경영과 산이 무슨 관련이 있는지 물어보지 않을 수 없었다.

"고산을 등반할 때는 다른 모든 것이 날아가도 여전히 생명이 붙어 있으니 다행이지 않느냐는 생각을 하게 됩니다. 체험을 통해 가르침을 얻게 되는 것이죠. 그래서 경영에 임할 때도 '실패하면 바닥이니 서두르지 말자', '다시 천천히 올라가자'는 각오로 한 걸음 한 걸음 나아가게 됩니다. 늘 경영자의 욕심이 화를 불러오는 법이죠. 자기 목표를 모를 때 문제가 되는 겁니다. 엄 대장은 8,000미터급이 목표고, 나는 5,000미터가 목표입니다. 각자 자기 목표를 알아야 실패하지 않죠. 꼭 정상에 올라가는 게 중요한 것은 아닙니다. 어디를 올라가는지 그리고 현재 내 위치가 어딘지를 아는 게 중요하죠. 올라간 것보다는 오르는 과정이 더 중요합니다. 정상에 오르기 위해서는 가장 낮은 곳에서부터 시작해야 합니다. 고소증 때문이죠. 높은 곳에 오르면 흰 핏톨, 붉은 핏톨이 모두 움직입니다. 그래서 누구도 갑자기 오를 수는 없습니다. 느닷없이 8,000미터에 올라가면 15분 내에 죽습니다. 경영환경도 마찬가지지요.”

그는 앞으로도 계속 고산등반을 하게 될 것 같다고 말한다. 산에서 내려오면 다시는 가기 싫은데 돌아오면 얼마 지나지 않아 다시 산이 그리워진다는 그는 영락없는 산꾼 경영자다. 그의 경영은 산에서 훈련되고 산에서 완성된 것이 그저 도심에서 표출되는 게 아닌가 하는 생각이 든다.

“늘 단애절벽이나 계곡을 만나면 어떻게 넘을까, 크레바스에서는 어떻게 해야 할까를 생각합니다. 고산등반을 하다가 길이 막히면 돌아가거나 뚫고 가기도 하는데, 그 과정에서 평소에 약한 자에게 용기를 주고 풍요로운 자에게는 청빈을 줍니다. 산을 내려올 때는 부러울 게 없죠.”

고 회장은 산을 오를 때 자유를 느낀다고 한다. 그곳에서 그는 인간성의 완성을 보게 된다고 말한다. 아마도 이 대목은 수많은 산꾼 경영자가 짊어지고 가는 화두가 아닐까 싶다. 경영의 산을 오르는 경영자는 누구나 ‘산에 오르는 이유는 살기 위해서’라는 것을 잘 알고 있다. 살아 돌아와 더 큰 깊이로 세상을 끌어안고 세상의 깊이보다 더 깊이 세상에 묻혀 살아가야 한다는 것을 말이다. 그래서 그들은 오늘도 산에 갈 날을 손꼽아 기다린다. 산에 가면, 저 아래 놓아둔 내가 있기 때문이다.

오늘, 내일의 산을 맞이하라

그대는 어제의 산을 오르라. 나는 내일의 산을 오를 것이다

종종 주말에 장거리 산행에 나서는 산꾼은 지리산 백무동 펜션가 앞에서 산행을 시작해 장터목산장을 거쳐 천왕봉을 찍고 법계사에 들러 중산리까지 내려오는 8시간 코스에 나선다. 시간상으로는 금요일 밤 11시에 양재를 출발해 토요일 저녁이면 집에 돌아와 가족과 함께 저녁식사를 하기에 딱 좋다. 하지만 잠은 충분히 잘 수 없다. 나이가 들수록 체력의 한계를 느끼지만 그래도 한가한 주말을 깨는 도전에 나선다. 어차피 주말산행은 시간과의 싸움이다. 박용수 전무는 이런 폭풍산행을 근 7년째 쉬지 않고 하고 있다.

월요일 오전, 박 전무의 하루는 회의로 시작된다. 일일실적을 한눈에 볼 수 있도록 도표로 만들기 때문에 각 영업점의 실적을 손금 보듯 알 수 있다. 좀더 뛰면 목표달성을 할 수 있을 텐데 자원이 부족해 허덕이는 쪽은 밀어주고 잘하는 쪽은 더 키워준다. 하지만 대책 없이 허우적거리는 지점엔 칼날 같은 전화호출이 이어진다. 여차하면 득달같이 달려가고 부족한 잠은 차 안에서 보충한다. 체력을 비축해야 주말산행에 나서고, 산엘 다녀와야 일주일이 패기에 넘치기 때문이다. 영업전선의 전쟁을 치르는 수장의 일주일 스케줄이 이렇다.

박 전무가 본격적으로 산행에 나서기 시작한 것은 도전목표에 대한 의지 때문이다. 늘 시들시들한 영업점만 돌다 보니 승진은 고사하고 일 자체에 매력을 느낄 수 없었다. 그러던 차에 지인의 권유로 산을 오르기 시작했다.

처음으로 산에 오르던 날은 생각했던 것보다 힘들지 않았다. 발걸음도 가볍고 올라갈수록 마음이 상쾌해졌다. 지인은 그에게 '산이 체질에 맞는 것 같다'고 추어줬다. 박 전무는 특별히 산꾼이 되겠다는 생각을 한 적은 없지만, 그런 얘기를 듣다 보니 어느새 골프채는 집어던지고 등산화 끈을 묶는 자신을 발견하게 되었다. 산은 참 묘했다. 오를수록 아는 듯 모르겠고 또한 계절마다 달랐다. 변화무쌍한 형국이 비즈니스 세계와 다를 바 없으면서도 산은 그 자체로 제 모습을 굳건히 지키고 있었다.

마치 변화와 불변의 가치가 공존하는 사업 생태계에 들어온 듯했다. 치고 올라가야 할 때와 돌아서거나 숨을 골라야 할 때, 오르고 내려서야 하는 방식과 때가 모두 사업과 맥이 닿아 있었다. 나아가 무엇에 집중해야 할지 명확하게 선택하게 했다. 저 아래서 툭하면 벌어지는 두 마리 토끼를 잡아야 하는 치열함이 산에는 없었다. 매출신장과 고객불만 최소화, 직원만족과 강력한 추진력 발휘 같은 일면 상충되는 요소를 다 잡아내야 하지만 그건 난센스다. 실적이 나고 성공하면 리더십은 자연히 따라붙는 거다. 유약한 리더십으로 직원들이 따라와 줄 것 같은가? 직원들이 될성부른 임원 편에 서는 것은 인지상

정이다.

박 전무는 '실적'이라는 한 마리 토끼만 추구했고 거기서 인정받았다. 하지만 간혹 집요하게 다른 요소의 부족을 예로 들며 라이벌 임원들이 씹는 소리가 들려왔다. 안으로 기어들어 가며 칼자루를 쥔 자들일수록 위에 대고 더 울어댔다. 그렇게 울며 밑이나 옆을 쳐 자신의 자리를 보전하고 밥그릇을 키워갔다.

그들이 박 전무를 치지 못한 이유는 숫자에 있었다. 숫자의 힘은 경영의 산을 오를 때 가장 강력한 무기 아닌가? 그 힘이 무시되면 산업에 따라서는 새로운 경쟁사가 생기는 일이 비일비재하다. 그러니 조직과 박 전무의 사이는 송곳이 뚫고 나가지 못하게 주머니를 잘 단속하는 것 같은 관계였다.

산에 오르면 박 전무는 그런 울화를 삭힐 수 있었다. 오며 가며 생각하고 산에서 홀로 사색에 잠기면 주변의 얘기에 휘둘리지 않고 중심을 잡을 수 있었고, 그것의 중요성을 새삼 절감할 수 있었다. 안으로 뛰어들어 갈까? 변방을 지키는 장수가 될까? 혁명을 기도해 조직 내부의 간신 무리가 내는 악취를 일소해버릴까? 그런 생각을 하다가 그는 고개를 가로저었다.

오너는 한손으로는 칼 장난을 하고 있고 다른 한손으로는 고양이를 쓰다듬고 있다. 이런 노회함과 세련된 야비함이 공존하는 곳에서 무슨 싸움인가? 그는 변방에 남기로 했다. 대신 숫자가 적힌 군기를 위에서 볼 수 있게 높이 쳐들었다.

그런 숨 막히는 경영현장에서 벗어나 산을 찾는 것은 변방의 수장다운 태도였다. 박 전무가 일출을 맞이할 시간에 다른 임원들은 대개 새벽잠에 빠져 있거나 주말 골프를 즐기기 위한 준비를 할 것이 뻔했다.

내가 새벽이슬을 맞지 않으면 성장은커녕 이 경영환경에서 고사하고 말 것이다. 내가 찬바람을 맞지 않으면 여린 대궁은 폭설에 부러지고 말 것이다. 내가 비바람을 맞지 않으면 태풍이 불기만 해도 날아가버리고 말 것이다. 나는 늘 일신우일신(日新又日新) 하는 자세로 산을 오르겠다. 나는 어제까지의 내가 아니고 오늘의 나로 살고 있다. 어제와 오늘을 전제로 어떻게 내일을 살 것인지 살피고 전력 질주하자. 어제의 태양이 오늘의 태양을 가리는 일이 없도록 하자. 어제의 어둠이 내일로 향하는 길목을 가로막지 않도록 발밑부터 주의하자.

그는 주말 아침마다 각오를 다졌다. 새벽 일출을 보러 온 사람들 사이에 흥분이 일며 함성이 터져 나왔다. 이글이글 타오르며 서서히 올라오는 장엄한 태양을 바라보며 그는 오늘의 산에서 내일을 맞이하며, 변방의 장수로서 천하를 응시했다.

도전목표에 대한 개념을 완전히 바꿔라

내 산은 구름 위에 있네. 그대의 산은 어디 있는가

"히말라야에 한 번이라도 갔다 온 사람에게 산을 보라고 하면 그는 자연스럽게 구름 위를 쳐다봅니다. 스스로 높은 목표를 세우고 도전해본 사람은 남다르죠. 그건 산이 부여하는 가장 극명한 교훈일 겁니다."

어느 기업이든 해마다 케피아이(KPI)니 엠비오(MBO)니 하는 경영 목표를 세우고 연초부터 박차를 가한다. 지속가능경영을 부르짖으면서도 한편으로 한살이 경영에 큰 관심을 기울이는 것은 우리가 연 단위로 살아가고 기업의 나이테 또한 그렇게 그어지고 짜여지기 때문이다.

이에 따라 연말에는 새로운 조직이 짜이면서 공격대오가 정비되고 실탄이 지급되며 목표가 선명해진다. 그러면 연초부터 허리가 부러질 정도로 압박을 받게 된다. 서서히 오르다가 가속을 하는 운동과 달리 경영은 연초부터 가파르다. 이처럼 부산스레 1년이 시작되고 다시 날씨가 쌀쌀해져 동계 비박을 갈 무렵이면 한 해가 마무리된다.

그 과정이 빠르게 반복되면서 기업도 성쇠를 거듭한다. 하지만 자칫 잘못하면 한해 농사가 빚더미로 남게 된다. 우울한 퇴락의 낌새를 풍기는 지표가 나오면 조직의 분위기는 어느 때보다 싸늘하다. 기업은 그 자체로 하나의 인격체가 되어 사람들의 활동에 따라 움직여간다. 특히 요즘처럼 글로벌 경쟁이 보편화된 세상에서는 빛의 속도로 진행되는 비즈니스 생태계의 변화가 남다르다. 자칫 한눈을 팔았다가는 회사 현관문 앞이 천길 낭떠러지가 되고 만다.

세상의 변화는 아침식사에서부터 시작된다. 아침에 내가 우적우적 씹고 마셔댄 베이글과 커피는 어젯밤 국제 곡물가의 변동에 따라 몇 센트 가격 차이로 미국산에서 중국산으로 수입처가 옮겨가고, 커피는 콜롬비아산에서 동티모르산이 됐다가 난데없이 인도산으로 대체되기도 한다. 이런 초단위 경영의 세상을 살아가며 우리는 산다기보다 겪고 있는 셈이고, 쓸려나가지 않기 위해 가까스로 매달린 형국이다. 이러한 경영환경은 경영목표가 달성 가능하다고 생각하는 산꾼 경영자의 기본 통념에 쐐기를 박아 넣는다.

'달성 가능한 것은 이미 목표가 될 수 없다!'

할 수 있는 일만 한다는 이 같은 사고는 경영상 굳어진 고정관념일 뿐이다. 그것을 과감하게 깨뜨려야 한다. 의도적으로라도 다른 목표, 불가능한 목표를 세우고 그것을 달성하려는 의지를 드러내야 한다. 목표는 오르기 버거운 산에 도전하듯 다시 설정해야 한다. 산에서보다 평지에서 더 가파름을 보고, 빡세게 치고 나가야 할 산꾼 경영자도 예외일 수 없다.

김진희 사장은 혼자 있을 때면 가끔 창밖으로 의자를 돌려 라이벌 회사의 빌딩을 염력(念力)으로 기어오른다. 그가 남모르게 불어넣는 자기 최면이다. 저 빌딩의 어디를 잡고 어디를 확보한 다음 어디로 오를 것인가? 눈을 감으면 빌딩은 겨울 토왕성 빙벽이 된다. 그는 피켈을 찍고 크램폰으로 지지하며 빙벽을 오른다. 오르다가 딴생각이라도 할라치면 몇 미터는 사정없이 미끄러지고 만다. 오르고 또 올라야 정상에 다다를 수 있지만 그는 아직도 꿈속에서조차 정상을 못 봤다. 대신 늘 미끄러지지 않으려고 애쓰는 장면만 연출된다.

지금의 회사 사정이 딱 그렇다. 경쟁의 벽은 두껍고 가파르다. 누구도 이 길에서 선등자가 되어 붙잡아줄 사람이 없다. 자일파티를 한다고 하지만 자칫 잘못하면 모두가 추락할 수 있다. 경쟁사와의 간격은 1,200억 수준인데 언제 따라잡을지 난감하다.

그런 그가 연초에 몇몇 산꾼을 데리고 주말을 이용해 토왕성에 달라붙었다. 동호회에서 알게 된 한 친구는 직업이 고층건물 유리 닦는 일이다. 특수한 그 직업에서 그는 가르침을 얻었다.

토요일 밤, 빙벽 아래서 비박을 하며 두꺼운 구스침낭에 들어가 빙벽 위를 올려다보았다. 달빛에 그을린 빙벽에 푸른색이 감돌았다.

'저기를 아직 넘지 못하다니!'

그의 뇌리에는 눈앞의 빙벽과 맞은편 경쟁사 건물의 반들반들한 유리창이 클로즈업되었다. 그는 한숨을 내쉬었다.

"저걸 어떻게 넘어서야 하나?"

그의 독백에 고층건물 청소 전문가인 동호회 대원이 대꾸했다.

"이미 잘 아시네요. 오르지 말고 넘으면 된다고요. 하하하."

그 순간, 김 사장의 머릿속에는 퍼뜩 뭔가가 스쳐 지나갔다. 그렇다! 정상에 이르는 길은 오르지 않고 우회해도 된다. 돌아가서 후미를 치면 된다!

"나 짐 싼다. 서울로 올라갈 거야."

제정신이냐는 듯한 표정으로 바라보는 회원들을 뒤로한 채 그는 토왕성을 내려와 다음날 오전 서울에 도착했다. 운전을 하며 그는 속으로 수없이 중얼거렸다.

"내가 올라갈 곳은 에베레스트다. 생각부터 달라져야 한다. 발상을 바꿔야 1,200억이 아닌 1조를 생각하게 된다. 그래야 넘는다. 경영의 산의 맨 꼭대기를 염두에 두어야 한다. 머리 위를 봐야 머리까지 오르게 된다. 세상을 바꿀 야심차고 대담한 목표를 세워야 한다. 언제까지 지금처럼 찌질이 같이 사업을 할 것인가? 목표를 높게 잡아야 결과도 크다. 산을 바라보는 내 생각이 산을 바꾼다."

그날처럼 그가 사업에 대해 극도의 집중력이나 광적인 상태에 빠져든 적은 없었다. 깊이 빠져 더 이상 어찌할 수 없을 때 깨달음의 순간이 찾아온다. 그는 집무실에서 공책을 꺼내 에베레스트 전경을 그리고 그곳에 이렇게 썼다.

"오르면 된다. 다른 방법으로라도 오르면 된다!"

어둠은 동트기 전이 가장 어둡다. 그래서 새벽은 단순한 새벽이 아니라 신새벽이다. '밝을 녘'을 맞이하는 마음으로 '칠흑 녘'을 이겨내야 가장 밝은 해돋이를 보게 된다. 조직의 장이 되는 것도 이와 크게 다르지 않다. 참고 기다릴 줄 알아야 하고 상황이 내게 유리해질 때까지 인고해야 기다림의 끝을 보게 된다.

어느 기업의 장이든 최고의 자리에 오르기까지는 숱한 고충을 겪게 마련이다. 노력한다고 모두가 최고의 자리에 오를 수 있는 것은 아니다. 오랜 기다림과 준비 끝에 그 열매를 얻는 사람이 있는가 하면, 기다림의 보람도 없이 끝내 정상에 닿지 못하고 영원히 2인자로 남게 되는 사람도 있다. 그들에게 어둠은 절치부심, 와신상담의 쓰라린 경험이다. 결실의 맛은 그 어느 것보다 달콤하다. 그러나 그것을 얻지 못하면 패퇴감에 휩싸여 경영일선에서 물러나야 한다.

그런 까닭에 희구하는 일출을 보기 위해서는 어둠 속에서 숨죽인 채 고통을 이겨내야 한다. 피를 안으로 삼키며 자신을 눌러야 한다. 그게 조직 내의 정치이자 처세와 처신의 방편이다. 준비하는 자에게 는 지금의 비천한 자리조차 결코 미래가 없는 것은 아니다. 경영자는 늘 낙관주의와 함께해야 한다. 정상에 올라 가장 높은 곳을 보는 것 이 아닌, 가장 낮은 곳에서도 정상을 볼 수 있어야 한다. 그래야만 그 보다 높은 곳으로 향할 수 있다.

현재 있는 곳에서 가장 높은 태양을 맞이하고 싶다는 포부를 밝히 는 천태현 사장은 경영자의 가장 큰 덕목으로 절치부심을 꼽는다. 이 를 갈되 안으로 갈고, 칼을 갈되 담낭의 즙으로 적시지 않으면 정상 에 우뚝 설 수 없다는 것이다. 한눈에도 그런 기다림과 각오가 그를 산꾼 경영자로 단련시켰다는 것을 알 수 있었다.

그는 산행 버릇이 특이하다. 언제나 일출을 보는 걸 목표로 하기 때 문에 대부분 야간산행을 한다. 몇몇 지인과 산 아래 마을에서 하룻밤 을 묵든, 산장에서 일박을 하든 아니면 야간버스를 타고 이동하든 어 쨌든 해를 보고 와야 한다.

"정상에서 일출을 보지 않으려면 뭐 하러 높은 산에 갑니까? 남보 다 먼저 하루의 태양을 봐야 그만큼 앞서는 것이죠. 남들이 죄다 본 태양을 본다고 생각해봐요. 그건 맥 빠지는 일이죠. 나는 일을 해도 그렇게는 안 합니다. 그건 죽자고 하는 짓이죠."

몇 해 전까지만 해도 이것이 그의 등산철학이었다. 그의 생각이 바 뀌게 된 것은 사업 부문간 치열한 자리다툼이 있었던 두 해 전의 산 행에서였다. 일출을 보기 위해 산장에 도착한 토요일 저녁 무렵, 그 는 알 수 없는 배신감에 고립감을 느꼈다. 모두가 사냥을 하듯 그를 한곳으로 몰아가는 것 같았다. 자신이 이룬 성과 때문에 다들 질시하고 시기하는 것이라며 위안했지만, 한편으로는 그 독보적인 위치라는 게 실은 독선적 위치에 불과한 것이라는 생각도 들었다.

"착시였어. 앞만 보고 달린다고 되는 게 아냐. 그 이상이 필요하지. 어떤 산도 고립되어서는 재미가 없어. 그런데 나는 산이 되는 조건을 스스로 무시했지. 그러다 보니 남들은 내가 이룬 산을 낮게 보았고. 거기서부터 조직과 갈라서게 된 거지."

그는 혼잣말을 하며 무심코 일몰을 바라보았다. 그 순간, 그는 경악할 정도로 아름다움을 느끼며 '저렇게 지는 해가 되고 싶다'고 다짐했다. 조직에서 구구하게 질질 끄는 수명 연장이 아니라 명확하고 단출하게 자신을 정리하고 새로운 산을 올라야겠다고 마음먹은 것이다. 자신감과 경쟁력도 있었다. 적어도 3년 내에 지금 회사 규모의 사업체를 꾸릴 수 있을 것 같았다. 천 사장은 해가 뜨고 지는 것을 보며 인생사와 세상사를 알고 자신을 알게 되었다고 한다. 좀더 솔직히 말하자면 천동설의 세계에 갇힌 자신이 보였다고 한다.

"해가 뜨고 지는 것도 알고 보면 해가 그런 것이 아니라 내가 뜨고 지는 것 아닙니까?"

천 사장처럼 정상에 올랐다가 내려와서 인생과 사업을 모두 알게 된 산꾼 경영자는 그리 흔치 않다. 그는 요즘 낮은 산만 골라 다니며 다른 데 푹 재미를 붙이고 있다. 산나물 찾기, 야생화 사진 찍기 등을 통해 자연의 이치를 깨닫고 있는 것이다. 그는 산행의 원칙 하나는 꼭 지키고자 한다.

"해가 뜨기 전에 산행을 시작해 해가 지기 전에 끝낸다."

그의 등 뒤로 가라앉는 석양이 묘한 풍경과 어울려 마치 떠오르는 것처럼 보였다.

오늘의 피땀으로 내일을 적셔라.

오늘의 발걸음으로 내일의 길을 내디뎌라.

오늘 떠오르는 해로 내일을 맞이하고

오늘 지는 해로 어제를 마감하라.

지금 있는 그 자리에서

인생의 가장 높고 밝은 태양을 품어라.

밤하늘엔 별도 많지

별을 바라본 지 언제인가?
별은 언제나 나를 내려다보고 있다는 걸 알고 있는가

산에서의 밤의 적요는 산꾼 경영자를 철인(哲人)으로 만든다. 비바람이 놀아치면 인생사가 그와 같아 공감하고, 날이 밝아 밤하늘의 별이 튀밥처럼 솟아오르면 무한한 우주에 한 발 다가선다. 몇 해 전에 설악산에서 바라본 밤하늘은 내게 말 못할 감동을 안겨 주었다. 그 1억 개의 별을 바라보는 동안 나는 우주의 일부가 되었다.

가끔 별똥별이 날아가는 것을 보면 인생사는 물론 세상에서 먹고사는 일이 참으로 하찮게 여겨진다. 어쩌면 준엄한 세상일이 하찮게 여겨지길 바라는 마음으로 산에 오르는 것인지도 모른다. 그런 호기를 누리고 싶어 산에 와서 우쭐해하는 것은 아닐까?

하지만 밤하늘을 수놓는 별들을 보면 이런 생각은 삽시간에 사라지고, 대신 짧은 생애를 어떻게 받아들여야 할지 숙연해진다. 더욱 겸손해져야 한다고 마음을 다잡지만 아래로 내려가면 그 결심은 쉽게 상해 버린다. 그러니 자조 섞인 푸념이 나오는 것도 당연하다.

"생각만 하다가 다 지나가고 말거야. 궁리만 하다가 늙어가고 말 거야."

산에서는 시원적인 교감이 인다. 먼 우주에서 날아온 한 티끌로 지구가 만들어졌고 생명이 나고 산이 자라다 멎고 식물이 퍼지고 초식 동물들이 자라나고 내가 태어났다. 그리고 나는 산에 올라 밤하늘을 올려다본다. 감동은 늘 격동적이지만, 특히 밤하늘이 주는 감동은 고요하고 뼈조차 시리다. 눈이 아플 정도다. 내가 폐를 열고 청량한 공기를 한껏 들이마시는 것이나 밤하늘을 올려다보는 것, 혼자 있다는 것, 홀로 세상 밖 우주를 향하고 있다는 것은 대단한 경험이다. 그런 황홀한 시간에는 때로 내가 산에 있다는 것이 믿어지지 않는다. 마찬가지로 내가 나를 정화시킬 수 있는 시간과 마주하고 있다는 것이 놀랍다. 그럴 때는 마음에 질문과 우려가 함께 솟아난다.

'이런 산에 언제 또 오지? 이런 시간을 언제 또 갖지? 언제 또 이렇게 홀로 밤하늘을 바라보지?'

내면에서 수많은 질문이 줄줄 흘러간다. 찬 눈밭에서 잠을 청하며 더 큰 풍요를 느끼고 후미진 마음을 어루만지게 되는 것은 무엇 때문일까? 또한 세상을 갈등이 아닌 화해와 용서로 받아들이게 되는 것은 무엇 때문일까? 집을 떠나 고생인 육신의 노고를 정신적으로 보상받고 산에서 내려간다는 것은 실로 대단한 경험이 아닌가! 어쩌면 그래서 산을 버리지 못하고 다시 올라오는 것인지도 모른다.

불현듯 별똥별 하나가 날아갔다. 저 별똥별은 산에 티끌 하나를 더하며 산에 묻혀 산의 일부가 되겠지. 나는 산이 될까? 살아서는 산의 일부가 되고 죽어서는 산이 될까? 죽어서 산이 될 수 있는 운명이라면, 그런 인생을 사는 거라면 죽어도 여한이 없을 텐데. 산은 왜 나를 산 속의 밤은 깊다. 깊다 못해 푹푹 빠져든다.
그 가운데 별과 달이 가뭇없이 빛난다.

산 속의 밤은 깊다. 깊다 못해 푹푹 빠져든다.
그 가운데 별과 달이 가뭇없이 빛난다.

번민케 하는가?

'내가 다시는 산에 오나 봐라!'

이런 결심은 왜 하산과 함께 다시 희망과 그리움으로 되살아나는가? 밤하늘은 그 비밀을 알고 있을까?

산꾼들은 비비색 위로 영롱한 밤하늘의 별을 세다가 잠이 든다. 그들 위로 별똥별은 흐르다 멎고, 그들은 꿈속에서 지구섬 가장 높은 곳을 방문하는 별을 까치발을 해서라도 따려고 할지 모른다. 설악산의 밤은 차갑다 못해 시리다. 이빨이 덜그럭거린다.

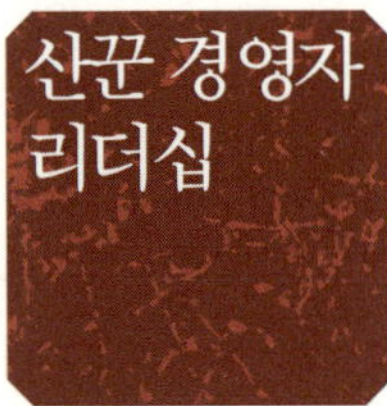

‖산을 둘러싼 변화에 대해 통찰력을 지닌다‖ 산에서 산꾼 리더는 자신이 하나의 환경이 될 수 있다는 것을 알아야 한다. 안목 없는 산행은 산을 오르는 것이 아니라, 실패한 산행과 패배감을 안고 내려오게 할 수 있다. 심지어 위험에 빠뜨릴 수도 있다. 산꾼 리더가 산에서의 기후나 지형의 변화를 꿰뚫어야 하듯, 경영의 산을 오를 때는 먼저 내 주변 환경이 어떻게 변하고 있는지 파악해야 한다. 주변을 모르면 나를 안전하게 운행할 수 없다.

‖선도자, 선등자, 대장은 체력·시력·판단력·감수성에서 남다른 능력을 지녀야 한다‖ 산꾼 리더는 산행 중 안전에 지대한 영향을 미친다. 그러므로 누구보다 강한 역량과 책임감을 지녀야 한다. 산꾼 리더에게 요구되는 리더십 제1조건은 탁월한 능력이다. 능력 없는 리더가 선등을 하면 대원들을 죽음으로 이끌 수도 있다.

‖산꾼 경영자는 순간적인 상황 판단력이 빨라야 한다‖ 많은 경우 사활(死活)은 순간적으로 결정된다. 오랜 시간을 두고 벌어지는 일은 시간이 있으므로 상대적으로 나은 편이다. 문제는 돌발 상황이다. 모든 사고자는 '눈 깜짝할 사이'에 사고가 일어났다고 말한다. 따라서

산행을 하든 경영의 산을 오르든 순간적인 냉철한 판단력이 있어야 한다. 이 차이가 남다른 차이를 만들어낸다.

‖‘당신이 누구냐’에 따라 동반자의 운명이 바뀔 수 있다‖ 사업은 누가 맡아서 하느냐에 따라 결과가 판이하게 달라진다. 그만큼 산꾼 경영자의 역할이 중요하다. 자신이 부족하다 싶으면 뒤로 물러설 줄도 알아야 한다. 이럴 때의 용퇴는 부정적인 것이 아니다. 모든 성공적인 등반에는 등반대장의 정확한 판단이 함께한다. 경영의 산을 오를 때는 무엇보다 자신의 상태를 잘 알아야 한다. 자신을 모르고는 남을 이끌 수 없다.

‖어떤 상황에서든 긍정적 마인드를 전파한다‖ 산꾼 리더는 어떤 역경에서도 희망을 품고 이를 전파해야 한다. 만약 리더에게서 흘러나오는 메시지가 부정적이면 대원들은 우왕좌왕하며 최악의 상황만 떠올리게 된다. 그럴 땐 위험에 처해도 냉철하게 판단할 수 없고 군중심리에 따라 움직이게 된다. 산꾼 리더는 어떤 어려움이 있어도 동반자들에게 강한 성공의 메시지를 보내야 한다. 그런 의지가 돌파하기 어려운 국면도 뛰어넘게 만든다.

‖생각에 사(邪)가 없어야 한다‖ 산꾼 리더는 어려움에 처했을 때 동료애·동지애를 발휘해야 한다. 혼자만 위기에서 벗어나겠다는 생각은 조직 전체에 감염돼 모두가 이기적으로 변할 수 있다. 그럴 때는 등반은 고사하고 대열은 패잔병이 되어 도주하듯 산을 내려오게 된다. 특히 경영의 산을 오를 때는 구성원 모두에게 동등한 관심·사

랑·우정·의리를 보여주어야 한다. 물론 그것은 마음에서 우러나야 한다. 험준한 산을 오를 때는 누구나 표정 하나만으로도 상대의 생각을 읽을 수 있다. 진실이 아니면 그것은 곧 드러난다.

‖ 리더는 '승리자'가 되어야 한다 ‖ 경영의 산을 오를 때는 사업은 물론 자신에 대해 승리자가 되어야 한다. 아무리 성공했어도 합당하고 정당한 방법으로 얻은 성취가 아니면 스스로 떳떳하지 않을 것이다. 그럴 때는 자신을 속이는 셈이다. 산행에서 승리란 정상뿐이 아닌 자신의 깊은 내면에 올라 스스로를 조망해보는 것을 말한다. 자신을 모르고 산만 오른다면 그는 산꾼 리더가 아닌 산을 잘 타는 등산객(客)에 불과하다. 누구도 객꾼을 산꾼 리더라 부르지 않는다.

‖ 외로움을 즐긴다 ‖ 산꾼 리더에겐 절대고독의 공간이 있어야 한다. 산행에서 홀로 비박에 들어가면 밤하늘의 별을 보며 우주의 무한함에 숙연해진다. 또한 홀로 걸으면 불어오는 바람에도 소슬함을 느끼게 된다. 외로움은 산꾼을 키운다. 경영의 산을 오를 때도 마찬가지다. 만일 외로울 때마다 그것을 남에게 호소한다면 그것만큼 리더의 자질을 의심케 하는 것도 없다. 가끔은 혼자의 감정상태를 즐길 수 있어야 한다. 외롭지 않으면 산꾼 리더가 아니다. 뼛속까지 외로워 끝내 터져 나오는 포용과 관용, 사랑, 감사의 감정으로 대원들을 넉넉하게 감싸 안을 수 있어야 한다.

‖ 정상에서는 크게 보고 작게 살필 수 있는 대관소찰(大觀小察)의 자세를 키워야 한다 ‖ 산행과 마찬가지로 경영의 산을 오를 때는 언

제나 간과했던 작은 것이 큰 문제를 야기할 수 있다. 그렇다고 작은 것만 볼 수는 없다. 어떤 상황에서든 작고 큰 것을 모두 보는 안목과 통찰력은 산꾼 리더를 더욱 지혜롭게 만들어준다. 그러므로 등로에 핀 꽃잎 하나에도 멈춰 서서 감탄하는 풍부한 감성적 요소와 정상에서 천하를 끌어안을 듯한 큰 시야를 동시에 키워야 한다. 크고 작은 것이 조화로울 때 진정한 산꾼 리더로 거듭날 수 있다.

∥높이 오를수록 등고자비(登高自卑)한다∥ 경영의 산을 오를 때는 늘 겸손해야 한다. 높은 곳에 이르려면 반드시 등고자비의 자세를 취해야 한다. 위치가 높아질수록 스스로를 낮추지 않으면, 결국 뭇 사람들의 입초에서 무너지게 될 것이다. 그뿐 아니라 지금까지 오른 산조차 낮게 폄하되고 만다.

∥산꾼 리더의 강인한 체력으로 사력(社力)을 높이고, 사력(死力)을 다해 경영의 정상에 선다∥ 경영자는 심신을 건강하게 유지해 자신과 기업에 활력을 불어넣어야 한다. 누구나 마음만 먹으면 산행으로 몸과 마음을 한꺼번에 업그레이드할 수 있다. 정화하고 충전할 수 있다. 잡다한 생각을 비우고 풍요로운 생각을 가득 채울 수 있다. 산꾼 리더의 체력은 몸과 마음이 함께하는 사력(社力)이다. 몸이 움직이지 않으면 오르고자 하는 산은 가까이 다가오지 않는다. 그래서 산꾼 리더는 오늘도 분투하며 산을 오른다.

∥정상 너머의 또 다른 정상에 도전할 수 있도록 지구력을 증강한다∥ 산꾼 리더로서 정상을 치고 올라갈 때 욕심이 날 때가 있다. 남

들보다 몇 미터라도 더 가고 싶고, 해가 지기 전에 더 멋진 곳에 야영지를 잡고 싶은 욕구가 찾아든다. 이럴 때를 대비해 평소에 지구력을 키워야 한다. 경영의 산을 오를 때 요구되는 지구력에는 어떤 것이 있을까? 그것은 기업이 좀더 오래 달리면서 사업기회를 엿볼 수 있도록 하는 것이다. 경영의 산을 오를 때는 한순간의 힘이 아니라 꾸준한 지구력이 필요하다.

‖ 가야 할 때를 알아야 한다 ‖ 산꾼 리더는 언제 다음 포스트까지 치고 올라가야 할지, 언제 숙소를 정해야 할지, 언제 떠오르는 해를 맞이해야 할지, 언제 하산해야 할지 등 ‘때’를 알아야 한다. 산꾼 경영자는 모두 그 ‘때’에 맞춰 경영도 하고 삶도 영위한다.

‖ 모험·뚝심·통찰력을 누구보다 강하게 키워야 한다 ‖ 산꾼 리더에게는 세 가지 덕목이 있어야 한다. 우선 계산되고 측정된 모험심이 있어야 한다. 도전의식은 모험정신에서 나오며 그것은 새로운 사업의 국면을 열어간다. 다음으로 뚝심, 즉 꾸준한 실천력이 필요하다. 행동 없는 등반 성공은 없다. 마지막으로는 통찰력이다. 사물과 세상, 산과 나를 꿰뚫어보는 혜안 없이 경영의 산에서 정상에 이를 수는 없다. 설사 다다른다고 해도 한두 번의 성공에 그칠 가능성이 크다. 따라서 산꾼 리더는 스스로 이러한 덕목을 체화시켜야 한다.

‖ 오늘 오르고자 하는 산을 바라보며 와신상담하듯 진심갈력한다 ‖
해발 6~700미터를 목표로 하는 사람과 2,000미터를 목표로 하는 사람은 사뭇 다르다. 당연히 해발 8,000미터를 목표로 하는 사람은 더욱 치열하다. 각자에게는 목표로 한 산이 있을 것이다. 그 산의 높이가 어떻든 산을 오르며 목표를 이루기 위해 진심갈력해야 한다. 등반에 실패한 산이라면 더욱 와신상담의 자세로 임해야 한다. 산을 내 땀으로 적시지 않으면 산은 내 품에 안기지 않는다. 그럴 땐 내가 산에 파묻히는 것에 불과하다.

‖오르고자 하는 산을 가까이 두되 멀리 보고, 멀리 두되 가까이 본다‖ 산에 가까워질수록 산과 혼연일체가 되지만 그 산으로 인해 자신을 잃어버려서는 곤란하다. 유능한 산꾼 리더는 오히려 산이 멀리 있을 때 가까이 보고, 가까이 있을 때 멀리 보며 객관화한다. 그래야만 산을 제대로 볼 수 있다. 목표에서 멀리 있을수록 더욱 강하게 마음에 품고, 목표에 가까울수록 가벼워지는 마음을 추슬러야 한다. 생각이 자유자재로 원근을 조망할 때 산꾼 리더는 경영의 산을 오르며 남다른 역량을 발휘할 수 있다. 물론 추락하는 일도 없다. 산은 누구에게나 도량(道場)이 된다.

종주경영

자신의 족적이 남기를 바라는 것은 무모한 일이다. 과거에도 그랬고, 앞으로도 산을 오르는 사람은 계속 생겨날 것이기 때문이다. 단지 지금 내가 꾸준히 걷고 있다는 것을 아는 것으로 족해야 한다.

"어디까지가 등뼈인지 아십니까? 저도 배낭을 몇 개 바꿀 때까지는 몰랐어요. 늘 배낭이 처지고 힘만 들기에 등산 전문가에게 물어보니 등을 쭉 펴보라고 하더군요. 정확하게 목뼈가 이어지는 데 있죠? 거기 툭 불거진 곳부터 허리 반동을 할 때 손으로 짚게 되는 지점의 튀어나온 뼈까지가 배낭의 길이를 정하는 정확한 등뼈입니다. 여기에 맞춰 배낭을 새로 샀죠."

몸의 정확한 사용법을 알게 된 후로 산을 타는 맛을 제대로 즐기게 됐다는 최규홍 사장은 누가 최씨 아니랄까봐 고집스레 백두대간만 탄다.

"사업도 뼈대를 제대로 알아야 해요. 우리 강토의 뼈대가 백두대간이듯 사업도 등줄기에서 힘이 솟는 겁니다. 잔가지에 연연하다가는 소위 수종사업이라는 게 없어집니다. 이것만은 누구도 넘볼 수 없는 내 사업이다, 내 경쟁력이다 하는 게 있어야 합니다. 내가 매출의 20

퍼센트를 R&D에 쏟아붓는 이유가 이 때문입니다. 요즘엔 경쟁자가 언제 어디서 몰려올지 몰라요. 누군가가 갑자기 우리 회사보다 나은 기술로 가격을 무너뜨리면 히말라야에서 길을 잃고 헤매다가 죽고 마는 운명과 다를 바 없어요. 늘 뼈대를 튼튼히 한 다음에 줄기로 뻗어나가야 하는데, 많은 기업이 본체도 튼튼히 하지 않고 주변을 기웃거립니다. 남의 떡이 더 커 보이기 때문이죠. 그래서는 백 년은 고사하고 십 년도 버티기 힘듭니다."

최 사장은 백두대간을 올라 상념에 젖을 때마다 꼭 두 가지가 떠오른다고 했다.

하나는 현대그룹 고 정주영 회장이 입찰서류를 넣기 전에 보자기에 싸인 서류를 직원들이 잘근잘근 밟고 지나가게 했다는 것이고, 다른 하나는 트리모양의 사업도가 궤도처럼 펼쳐지는 것이다. 전자를 생각하면 자신이 내딛는 걸음이 백두대간의 허리를 잘근잘근 밟는 것 같아 그 기운이 자신에게 옮겨오는 듯하고, 후자를 떠올리면 제아무리 곁가지가 커 보여도 늘 본업의 중요성을 다시 일깨우게 된단다.

"경영이론은 그리 먼 곳에 있지 않습니다. 백두대간을 밟으면서 나는 늘 내가 하는 사업이 지협적이거나 작은 데로 향하지 않나 생각해봅니다. 본체가 탄탄하지 못하면 남의 영역에 눈독을 들여 그걸 얻는다고 해도 오래가지 못합니다. 그런 상태에서는 결국 차입경영에 의존해 빚만 지게 되죠. 그러다 경영환경이 혹독해지면 앙상한 가지만 남고 고사목이 돼서 경영실패 사례로 전락하고 맙니다. 얼마나 많은 기업이 이름도 남기지 못한 채 사라졌습니까? 그들은 같은 이유로 쓰러진 겁니다. 경영은 회사에 있는 게 아니라 오히려 산에 있다는 생각이 듭니다."

　백두대간을 타다 보면 산줄기가 끊어진 지레목이 눈에 띄곤 하는데, 그는 그때마다 아차 하고 발걸음을 멈추게 된다고 한다. 백두대간조차 그처럼 끊어진 곳이 있는데 다른 줄기야 오죽하겠느냐는 것이다. 사업도 이와 같아 늘 살얼음 걷듯 조심해야 한다고 말한다.

　"본업을 불여튼튼 하는 게 무엇보다 중요합니다. 경영의 맥을 잘 짚고 그것이 계속 이어지도록 해야 하죠. 종주란 능선을 올라타 어디든 갈 수 있어야 합니다. 백두대간에서는 어디든 갈 수 있지요. 하지만 한라산은 단지 남한에서 가장 높다는 것 하나로 끝입니다. 내 사업이 우뚝 서는 것도 좋지만 고립되면 문제입니다. 나는 '백두대간 경영론'을 주장하고 싶습니다. 그것은 등뼈를 튼튼히 한 다음 어디든 사방팔방으로 뻗어나갈 수 있는 것을 말합니다. 오늘날 삼성이 이만큼 성장할 수 있었던 것도 전자산업이라는 본업에 충실했기 때문입니다. 제일모직이 모태가 되었지만 당시에는 섬유산업이 한국 산업의 등줄기였습니다. 그걸 기반으로 전자산업에 뛰어들고 다시 생명, 반도체, 휴대전화를 하며 입지를 굳혀 나간 거죠. 그런 대기업조차 곁가지에서는 실패하는 경우가 많습니다. 이걸 명심해야 해요."

　최 사장의 백두대간 경영론은 본업을 중시하지 않은 탓에 끝내 명멸해간 수많은 대한민국 기업에 충분한 경고가 될 것 같다. 사업에서 포트폴리오를 짠다는 것은 같은 비중으로 계란을 담는다는 것을 뜻하지 않는다. 그것은 자원 활용의 효율성 측면 외에 사업의 비중을 어디다 더 둘 것인지 숙고하게 한다.

　"내 사업의 영역이 튼튼하면 뭘 하든 걱정이 없습니다. 기회를 봐서 어디로든 뻗어나갈 수 있으니까요. 필요하다 싶으면 M&A를 해도 되지요. 하지만 잠자리처럼 이리저리 눈만 굴리다간 제아무리 360도 경영이네 뭐네 떠들어도 새 먹이 신세가 되고 맙니다. 내가 어떤 경영을 하는 게 낫겠어요?"

최 사장은 앞으로도 백두대간을 오르듯 본업맨이 되겠다고 다짐한다. 그는 그것이 아생연후살타(我生然後殺他)의 방법이자, 끝내 자기를 지키는 수성연후창업(守成然後創業)의 원칙이라고 힘주어 말한다.

"왜 기다리지 못하는 겁니까? 성을 굳건히 하면 성 밖의 조급함과 지루함은 자연스럽게 기회를 만들어줍니다. 백두대간 경영론은 내게 이런 걸 알려줍니다."

산은 자라지 않지만 경영자는 자란다
등천하 하라. 드넓은 세상이 눈앞에 펼쳐져 있다

1940년대 초, 두 사람이 8,848미터의 에베레스트산 정상에 도전했다. 결과는 참패였다. 산을 내려오며 두 사람 중 한 청년이 말했다.

"에베레스트, 너는 자라지 못한다. 하지만 나는 자랄 것이다! 그리고 반드시 다시 돌아올 것이다."

10년 후, 그 청년은 에베레스트에 돌아왔고 1953년 5월 29일 그는 마침내 등반에 성공했다. 그가 바로 셰르파였던 텐징 노르가이와 함께 세계 최초로 에베레스트에 오른 에드먼드 힐러리이다(내셔널지오그래픽 비디오 3탄, 탐험의 세계, 제1편 〈에베레스트의 귀환〉).

"사업에는 뚝심이 있어야 합니다. 안 될 때는 혀를 깨물고라도 피를 안으로 삼켜야 해요. 피를 삼킨 채 물러설 줄도 알아야 합니다. 그건 패한 게 아니에요. 물러서서 지키는 용기, 즉 심용(沈勇)입니다. 경영자는 자신을 가장 믿는 동시에 가장 불신할 줄도 알아야 합니다.

칭찬도 하지만 끝까지 몰아붙이고 꾸짖기도 해야 합니다. 그렇지 않으면 권토중래는 오지 않습니다. 다시 쳐들어갈 건데 뭐 하러 머뭇거리고 체면을 내세웁니까? 그런 사람이라면 사장 자격도 없어요."

오상호 사장은 한마디로 칠전팔기의 의지로 재기에 성공한 입지전적 인물이다. 그는 대기업을 나와 처갓집 돈까지 끌어다 시작한 사업을 딱 2년 만에 쫄딱 말아먹고 다시 월급쟁이로 돌아갔다. 학벌을 팔아 관리직이나 기획 쪽 일을 얼마든지 할 수 있었지만 그는 오히려 영업직으로 돌았다. 그것도 자신이 넘고자 했던 기업의 영업사원으로 말이다.

그가 분석한 결과 사업에 실패한 원인은 영업력 부족에 있었다. 따라서 그것을 메울 방법을 찾고 싶었던 것이다. 그 회사의 인사부서에서는 왜 좋은 학벌을 가지고 남들이 죄다 기피하는 영업 쪽 일을 선택하느냐고 물었지만 그는 그냥 빙그레 웃고 말았다. 오히려 영업직으로 발령을 내주지 않으면 입사를 포기하겠다며 엄포를 놓았다. 그 후 그가 쌓은 영업직 경험은 훗날 톡톡한 사업 밑천이 되어 주었다.

3년 후, 그는 다시 창업에 도전했지만 그 사업 역시 3년을 버티지 못했다. 이번에는 이를 악물고 산을 오르며 복기를 해봤다. 무엇이 문제였을까? 자금? 기술? 사람관리? 그 모든 것을 점검한 그는 맥을 못 추고 시들어가는 자기 사업을 제 손으로 뽑아냈다. 그렇게 청산 절차를 밟은 이유는 그나마 한두 가지라도 건질 게 있었기 때문이다. 검토 결과 원인은 모든 면에서 의욕만 앞섰기 때문이라는 결론이 내려졌다.

그는 사업이라는 것은 한두 가지 능력만으로 되는 것도 아니고, 어느 한두 가지 요소가 빠져서도 안 된다는 것을 피부로 느꼈다. 물러

서기로 했을 때 그는 자신의 무능을 탓하며 산에 올랐다. 남자가 어디 가서 울어볼 수 있겠느냐며 들어선 곳이 산길이었다. 하지만 그는 산에서 오히려 뭇 생물들이 살아 꿈틀대는 역동성을 발견하고는 그길로 다시 내려와 5년간의 직장생활에 뛰어들었다. 이번에는 사업기회를 다양하게 들여다볼 수 있는 기획 쪽 일이었다. 그가 그토록 기피하던 일이 비어 버린 퍼즐처럼 반드시 채워야 할 요소라는 점을 깨달았기 때문이다.

회사생활은 순조로웠고 점점 나이가 드는 데다 애들이 커가자 회사를 박차고 나간다는 게 쉽지 않았다. 자신도 모르는 사이에 점차 온실이 주는 아늑함에 젖어들었다. 그러던 어느 날, 그는 기업을 운영할 초창기 무렵에 썼던 일기를 뒤적여보았다. 그 글을 보고 나서 그는 밤새 잠을 이루지 못했다.

"태어나 내 사업 한번 성공시켜 보지 못하고 죽는다면 죽어서도 후회할 것이다. 사업을 하면 꼭 성공해 크루즈를 타고 부산항을 거쳐 남미대륙까지 여행을 떠나보자. 나는 내 꿈을 포기하지 않을 것이다. 그건 나의 일부가 아닌가!"

그는 일기장의 몇몇 쪽을 복사해 수첩에 끼워 넣고 다니며 다시 2년간의 사업 준비에 들어갔다. 그리고 마침내 마흔여덟 살이 되었을 때 있던 돈을 모두 털어 넣고 사업을 시작했다. 몇 개월 후, 그는 쏟아지는 주문을 보며 성공을 예감했고 한가한 주말을 잡아 샴페인을 들고 산을 찾았다. 성급한 샴페인이라는 말이 듣기 싫어 아무도 없는 외진 곳에 가서 혼자 샴페인을 터뜨렸던 것이다. 직장생활 18년 만의 결실을 늘 의지가 돼 주었던 산과 함께했던 셈이다.

"사업을 하다 보면 상황은 수시로 변하고 조건도 달라집니다. 개선

되기도 하고 더 나빠지기도 하죠. 그럴 때마다 사장은 변화수를 맞이하는 겁니다. 포기하면 결과는 정해져 있지만 포기하지 않으면 성취해낼 기회는 얼마든지 있어요. 쓰러져도 다시 일어나서 또 걷는 겁니다. 그런 사람을 당해낼 재간은 없어요. 과거의 실패는 두려움의 근거가 아니라 미래의 성공에 대한 두터운 암시입니다. 사장이니까 바닥도 기어보는 겁니다. 밑을 두려워하면 어디도 오를 수 없어요."

나는 그를 통해 산을 바꾸는 게 아닌, 자신을 바꾼 자만이 정상을 보게 된다는 것을 알게 되었다. 그와 대화를 하는 동안 에드먼드 힐러리가 했던 말이 떠올랐다. 마치 그를 두고 하는 말 같았다.

"에베레스트, 너는 자라지 못한다. 하지만 나는 자랄 것이다!"

"산행을 하다 보면 느닷없이 바위가 막아서기도 하고 가파른 비탈 길에서 어디서 불어오는 것인지도 모를 눈보라를 맞이하기도 합니다. 심지어 한 치 앞도 분간할 수 없는 경우도 있어요. 다 올랐다고 생각했는데 앞에 깎아지른 듯한 절벽이 막아서면 더는 나아가기 어렵게 됩니다. 그때마다 내가 느끼는 게 있죠. 지금까지의 방식대로 올라가려 해서는 안 된다는 것입니다. 다른 생각과 결단이 있어야 하죠. 지금 우리 회사가 겪고 있는 문제가 바로 이것입니다. 뛰어넘어야 하는데 마땅한 묘책이 떠오르지 않는 겁니다. 이럴 때 얼마나 답답한 줄 아십니까?"

산을 탈 때마다 남들과 달리 좀더 빡센 등로를 택한다는 김희명 사장은 정수기에 들어가는 제올라이트를 개발한다. 미래 시장성이 큰 그 분야에서 핵심 요소는 원천특허를 확보하거나 남들이 갖지 못한 핵심 기술을 보유하는 것이기 때문에 그는 늘 기술을 차별화하기 위해 골몰하고 있다. 지금까지 수많은 R&D를 해왔지만 획기적이고 혁신적인 기술이나 공법을 얻기에는 여전히 미흡한 상태라 답답할 때가 많다. 호흡을 고르기 위해 그는 주말을 이용해 산을 찾는다.

"산은 물을 놓아주지요. 그냥 흐르게 합니다. 산의 토양은 물을 걸러내며 가장 맑은 물을 하류로 내려 보냅니다. 물이 오염되는 건 인간에 의해서죠. 자연은 그 자체로 정화기능이 있습니다. 첩첩산중 물을 막아서는 산과 바위, 토양들을 볼 때마다 '저게 기술이구나!' 하는 생각이 듭니다. 늘 산에 와서는 좀 쉬어야지 하면서도 회사에서 하던 일이 생각나 또 이렇게 되네요. 하하하."

김 사장은 산에 와서 오히려 연구소에서는 생각지도 못했던 남다른 아이디어를 얻곤 한다. 기술을 얻으려면 수많은 실험이 필요한 것처럼 그는 산을 오를 때 의도적으로 매번 다른 길을 찾아본다. 이미 만들어진 길을 제외하고 계산하면 이론상으로 등로는 사람이 지날 수 있는 길의 폭을 360도로 나눈 숫자 만큼이다. 이런 계산법이면 등로는 수천, 수만 개로 쪼개질 수 있다는 게 김 사장의 얘기였다. 듣고 보니 말이 된다 싶었다.

"지금까지는 내 실력이 아니라 운이 좋아서 여기까지 왔어요. 내 앞길은 늘 한 치 앞도 볼 수 없는 안개 속이었죠. 바로 앞에 낭떠러지가 있는 줄도 모르고 온 셈이에요. 용케 운이 좋아 여기까지 온 겁니다. 그런데 앞으로는 지금처럼 될 것 같지 않아요. 특허 장벽, 자본 부족, 핵심 기술과 인력 부재 등 넘어야 할 산이 한두 개가 아닙니다. 그걸 모르고 살아온 세월은 장님이 외줄을 타고 크레바스를 지나온 거나 다를 바 없죠. 경영이 산이라면 산이 위험했던 것이 아니라 내가 위험했던 것이죠. 내가 나를 모른다는 것은 알지 못하는 산이 더

험한 거나 마찬가지입니다."

김 사장은 현실의 벽을 뛰어넘기 위해 요즘 임직원들에게 창조적 발상을 주문하고 있다.

"남한테 배워서 될 때가 있고 그걸 뛰어넘어야 할 때가 있어요. 그 선을 넘어야 할 때는 골똘히 머리를 싸매고 연구해야 합니다. 요즘처럼 창조가 경영의 화두가 된 적도 없을 거예요. 대기업 총수에서부터 구멍가게 주인에 이르기까지 죄다 창조를 부르짖고 있죠. 이런 현상에는 다 이유가 있는 겁니다. 창조야말로 한국 산업 전반에 걸친 문제를 해결할 수 있는 돌파구죠. 그것은 그만큼 우리가 앞서 있다는 얘기이기도 합니다. 앞서 있는 데도 늘 불안하죠. 뒤에 누가 있는지 모르니까요. 창조를 얘기하는 시대는 어느 시대든 뭐가 달라도 다릅니다. 등산으로 얘기하자면 저 고개만 넘으면 세석평전 같은 평원을 만날 것 같은 기분이 드는 겁니다. 새로운 전환점에 서게 되는 것이죠."

김 사장의 얘기는 오롯이 산장 담벼락에 기대 있던 우리 일행에게 파문을 일으켰다. 그의 말처럼 창조가 화두라면 산이야말로 창조의 원천일거라는 생각이 들었다. 수많은 생각을 놓는 폐기학습을 할 수 있는 곳이 산이고, 그 빈 곳을 가득 채워 내려갈 수 있는 곳이 또한 산이기 때문이다. 그러기에 그 생각이라는 걸 얻기 위해 산꾼 경영자는 산을 오르는 것이 아닐까? 생각을 얻으려고 작심한 사람들은 산을 오른다.

산은 산 외에는 다 여백이다. 이 정도면 새로운 것을 받아들일 여백으론 충분하다. 그래서 산은 허심을 불러일으키고 그 허심은 무엇을 채워도 다 채울 수 없는 보자기와 같다. 만약 산처럼 풍부한 상상력을 지닐 수 있다면 경영자는 동산을 올라도 대단한 착상을 얻을 수 있을 것이다.

"앞으로의 시대는 생각이 지배합니다. 이제는 단순히 열심히 해왔던 방식대로 해서는 살아남지 못하죠. 전대미문의 사고를 해야 살아남습니다. 상상력이 풍부해야 뭘 해도 성공하는 거지요. 머리가 움직이지 않으면, 산에서든 산 아래에서든 결국 살아남지 못하게 되어 있습니다."

그는 3년 내에 해외시장에서 적어도 매출의 70퍼센트를 끌어오고 싶다는 포부를 밝혔다. 동종업종의 어느 기업도 이루지 못한 꿈이기에 히말라야 정상을 응시하는 기분이란다. 하지만 분명한 것은 히말라야 산군을 오르기 위해서라도 지금 당장 필요한 것은 산에 대한 상상력이라고 말했다. 상상력이 없으면 그 산은 현실로 다가오지 않을 테니까 말이다.

그의 말처럼 산은 상상력의 보고다. 사계의 변화가 오감으로 느껴지고 시간과 함께 걸어온 길을 반추하게 하며 앞으로 가야 할 길을 상상하게 한다. 오르고 또 오를 때 우리의 생각은 어느 한곳에만 머물지 않는다. 수많은 생각의 씨줄과 날줄이 섞이며 새로운 사고가 직조된다. 산 또한 서로 뒤엉키며 서로를 잉태해낸 무한한 상상력의 결과물이 아닌가! 산이 저렇듯 기기묘묘하고 형형색색의 모양을 갖추게 된 것은 상상력 덕분이다. 김 사장은 갑자기 수첩을 꺼내 뭔가를 적기 시작했다.

"생각날 때면 적어야 삽니다. 그래서 '적자' 생존이죠."

일행은 동시에 박장대소를 터뜨렸다.

나는 한 가지 야망을 품고 성장했다. 머나먼 높은 산은 늘 나를 사로잡았고 나를 그들의 영혼 속에 끌어들였다. 나는 끈기라는 자산과 그밖에 사소한 장점으로 내가 무엇을 이룰 수 있을지 알지 못했다. 하지만 표적은 이미 높이 설정되어 있었고, 한차례씩 좌절을 겪을 때마다 적어도 한 가지 큰 꿈만은 꼭 이루고 말겠다는 내 결심은 더욱 굳어갔다.

– 얼 덴먼(Earl Denman), 《에베레스트에 홀로 오르다》

사람들은 꾸준히 산을 오른다. 주말이면 전국의 산은 등산객들이 거의 점령하다시피 한다. 그들은 왜 그렇게 산을 오르는 것일까? 본능적으로 '등정항상심'이라는 걸 갖고 있기 때문일까? 그 의지는 어디서 오기에 그 힘든 산행을 결행(決行)하는 것일까? 누가 시켜서 하면 단 100미터도 올라가지 않을 사람들이 스스로의 선택과 의지 앞에서 1,000미터든 2,000미터든 마다하지 않고 올라간다. 불평이란 있을 수 없다. 스스로 작정하고 떠난 길이기에 오히려 마음이 가볍다. 심지어 고봉준령을 찾아 히말라야나 다른 나라의 산까지 원정을 떠난다.

산행에는 그다지 말이 필요 없다. 다만 대자연과 조우할 뿐이다. 물론 산 아래 역시 자연이지만 위로 올라갈수록 자연은 더욱더 '자연'스러워진다. 속살을 가감 없이 드러내는 그 호쾌한 자연을 만나면 산꾼도 더욱 자연스러워진다. 자연을 닮은 산꾼이 있기에 자연은 대자연으로 승격된다.

산꾼 경영자에게 등정심(登頂心)은 영혼을 부르는 도전정신이다. 정상에 올라 천하를 내려다볼 때 그들은 내려가서 임해야 할 곳을 본다. 작게는 산 아래 사람들이 모여 복작거리는 시장판을 보고, 그 속에서 더불어 아우성치던 자신을 빼내 가다듬고 닦아내며 고르고 솎아내 다시 저잣거리로 내보낸다. 이것이 산에 오른 뒤 복귀한 산 아래 풍경이 산꾼 경영자에게 사뭇 달라 보이는 이유다.

산 위에서 그들은 전략을 짠다. 어떤 등로를 언제 오를 것인가? 내려와야 할 때는 언제인가? 이는 곧 인생의 전략이자 사업의 전략이다.

무언가로부터 떨어져 있으면 더욱 가까이 볼 수 있다. 발로 뛰는 경영과 이뤄내야 할 목표가 멀리 있을 때, 그것은 더욱 가까워진다. 산은 경영자에게 산다워지라고 말한다. 쩨쩨함을 버리고 대범해지라고, 거친 암벽 같은 세상의 모나고 가파른 곳을 부여잡으라고, 그래서 마침내 산을 품은 채 산을 낳으라고 말이다.

그런 이유로 산행은 경영을 위한 수도 행위와 같다. 거스름이 있고 막아섬이 있으며 에워쌈도 있다. 또한 모여듦이 있고 갈라섬이 있기에 산행은 경영을 닮았다. 산에서는 어디서든 봉우리를 만날 수 있고

암벽등반은 창조경영의 현장이다. 어떤 등로를 개척할 것인가, 어떻게 선등을 하고, 리드를 할까. 경영자는 전략을 짜기 위해 바위산을 오른다. 발을 다시 땅에 내딛는 순간, 그들은 더는 예전의 그들이 아니다.

절벽도 만날 수 있다. 설산이나 물이 거침없이 흐르는 계곡도 만날 수 있다. 때로는 바위가 막아 에돌아가야 할 때도 있다. 따라서 적응은 물론 개척도 해야 한다. 멈추지만 움직임이 있고 움직임 속에도 정중동(靜中動)이 있다. 오름으로써 가장 낮은 데를 지향한다. 물론 생각이 명료하다면 본연의 자신을 만날 수도 있다.

강정면 사장은 사업에서 좌절을 겪을 때마다 산에 오른다고 했다. 작은 성취가 있을 때도 가벼이 움직이는 심정(心情)을 누르고 꾸짖기 위해 산을 찾는단다.

"산은 내게 늘 화두로 다가옵니다. 히말라야에 한 번이라도 올라본 사람은 산을 바라볼 때 구름 위를 먼저 쳐다보게 된다죠? 낮은 산을 오를 때도 거의 무의식적으로 목표가 높게 잡혀 있는 셈이죠. 오르고자 하는 곳보다 더 큰 목표를 잡는 것을 에임하이(aim high)라고 하던가요? 등정이든 경영목표에서든 나는 늘 같습니다. 산을 오르다 보면 비전을 높게 잡는 것이 경험 속에서 습관화되죠. 그래서 산기(山氣)를 마시고 산 아래로 내려가면 다시 올 생각으로 설렙니다. 다시 오기 위해서라도 열심히 일에 몰두하죠."

그는 수많은 가벼움과 경박함, 세심함, 웅장함의 경영비경을 책(責)하고 계(戒)하고 려(勵)하기 위해 산에 오른단다. 산에 오면 몸이 새털처럼 가벼워지고 마음이 굽이굽이 못 본 구석을 혜량(惠諒)하게 되기 때문이다.

"경영현장에서 작은 이해와 사람 때문에 빚어지는 갈등으로 힘들 때 문득, 산을 품고 있는 나 자신을 발견하게 됩니다. 그럴 때마다 '그냥 놔둬라', '다투지 마라', '보내줘라' 하는 목소리를 듣게 되죠. 양보를 하거나 물러서도 결국엔 크게 달라질 게 없습니다. 하지만 어떤 때는 용기를 내야죠. 때로는 작은 이익에도 집착해야 합니다. 그게 큰 일을 할 때 발목을 잡는 수가 있어요. 또한 치고 올라가야 할 때는 무섭게 치고 올라가야 합니다. 정상에 오르지 못하면 암벽에 매달려 죽음을 기다려야 하는 경우가 있으니까요. 그래서 내가 산속이든 산 밖에서든 매일 등정 경험을 하게 되는 건지도 모릅니다.”

앞으로의 산행은 여러모로 이전 산행과 다를 것이라는 강 사장은 매일 올랐던 경영의 산을 새롭게 다시 오르고 싶다고 했다. 그동안 해왔던 방식이 늘 옳았던 것만은 아닌데 새롭게 하지 못할 이유가 어디 있느냐는 것이다.

“등정항상심을 갖는 것보다 더 중요한 건 경영의 산을 어떻게 오르고, 그 등정을 어떻게 우리 회사와 내 영혼의 일부가 되게 하느냐 하는 것입니다.”

경영의 산을 오르는 산꾼 경영자는 한결같이 반짝이는 경영의 지혜를 얻고 싶다고 호소한다. 나아가 계속 오를 수 있는 힘을 바란다. 그들에게 산행은 가장 큰 스승이 될 수 있다. 어느 산에서든 산이 되어 우뚝 솟아 있기를 갈구하기에 더욱 그렇다. 산꾼 경영자는 속리(俗利)에도 밝지만, 칠흑의 밤에도 잠들지 않고 울어댈 수 있는 영혼을 비장(秘藏)해 두고 있다. 그래서 더욱 존경스럽다. 산을 모르고는 그 산을 오르는 사람을 알 수 없다. 물론 산만이 줄 수 있는 웅혼한 기상도 알 수 없다.

산꾼 커뮤니케이션의 원칙
산을 함께 오르는 것보다 더 화통(和通)한 것이 어디 있을까

우리는 산을 오르며 동반자 의식을 지닌다. 특히 고산등반을 하는 사람들은 자일파티를 하며 같은 자일에 서로 연결된 유대감을 발견한다. 그것은 평등, 존중, 배려, 의리, 신뢰 같은 감정을 낳는다. 산을 오르는 사람 간에는 그런 감정상태가 암묵적으로 DNA처럼 박혀 있다. 그렇지 않고는 누구도 서로를 믿고 끝까지 오를 수 없다. 산에서는 눈빛만 봐도 서로를 안다. 커뮤니케이션은 극도로 단순해지지만 모든 게 소통되는 느낌이다. 그만큼 원시적 감응이 인다.

산꾼들은 고산등반 같이 극한의 상황은 아닐지라도 며칠씩 함께 종주하다 보면 서로 통하는 구석을 발견하게 된다. 그러한 효과 때문에 각 기업은 커뮤니케이션 문제를 해소하기 위해 직원들을 인솔해 산을 오르기도 한다. 서로의 눈빛만으로도 착착 돌아가는 조직을 만들고 싶기 때문이다.

박대현 사장은 하루 비박은 서로 정을 쌓게 하고 이틀 비박은 팡팡

터지는 소통을 가져오며 사흘 비박은 서로 잘해줘야지 하는 동료애를 불러일으킨다고 말한다. 물론 그 이상이 되면 어서 내려가 목욕탕에 몸을 던지고 싶도록 만들지만 말이다. 박 사장은 직원들과 함께 수시로 산에 오른다. 처음에는 무릎이 아프네, 몸살이 났네 하며 꺼리던 직원들도 한번 제대로 맛을 보고 나서는 오히려 온갖 등산 얘기로 꽃을 피운다. 세상엔 경험하지 않으면 모르는 게 있기 마련이다.

"그냥 사무실에만 있으면 모릅니다. 조여 봐야 알죠. 넘어서 봐야 아는 게 있죠. 서로 등을 밀어주고 배낭도 메주고 손을 잡아 이끌어 줘 봐야 압니다. 우리는 직원 아무개를 알지 그 사람을 있는 그대로 아는 건 아니거든요. 아무리 술자리를 함께해도 서로 통하는 데는 한계가 있습니다. 작은 경쟁심리가 그걸 막기 때문이죠. 그러나 산에서는 달라요. 남 때문에 나를 알게 되는 것이 아니라 스스로 해낸 것으로 나를 알게 되죠. 그런 눈으로 다른 직원을 바라보면 서로 이해하게 되고 감싸 안게 됩니다. 그래서 소통이 원활하게 되는 겁니다. 관계에서 한 차원 넘어서는 거죠."

그는 비록 자신이 작은 기업을 운영하고 있지만 산을 넘으려는 등반 의지로 회사를 일궈왔고 앞으로도 그렇게 경영할 것이라고 말했다. 산꾼이 되겠다는 각오가 선 사람을 중심으로 직원을 채용하다 보니 남자 직원은 군대에서 천리행군을 한 것이 기본이란다.

그는 산에 오르면 산 아래에서도 커뮤니케이션 밀도가 높아지는 걸 깨닫게 된다고 한다. 그가 말하는 산꾼 커뮤니케이션 원칙은 산 아래에서 들먹이는 이론과는 다르다. 물론 임팩트도 크다.

산꾼 커뮤니케이션 원칙

- 산에서 겪은 유사 생존 경험은 직원들을 성숙하게 만든다 | 그들은 어느 때 의지를 불태워야 하는지 스스로 알게 된다.

- 산을 타본 직원은 주위 사람의 고충을 더 잘 들어준다 | 자기 몸조차 성가실 때 남의 고충을 들어줄 수 있다면, 고객과의 커뮤니케이션 문제는 걱정을 붙들어 매도 될 것이다.

- 산은 어울려서 간다 | 혼자 가는 게 아니기 때문에 산에서는 인간애를 깊이 받아들이고 마음을 활짝 열게 된다. 끝까지 '투덜이'로 남는 직원은 별로 없지만, 만약 있다면 그는 이미 산 아래에서 마음이 떠난 경우가 대부분일 것이다.

- 주위를 배려한다 | 직원들은 서로 손을 잡아주고 등을 밀어주고 용기를 북돋워주고 행동식을 나눠먹고 짐을 챙겨주며 배려받을 때의 고마움을 알고 남을 배려하는 마음이 자연스럽게 생겨난다.

- 무언으로도 얼마든지 대화를 할 수 있다 | 정상까지 치고 올라갈 때, 호흡이 가쁠 때, 말없이 걸으며 끊임없이 정진하는 자세를 배운다. 이런 무언을 통해 자기 설득력을 배가시킨다.

- 산을 오르며 자신과 대화를 나눈다 | 비박을 하거나 산장에서 글을 쓰며 자신을 돌아본 직원은 산 아래에 내려가면 뭐가 달라도 달라져 있다.

- 대자연 속에서 한없이 겸손해지고 진지해진다 | 처음으로 산에 올라온 직원은 들뜨기도 하지만, 밤하늘을 바라보며 침묵하는 순간도 알게 된다. 그러면서 자신의 내면을 들여다보는 시간을 갖게 된다.

- 생각이나 마음씀씀이가 넉넉해진다 | 산에 올라 도모해야 할 시장을 보고 장래를 전망하며 실적을 더 넓고 크게 바라보는 습관을 들이게 된다. 덕분에 산을 타는 사람치고 쩨쩨한 사람 없다.

"사업을 하기 위해 요구되는 능력은 많습니다. 그중에서 내가 가장 중요하게 생각하는 것은 같은 길을 간다는 동반자 의식입니다. 그것이 없으면 조직은 콩가루가 되어 날아가버리죠. 조직을 통합해내려면 동료애와 성숙한 인간성이 필요합니다. 직원들은 이제 산에서는 모든 일이 동료들의 협조로 이루어진다는 것을 압니다. 어디 그뿐인가요? 올라가면서 힘들 때는 서로 힘을 내도록 분위기를 만들어주고 격려해주죠. 칭찬이 가장 많아지는 순간입니다. 나아가 산행은 자발적인 참여와 헌신으로 서로가 서로를 정상에 올려놓는다는 것을 알게 합니다. 서로 멘터링을 해주는 소중한 장인 것입니다. 대한민국에 산이 많다는 것은 정말 축복입니다. 특히 경영자들에게는 말이죠."

땀으로 범벅된 박 사장의 얼굴에 웃음꽃이 피어났다.

흔히 산행을 인생과 흡사하다고 말한다. 둘 다 치고 오르고 내려서는 움직임으로 가득하지만, 어느 나이나 단계에 이르면 산등성이를 밟고 줄곧 걷는 것과 비슷하다. 계속 달리는 것이 아니라 멈춰 서야 하는 때가 있다. 종주(縱走)를 하다 보면 멈춰 서서 산 아래로 펼쳐지는 풍경을 조망해볼 때가 있다. 가까운 산을 올라도 전망이 멀리까지 트인 곳이라면 이런 경치는 얼마든지 관망해볼 수 있다. 강물이 산을 에돌며 흐르다 저 아래로 굽이치는 것도 보인다.

인생 역시 마찬가지다.

부모님의 품을 벗어나 세상에 나가면 인생이란 쉼 없이 걷는 과정이라는 것을 알게 된다. 그래서 종주를 인생길이라고 하는 것인지도 모른다. 사람들은 능선을 따라 걸으며 삶의 완주를 염두에 둔다. 종주를 할 때 삶은 저 아래 세상에서 벌어지는 일들을 산 위에 와서 복습하는 과정과 같다. 종주를 목표로 걸으면서 결국 사람들이 발견하고 싶어 하는 것은 무엇일까?

정만업 사장은 바라던 어떤 것의 완성이 아니라 그것을 해낼 수 있다는 자신감, 성취감이 아니겠느냐고 말한다. 산행을 혈기 차게 할 때의 그의 결기는 정말 대단했다.

"늘 저 산이 해치워야 할 일처럼 보여 어떻게 하면 남보다 빨리 넘을까, 남보다 앞서고 기록을 갱신할 수 있을까 하고 생각했죠. 그러다 보니 앞서는 사람은 반드시 따라잡아야 속이 편했고, 내려올 때는 비호처럼 내려왔어요. 몇 년 후에 무릎 관절에 이상이 오더군요. 계속해서 산에 다니고 싶으면 살살 하라는 신호처럼 말이죠."

그때부터 그는 치고 빠지는 식의 산행이 아니라 즐기고 머무는 산행으로 바꾸었다. 그는 느림은 산에서 만끽해야 할 최고의 만족감이라고 말한다.

"산행은 기어를 1단으로 놓고 천천히 올라가며 즐기는 것이어야 합니다. 세상의 시계를 멈춰 세우고 산 시계에 몸과 마음을 내맡겨야 합니다. 한껏 릴렉스하는 거죠. 산 아래에서처럼 기어를 4단, 5단으로 넣고 무작정 달리는 것은 의미가 없어요. 나도 그렇게 달려왔지만 남은 게 없더군요. 천천히 걸으면 과연 저 산 너머엔 무엇이 있을까, 행복은 어디에 있을까, 내가 하는 일 너머에는 어떤 의미 있는 것이 기다리고 있을까 하는 생각을 하게 됩니다. 산행에는 짜릿하고 통쾌한 감정이 아닌, 가장 낮은 평상심이 어우러져야 합니다."

그의 산행철학은 많은 점에서 나와 비슷하다. 다만 내가 도전할 산을 좀더 높게 잡고 천천히 끝내 오르려 애쓴다는 점이 다를 뿐이다.

'천천히 끝내 가장 높은 산을……'

내 머릿속에는 내가 넘고자 하는 히말라야 고봉이 그려져 있다. 한 번이라도 좋으니 그 앞에 서 보고 싶다. 그 장엄함 앞에서 대오각성하고 싶다. 나와 달리 산행에서 크고 작은 깨달음과 즐거움에 푹 빠져 있는 정 사장은 산꾼으로서 이제 단의 경지에 오른 듯했다.

"지난연휴 때 2박3일 코스로 지리산 종주를 했어요. 새벽에 노고단을 떠나 발걸음을 옮겼죠. 새벽 산을 오르며 알게 된 것은 산에는 일출만 있는 게 아니라는 겁니다. 먼동이 터오는데 서편으로 달이 보이는 거예요. 이제 막 뜨려는 놈은 부산하게 그 장엄한 힘을 드러내고 있었고, 기우는 놈은 가장 엷고 아름다운 자태로 마지막을 장식하고 있었습니다. 나도 한때는 저렇게 일출처럼 강하게 떠올랐지만 때가 되면 저 달처럼 이지러지겠구나 하는 생각이 들더군요. 내 인생 종주의 시작과 끝을 알게 된 겁니다. 숙연해지더군요. 이제는 좀 천천히 걸어야겠다, 단 하나의 목표만 잡고 천천히 오르겠다는 생각을 했습니다."

그 '단 하나의 목표'가 무엇인지 궁금해 하는 나에게 그는 찡긋 눈웃음을 친다.

"인생 완주죠. 멋지면서도 내가 완성되어 가는 삶을 살았다는 나 자신에 대한 자랑 같은 거 말입니다."

그는 머지않아 회사를 퇴직하면 운전기사도 집무실도 비서도 없어지겠지만 오히려 그때 단출하게 산에 오를 수 있을 거라고 했다. 물론 산 아래서 받은 온갖 훈장은 한때 번쩍이던 것에 불과하고 곧 잊혀질 것이란 점에서 인생 완주의 필수품은 아니라고 덧붙였다.

"인생 종주에서는 이지러지는 달의 허망함도, 떠오르는 태양의 밝음도 아닌 그저 새벽녘 둘이 공존할 때의 멋진 조화와 평화를 만나게 됩니다. 그걸 보고 싶어 산등성이를 걷는 것 아닙니까?"

때마침 우리는 샘물 근처에 이르렀고 그가 풀어놓은 먹을거리는 다채로웠다.

"끝까지 다 오르려면 즐길 줄 알아야 해요. 그게 아니라면 이렇게 무거운 짐 지고 산에 오를 일이 없죠."

그와 나는 세상에서 가장 멋진 성찬(盛饌)을 차려놓고 침을 삼켰다.

산에는 나무가 있네

어떤 나무는 홀로 되어 또 어떤 나무는 숲이 되어 산다

산에 오르기 위해서라기보다 나무를 보기 위해 산에 간다는 한상목 실장은 산나무 얘기만 나오면 줄줄 이름을 꿴다. 각기 다른 이름이 지어진 것도 그렇지만 이름마다 어찌 그리 나무의 생김새와 똑같은 지 저절로 웃음이 나온다. 산에 나무가 없다면 얼마나 황량할까? 그 는 나무가 있어 산이 산답고, 영감도 주는 것이라며 나무 예찬론을 펼쳤다.

겹겹이 녹색의 손수건을 매단 여름 산은 우렁찬 숲으로 자신을 드 러낸다. 그것이 인생의 영고(榮枯)와 같아 남다른 멋과 뒷맛을 감지 케 한다. 봄 산의 분분함은 또 어떤가? 생리가 시작될 때의 여인처럼 어질증이 난다. 가을 산은 계집의 호사스런 이부자리 같이 내밀하기 만 하다. 유혹 만점이다. 앙상한 가지에 눈을 이고 있는 겨울 산의 나 목들은 어떤가? 산 아래에서 먹고 싸는 이치처럼 벗고 입는 이치가 세상사와 같다는 걸 알게 해준다. 모두들 벗고 나면 별 것 있는가. 산

에서 보게 되는 이 모든 풍광은 감동적이다. 산만이 줄 수 있고 산만이 차려낼 수 있는 특별 메뉴다.

산에는 나무가 참 많기도 하다. 굴참나무, 주목, 참나무, 자작나무, 노각나무, 돌개회나무, 물갬나무, 다릅나무, 함박꽃나무, 고용나무, 육송, 서어나무, 쪽동백나무, 당단풍나무, 고로쇠나무, 비목, 박달나무, 고추나무…… 일일이 헤아리다가는 숨넘어갈 지경이다. 지리산에는 조릿대도 지천이다. 등로 옆으로 널리고 깔린 게 산죽이다.

산행을 하며 등로 옆으로 도열한 나무들을 보면, 그 무수한 나무가 나름의 역사를 지니고 있다는 사실에 놀라기도 한다. 가끔은 각자 자기 자리를 굳건히 지키는 나무들을 보며 그렇게 살아오지 못한, 그들처럼 하늘을 떠받을 듯 경영을 해오지 못한 내 몰골이 만천하에 드러나는 것 같아 얼굴이 화끈거린다. 업력 10년생에서부터 600년 된 나무에 이르기까지 산에 삶의 뿌리를 내린 나무들은 참 다양하기도 하다.

솔버덩에 들어서면서 그는 나무와 얽힌 이야기를 풀어냈다.

"소나무는 화상에 약하다고 합니다. 낙산사에 불이 났을 때 그슬린 소나무는 겉으론 멀쩡해보여도 다 죽게 되어 있답니다. 마치 우리 회사 같아요."

물끄러미 바라보는 내게 그는 상처받는 나무의 최후를 들려주었다.

"고로쇠나무는 진액을 다 뽑히면 결국 빼빼 말라서 죽고, 소나무는 송진을 다 흘리면 체액을 잃은 채 죽습니다. 그리고 박달나무는 뼛속까지 단단해서 잘려나가며 죽게 됩니다."

그는 허공을 바라보며 자신이 다니는 회사의 인재들 역시 진액이 다 빠져 나중에는 뱀의 허물처럼 처참하게 버려진다고 푸념했다.

"오너는 식인나무예요. 흡혈귀지요. 아, 연봉이요? 많이 주죠. 다른 회사에서 키운 인재들을 용케 데려다 죽도록 부려먹고 버리죠. 직원들의 자기계발이요? 우리 회사는 그런 거 없어요. 그저 소모품일 뿐입니다. 최대한 굴리고 그런 다음 차이는 거죠. 그게 몇 년 되니까 아예 인재풀이 없어지더군요. 좀 똑똑한 친구들은 알아서 떠났고, 남은 직원들은 천대받아도 갈 데가 없으니 알아서 깁니다. 우리 회사엔 좀 심하게 말해 잡목들만 우거져 있는 셈입니다. 문제는 직원들이 겉으로는 멀쩡한데 속으로는 죄다 화상을 입고 있다는 겁니다. 인성이고 가치관이고 뭐고 다 망가져 있지요. 심지어 자신의 존귀함도 모릅니다. 그저 요령과 눈치만 살아있고 뒷담화와 말재간만 판을 치죠. 나야 연구소에서 일하니까 회의 때도 별로 할 말이 없지만 정말 가관입니다. 오죽하면 내가 답답해서 산에 오겠습니까?"

한 실장은 산에서 쭉쭉 뻗은 나무들을 보면 부럽고 찬탄이 절로 나오지만, 저걸 데려다 몽당연필처럼 깎아 먹지 않을까 겁이 난다고도 했다. 그는 한눈에 인재감으로 보이는 후배들을 만나도 절대 자기 회사는 소개조차 하지 않는다고 한다.

"산에 오면 나무가 보이는 게 아니라 사람이 보입니다. 우리 회사에서는 저렇게 도열해 있는 나무들이 제대로 쓰이지 못하고 아예 망가져버리죠. 인재를 데려다 둔재로 만들어놓는 거죠. 그러면서 쓸 만한 사람이 없다고 난리를 칩니다."

이제는 자신도 수명이 다해간다는 그는 최소한 뽑힐 때는 후배들의 등로에 걸림돌이 되지 않도록 후미진 곳에 가서 픽 쓰러지겠다고 한다.

"조직은 멋진 나무를 심는 곳이죠. 그걸 알아야 나무와 숲을 모두

보는 안목이 생깁니다. 그럴 때 경영적으로 통합하고 분석하는 능력도 커지고 인력풀을 늘리는 것도 가능해집니다. 하지만 우리 조직에서는 그걸 기대하기가 어렵습니다. 아시죠? 생태계를 잡아먹는 나무 말입니다. 그게 있는 한 나무도 나무답게 자랄 수 없습니다."

나는 속으로 '그건 실장님이 홀로 서 있는 나무라서 그런 것 아닙니까? 숲을 이루면 힘이 될 텐데' 하고 말하고 싶었지만 그 말을 할 기회를 놓쳐버렸다. 그는 곧 회사를 그만둘 거라고 했다. 내 짧은 소견으로도 그만한 인재는 드문데 산에서 나무를 내쫓는, 그가 말하는 '식인나무'가 과연 어떤 사람일지 궁금해졌다.

"나무가 몽땅 베이고 민둥산이 되면 그때 알게 되겠죠. 아니면, 다른 나무 다 죽이고 조릿대만 무성해지거나."

나는 그가 하는 얘기를 그 회사 오너가 좀 들었으면 좋겠다는 안타까움이 일었다. 나는 그에게 산이 품어주기만 하면 회사를 계속 다닐 생각이 있느냐고 물었다. 그는 시차 없이 대꾸했다.

"산이 어디로 가는 게 아니라면……"

산이 어디로 줄행랑이라도 친다는 말인가, 아니면 산이 받아주면 응하겠다는 얘긴가? 도무지 알 수 없는 대답에 나는 그만 피식 웃고 말았다.

인간의 몸은 오랫동안 지구환경에 적응해왔다. 환경에 순응함으로써 오히려 환경을 감각하고 여기에 적응해온 셈이다. 등반 중에도 몸은 고도와 기온 변화에 놀랍도록 잘 적응한다. 일단 체온이 내려가기 시작하면 몸은 가장 중요한 부분부터 감싼다. 여기에는 철저한 선택과 집중의 원리가 숨어 있는데, 그것은 중요한 것에서 덜 중요한 것으로 자원을 분배하는 시스템이 작동하는 걸 말한다. 이를 경영에 비유하자면 핵심 역량을 중심으로 자원을 배분하고, 덜 중요한 주변부 사업에는 그만큼 자원 할당을 적게 한다. 그럼으로써 주력, 즉 본체를 보호하고자 하는 것이다.

예를 들어 몸은 추워지면 머리처럼 생명유지에 매우 중요한 부분을 우선 보호하기 위해 팔다리로 피를 덜 보낸다. 머리 다음에는 몸통을 보호하고 그 다음이 손발이다. 겨울 산에서 종종 동상에 걸리는 이유는 바로 이러한 자원배분시스템이 작용한 결과다. 이것은 체온관리

산은 우리에게 적응하는 법을 묵언(默言)으로 들려준다.
산꾼은 변화하는 환경에 주도적으로 임함으로써
성공 등반을 하고, 정상에 이르게 된다.
저 산악처럼 유구한 세월동안
지속가능한 경영을 위해
산꾼은 오늘도 혁신 등반을 꿈꾼다

우선순위에서 손발이 밀렸다는 것을 뜻한다.

그러므로 체온이 급격히 떨어지는 것을 막기 위해서는 소위 신체의 핵심 부분, 즉 머리를 인위적으로 먼저 보호해야 한다. 그러면 손과 발로 가는 혈액순환이 상대적으로 높아진다. 신체 중에서 머리는 체온조절의 30~50퍼센트를 담당하고 있다. 따라서 보온 모자를 쓰고 있을 때와 쓰지 않을 때, 손발의 온도에는 크게 차이가 난다. 산행 중에 머리나 이마에서 땀이 툭툭 떨어지는 것은 머리가 마치 라디에이터 같이 열을 외부로 발산하기 때문이다. 이러한 원리를 이용해 체온이 급격히 떨어지는 것을 막아야 한다.

체온이 급격히 떨어지는 것을 저체온증이라고 하며 이러한 하이포서미아에 걸리면 매우 위험해질 수 있다. 등반을 할 때는 위로 올라갈수록 기온이 떨어지는데 대략 100미터 올라갈 때마다 평균 0.7C°씩 떨어진다. 산 아래에서는 더워도 산에 올라가면 시원하고, 밤이 되면 추위를 느끼는 것은 이 때문이다. 바람의 영향도 크다. 예컨대 초속 1미터의 바람이 불면 1.6C°씩 체감온도가 떨어진다.

저체온증에 걸리면 오한이 나고 근육 운동이 저하하다 나중에는 운동장애가 일어난다. 이어 의식장애나 혈압, 체온 등에 변화가 일어나며 맥박이 느려지고 호흡이 감소한다. 이를 방치하면 사망에 이를 수도 있다. 산행 중에 발생할 수 있는 저체온증은 산꾼 경영자에게 특별한 상징으로 다가온다. 만약 조직이 환경변화에 적극 대응하지 못하고 저체온증에 걸리면 무엇부터 보호해야 할까? 보호에 앞서 조직 내 저체온증을 막기 위해서는 어떻게 해야 할까?

겨울에 보온, 방풍, 방수 기능을 가진 옷과 장비를 갖추지 않고 무리하게 산에 올랐다가 저체온증을 경험한 채연식 사장은 자신의 경험을 조직관리에 적용하곤 한다. 산행 중에 겪은 위기일발의 경험을 경영시스템 전반에 반영하고 있는 것이다.

"조직이 저체온증에 걸리면 활력이 둔화되고 정확한 판단력을 상실합니다. 심지어 자포자기 상태에까지 이르게 됩니다. 이때는 대개 배가 침몰할 때처럼 차례로 수문을 닫아 방어하려 하지만 본질적인 대응이 아닌, 닥쳐서 취하는 임기응변과 다를 바 없습니다. 이미 늦은 거죠. 위기관리에 대한 인식 없이 사업을 하다가 나는 조직과 사업 부문의 손발을 자르기도 했습니다. 구조조정을 했던 거죠. 그때 우리 회사는 수익이 악화되면서 조직의 맥박이 미약해지고 있었습니다. 영락없이 저체온증이었던 겁니다. 가만 놔두면 조직이란 심장이 멎을 것 같기에 급히 손을 썼죠. 고통스러웠지만 구조조정을 한 결과 몸통은 간신히 건졌어요. 벌써 10년 전의 일이지만, 아직 그때 잘린 손발의 자리에 예전같이 튼튼한 손발이 나온 건 아닙니다. 그만큼 비싼 수업료를 낸 거죠. 이를 악문 구조조정 끝에 수익이 개선되자 이제 조그마한 해답이라도 얻은 것 같습니다. 아직 걷기엔 어려 보여도 다시 걷게 하고 싶습니다. 어디 사장인 나만 그렇게 생각하겠어요? 그때 나간 직원들도 같은 심정이겠지요."

대한민국 전체가 부도났던 10여 년 전 외환위기 때 채 사장의 사업은 정확하게 6분의 1로 동강이 났다. 치고 올라가던 중견기업에서 보잘것없는 중소기업으로 전락해 170여 명의 직원 중에서 간신히 30명만 건졌다. 그리고 10년간의 노력 끝에 이제는 80여 명의 직원이 일하고 있다. 인력은 절반 수준으로 돌아왔지만, 제조업의 한계로 또다시 어떤 조치를 취해야 할지 난감하단다. 중국산의 영향으로 다들 제조업을 기피하고 있는 상황에서 그가 회사를 유지하고 있는 것은 품질에 대한 확고한 신뢰 때문이라고 한다. 그나마 아직 이 영역이 그다지 큰 파이가 아닌 강소기업 영역이라 그렇지 앞으로 한두 해 넘기기가 쉽지 않을 거란다.

"내가 산에서 그런 끔찍한 경험을 좀 일찍 했다면 경영에 보다 일찍 반영했을 겁니다. 그러면 더 나아졌겠죠. 하여간 우리 회사에 피가 돌지 않는 일은 없도록 하고 싶어요. 사장이 직접 나서서 독려하고 애로사항에 귀를 기울이면 좀더 나아질 것 같기도 합니다."

사업은 여전히 어려운 일이라는 채 사장은 겨울 산을 오를 때처럼 다른 계절에도 만약을 대비해 각종 장비를 구비해서 산행에 나선다. 오뉴월에도 눈이 내릴 수 있는 게 산인데 어떻게 단출한 행장만 고집할 수 있겠느냐는 것이다.

"조직이 위기에 처하지 않도록 하는 것도 사장의 임무이고 변화하는 환경에 적응해가야 하는 것도 사장의 몫입니다."

그는 한시도 만약의 사태에 대한 시나리오를 염두에 두지 않을 수 없다고 했다.

"어쨌든 망하지 않아야 합니다. 죽으면 잊혀지고 잊혀지는 것보다 더 끔찍한 건 내 손으로 사지를 절단하는 거거든요. 한 번으로 족합니다. 죽을 때까지 그런 경험은 다시는 하고 싶지 않아요. 그러려면 내가 좀더 분별력이 있어야겠죠."

산행에서 겪은 위험을 단순히 산에서의 일이라고 치부하면 배울 것은 얼마 없을 것이다. 그러나 채 사장 같은 산꾼 경영자는 그처럼 단순하게 치부하지 않는다. 그는 주말산행을 함께하자며 월출산에 가보자고 했다. 그리 높지는 않아도 바위가 많아 만만히 볼 산은 아니다. 특히 산정의 바람은 야간에 체온을 뚝 떨어뜨린다.

저체온증(하이포서미아, hypothermia)

저체온증(低體溫症)은 춥고 습하며 바람이 부는 환경에 장기간 노출될 경우 일어나는 급격한 체온저하 현상을 말한다. 주로 보온, 방풍, 방수 기능이 있는 옷과 장비를 갖추지 않아 열 손실을 막지 못해 발생한다. 더불어 등산자의 과로, 불충분한 영양 섭취도 저체온증에 걸리기 쉬운 요인이다. 일반적으로 중심체온이 35C° 이하로 내려가면 심장·뇌·폐 또는 기타 중요한 장기의 기능이 저하되고, 27C° 이하가 되면 부정맥이 유발되며 25C° 이하가 되면 심장이 정지해 외형상 사망한 것처럼 보인다. 응급처치 요령은 계속적인 저체온화를 막기 위해 환자를 슬리핑백에 넣고 뜨거운 음료를 마시게 하며 다른 동료들이 환자를 에워싸 체열의 저하를 방지해야 한다. 특히 불가에서 체온을 회복하게 할 때는 갑자기 따뜻한 공기가 급격히 유입되면 차가운 피가 심장과 뇌로 빨리 전달되어 뇌졸중이나 심장마비를 일으킬 수 있으므로 주의해야 한다. 의식이 없는 경우, 호흡과 맥박을 확인한 다음 필요하면 인공호흡을 하고 즉시 병원으로 이송해야 한다.

오르막 내리막을 닮은 인생 경영

**올라올 때 간과한 것을 탓할 사람은 없다.
그런데 내려가면서도 못 봤다면 어디 진정한 산꾼이라고 할까**

오르막길에도 내리막은 있다.

내리막길에도 오르막은 있다.

20여 년간 사업을 하며 수많은 부침을 겪은 공태민 사장은 한때 닷컴기업의 주역으로 세상을 떠들썩하게 만들기도 했다. 그런 그가 경영권 분쟁에서 패해 물러났을 때, 그의 기사회생을 점친 사람은 아무도 없었다. 그는 정확히 10년 후에 재기했고 세상에 다시 자기 명함을 알렸다.

그는 아마도 수없이 부침을 거듭하며 수많은 협곡을 거느린 산맥을 오르는 심정이었을 것이다. 중요한 것은 경영의 등로에서 그가 실족사하지 않고 용케 살아남았다는 것이다. 하지만 그는 살아남은 자의 무용담이나 여유로움보다 내면이 한층 더 깊어졌음을 보여준다. 산에서 체득한 '내면 읽기의 성공사례'라고 자평할 정도다.

"사업에서는 높이 오를수록 돈이나 명예가 더 생기지만, 마음은 늘 고갈되고 줄어드는 느낌이 들지요. 하지만 산에서는 항상 마음이 채워지고 가슴 벅찰 정도로 늘어납니다. 산이 버려야 할 것과 채워야 할 것을 자동적으로 알아서 처리해주는 듯한 느낌입니다. 이 산행이 끝나면 나는 다시 회사로 돌아가겠지만, 그래도 나는 산에서 나를 만나는 법을 배웠습니다. 그것 하나만으로도 족합니다."

그는 나날이 새로워지기 위해 산을 오른다고 했다. 그것이 그가 수많은 난관에도 굴하지 않고 재기에 성공한 배경이었다.

"살아있는 동안 산을 마누라처럼 끼고 살 겁니다. 아직 살아있으니까 움직이고 움직이니까 산에 오는 거죠. 그리고 산에 오니까 내려갈 때를 자연히 아는 겁니다. 오르고 내려서다 보면 인생의 묘미를 알게 됩니다. 인생은 꼭 산행 같지요. 이제 나이가 들어서인지 등산이 뭔지 조금은 알 것 같습니다. 아시죠? 내려오는 것도 등산의 한 과정이라는 것을 말입니다. 그건 단순한 하산길이 아닙니다. 많은 경우 내려오며 오히려 올라가게 되더군요. 물론 오름에도 내려섬은 있습니다. 그러니 어떻게 가느냐가 중요하죠."

인생과 사업에서 올라섬과 내려섬의 이치를 안다면, 진퇴를 알고 강약을 알고 임해야 할 곳과 피해야 할 곳을 알게 된다면, 그만한 슬기는 없을 것이다. 그래서 그의 산행은 수많은 요철(凹凸)의 세상을 탐색하는 과정이자 패인 곳을 메우고 넘치는 곳을 평탄하게 하는 과정과 흡사하다.

"등산은 홀로 경주하는 운동입니다. 승자와 패자도 없고 누구나 자기 목표대로 도전하면 되죠. 누구든 도전할 수 있고 성공할 수 있습니다. 그래서 산과 경영은 떼려야 뗄 수 없는 관계죠. 여기서 우리는 무엇을 찾게 될까요? 바로 자기 자신입니다. 단언하건대 나를 발견하고 싶다면 산에 오르면 됩니다."

공 사장이 들려준 마지막 말은 경영의 산을 오르는 사람들에게 가장 일반적인 충고가 되기에 충분하다는 생각이 들었다.

"내가 무너졌을 때 사람들은 모두 이젠 틀렸다고 말했지만, 그렇게 얘기한 분들은 아마 몰랐을 거예요. 바닥에 내려앉으면 죽을 준비를 하는 사람과 치고 올라갈 준비를 하는 사람으로 나뉜다는 것을요. 앉아서 죽은 사람은 죽었으니 말이 없고, 치고 올라갈 생각을 하는 사람은 올라가고 나면 전혀 딴사람이 되어 있으니 말을 아끼게 됩니다. 달라졌기에 거기까지 가게 된 거겠죠. 인생이든 사업이든 똑같습니다. 이루는 놈은 이루고, 못 이루는 놈은 이래저래 못 이룹니다. 하는 행동만 보면 알지요."

그의 얘기를 듣는 순간 가슴을 바늘로 꿰인 듯 뜨끔한 것은 왜일까? 문득 고수들은 자기 얘기로 세상에 한 수 가르침을 준다는 생각이 들었다.

산

산을 올라본 사람은 알지
산이 높으면 골짜기도 깊다는 것을

앞서다 보면 뒤서게 되고
뒤서다 보면 앞서기도 한다는 것을

엎치락뒤치락 하는 산행이
우리네 사는 것과 같다는 걸
문득, 깨닫게 되는 순간이 있지

길 위에 선다는 것은
불현듯 깔딱고개도 만나야 하고
홀로 너럭바위와도
맞닥뜨려야 한다는 걸
알게 되는 순간이 있지

때로는 바람의 길을 지나며
훌훌 털어내 버릴 듯 고함치지만,
천만 개 협곡이 내 안에
울울창창 들어차 있어
절로 얼굴 붉히게 된다는 것을
알게 되는 때가 있지

산꾼이라면
지금 오르는 길이
정복로가 아니라,
마음 톳이 후미진 곳으로
한없이 낮아지는 길이라는 걸
깨닫게 되지
떠남으로써 돌아오는 길이라는 걸
자연스럽게 알게 되지

스스로 몸을 일으켜 본
저 산악은 알고 있지
높은 산일수록 오르기보다
내려오기가 힘들다는 것을
내려오는 길에도
오르막은 있다는 것을
스스로 알게 되지

그 길이 인생이라는 것을.

"우리 사회가 얼마나 꽉 짜여져 있는 줄 아십니까? 보이지 않는 층위가 촘촘히 짜여 '너는 어디에 속하냐?'고 묻죠. 학벌, 재산, 연고, 배경 등 모든 데 계급이 정해져 있습니다. 외형상 평평해보이는 저 아래가 실은 가장 높낮이가 분명한 곳이지요. 반면 여긴 말입니다. 평등해요. 수평의 세상이죠. 나는 저 아래가 싫어서 올라옵니다. 그래서 바위에 달라붙는 거죠. 지금 내 마음은 아주 편안합니다."

양동식 사장은 도봉산 석굴암 상단의 깎아지른 선운봉 아래서 바위를 손으로 짚으며 나를 내려다보았다. 그 모습은 흡사 세상을 굽어보는 듯했다. 그는 산을 올라도 유난히 암벽만 고집한다고 했다. 바위에 달라붙어 시름을 잊고 싶어서란다.

"아무리 노력해도 이 사회에는 분명한 선이 그어져 있어서 적당한 목표만 잡고 살기로 했습니다. 경쟁이니 뭐니 하는 저 아래의 논리는 외면할 생각입니다."

사업을 시작한 지 이태가 된 터라 일에만 정신을 집중해도 모자랄 판이지만, 그것만으로는 늘 뭔가가 부족한 것처럼 느껴졌다고 한다. 그는 세상물정 몰라서, 그저 산꾼처럼 우직해서 당하기도 하지만 남들과 부딪히기보다는 한 푼 덜 벌고 죽기 살기로 아등바등하며 살지 않겠다고 했다. 그의 산타기는 대학 산악부 시절부터 시작되었다니까 얼추 15년 가까이 되는 전문 산꾼인 셈이다.

"대체 당신은 무엇 때문에 그 위험한 암벽을 타느냐고 묻는 분들이 많죠. 조지 말로리 아시죠? 말로리가 한 말과 내가 하는 얘기가 똑같아요. 바위가 여기 있으니까 오르는 거죠. 그것 말고 달리 뭐라 설명하겠어요?"

대학시절부터 산악 관련 서적이나 잡지를 죄다 훑었다는 그는 여느 주말 산꾼들과 달리 전문적 식견은 물론 산행철학을 갖춘 산악인이었다. 양 사장이 말한 말로리는 등반사에 커다란 발자국을 남긴 인물이다. 그는 1921년과 1922년에 연이은 에베레스트 원정에서 실패한 이후 세 번째 도전에 나섰을 때 사람들로부터 왜 산에 오르느냐는 질문을 받았다. 그때 그가 한 말을 양 사장이 인용해서 풀이한 것이다.

그의 말을 들으며 나는 문득, 그가 말로리의 전설적인 애기를 꺼내 자신을 변호하려 들지만 그가 간과하는 게 있다는 생각이 들었다. 말로리는 끝내 정상에 이르지 못한 채 죽었다. 결국 어느 나라 속담처럼 우물가에 자주 가는 항아리는 깨지게 되어 있는 모양이다. 산을 좋아하는 놈은 산에서 죽고, 물을 좋아하는 놈은 물에서 죽고, 돈을 좋아하는 놈은 돈 때문에 죽고, 여자를 좋아하는 놈은 여자 때문에 죽는 거다. 그게 세상사 아닌가!

"내가 바위에 붙은 채 죽을 수도 있다는 것을 압니다. 내려오다 죽을 수도 있죠. 정확한 해가 기억나지 않는데, 성균관대 산악부 친구들처럼 오뉴월에 어처구니없이 바위에 붙어 얼어 죽을 수도 있습니다. 그래도 나는 이 바위에서 알 수 없는 매력을 느껴요. 여기에만 오면 '다행증쾌감(多幸症快感)'이란 걸 느낍니다. 암벽은 수직이기에 오히려 수평의 세상을 맛볼 수 있지요. 바위 정상에 붙어 보세요. 어떤 땐 수직도 수평으로 보입니다. 수직과 수평을 나누는 것도 어찌 보면 내가 저 아래서 갖고 있던 관념 때문이죠. 아마 그럴 겁니다."

그는 세계 최초로 히말라야 8,000미터 14좌를 완등하고, 1978년에는 불가능하다고 여겨진 에베레스트를 무산소로 단독등반한 메스너의 입을 빌려 다시 자신의 등반관을 펼쳐놓았다.

"저 아래가 아무리 안정되고 편하다 해도 나는 그 삶이 답답하기만 합니다. 너무 낮은 곳에서 작은 높낮이로 서로를 재지 못해 안달이니까요. 뭐든 등수를 매기려 하고 등위를 짓습니다. 잘나가는 사람은 잘나가는 사람들끼리, 못 나가는 사람도 그들 나름대로 뻔한 걸 갖고 재대는 꼴이 짜증나고 그런 삶에 뒤엉켜 사는 게 무의미해 보입니다. 전혀 흥분되지 않아요. 하지만 여긴 전혀 다릅니다. 나는 아마도 이 외롭기만 한 수직의 암벽에서 죽어도 행복할 겁니다. 여긴 추한 게 없어요. 헐뜯을 일도 없고요. 더 먹겠다고 버둥거릴 필요도 없고 그런 작은 욕심 따윈 다 내던지게 되지요. 내 존재감을 여기만큼 가장 명료하게 느낄 만한 데가 없어요."

이 정도면 그는 그냥 산이 좋아 산에 오르는 여느 산꾼과는 확연히 다르다. 그가 말한 등위라는 게 산에서는 없는 듯해도 암벽에서의 그의 등위는 적어도 9부 이상에 확보되어 있는 것 같았다. 산에 미치지 않고는 이런 얘기가 나올 수 없었다.

"산에서 겪는 고통은 오히려 말할 수 없는 쾌감을 줍니다. 손가락이 찢겨 나가도 알 수 없는 행복감에 젖어요. 내가 주말까지 뛰면 한 푼 더 벌 수 있겠죠. 하루 매상이 이, 삼백만 원 정도니 4주일이면 돈 천만 원이 왔다 갔다 합니다. 그래도 나는 셔터를 내립니다. 옆집은 문을 열겠죠. 손님들을 빼앗길 수도 있습니다. 내가 주말까지 기웃거리며 뛴들, 그래서 사업목표가 3년 먼저 이루어진들 남는 게 뭡니까? 그때면 나는 아마 바위에 달라붙기도 힘들지 모릅니다."

암벽만큼 위험한 일도 드물다. 그러나 그는 그곳에서 오히려 삶의 활력을 얻고 인생의 진정성을 느낀다고 한다. 진정성! 그게 어디 쉽게 얻어지는 것인가? 한 발 한 발 조심스럽게 내딛는 그 디딤 속에서 두려움은 묘한 엔도르핀으로 전환되고, 정상에 오르고 나면 그 자리에서 낙하하고 싶어진단다. 한 떨기 꽃처럼 말이다.

비록 상상에 불과하지만 그런 생각을 하면 산 아래에서 그는 자신이 얼마나 작은지 깊이 깨닫게 된다. 그래서 암벽등반만큼은 참을 수 없다고 한다. 도봉산 직벽에 매달려 있을 때, 그는 세상에서 가장 행복하단다.

"한번 올라보세요. 수평의 삶에서 보지 못하던 것을 이 수직의 직벽에서는 보게 됩니다. 수직에는 오히려 수평의 삶이 있습니다. 이런 게 내 마음을 뒤흔들죠. 산이 귓속말을 하듯 불러요. 그러니 만사 팽개치고 산으로 달려가지 않고는 못 배기죠."

사람은 몸이 움직일 때 마음이 바뀐다. 행동으로 옮기면 세상을 바라보는 사고도 달라진다. 사물이 다른 앵글로 잡히는 것이다. 바위를 잡는 그에게서 무언가에 집중하고 빠져든 사람에게서만 나옴직한 눈빛이 쏟아져 나왔다.

"나뿐 아니라 이곳에 매달리는 모든 사람이 아마 같은 느낌일 겁니다. 이런 산이 도심 한가운데 있다는 것도 축복입니다. 세상사가 싫어도 내가 서울을 떠나지 못하는 이유가 이 때문이죠. 저 아래처럼 이곳에도 높낮이만 있다면 나는 죽을 겁니다. 산을 내려가보세요. 저 아래야말로 정말 깎아지른 절벽이라는 걸 알게 될 겁니다."

나는 그의 자일을 잡아주었다. 그는 영락없이 산사람이었다. 그런 그에게 산길을 함께 걷자고 하면 뭐라고 할까? 좀 싱겁다고 할까, 아니면 그저 걸으며 수직이든 수평이든 모두 해소되는 풍광에 넋을 놓게 될까?

자운봉

아무래도 나는
산으로 가야겠다

수직의 세상 아래
수평의 세상이 놓여 있는 곳

서 있는 것이 누워 있는 것이고
누워 있는 것이 곧추 서 있기만 한
저 바위 끝 절벽을 향해

높이를 톳아대는
산 아래 답답함 떠나
곧추어 서 있기만 해도 평등한
수평의 세상
저 자운봉 끝으로

아무래도 나는
산으로 가야겠다
내 몸 위로 산을 세우고 세상을 띄워
마침내 성숙한 여인의 살을 파고드는
사내의 입김처럼

부처님 손바닥 같은
자운봉 모퉁이에서
내가 놓이게 될 세상의 끝을 향해
평정과 균형을 얻으러
나, 저 바위에 오르고 싶다

저 아래 후미진 세상
가득 채우는 물이 되기 위해
나 아무래도 바위를 타야겠다
채우고 비우는 게 인생이라는
극진한 깨달음을 얻기 위해
나, 수직의 바위에 몸을 던진다.

길이 산을 지운다
저 길이 나눈 네 파이는 무엇이냐

경영자들은 경영현장에서 길에 관한 수많은 격언을 자주 인용한다.

"내 앞에는 길이 없으나, 내 뒤에는 길이 만들어진다."
- 다카무라의 〈도정(道程)〉의 일절

"많은 사람이 걸어가면 길이 된다."
-노신

사업을 하다 보면 때론 전인미답(前人未踏)의 길을 홀로 걸어야 하고, 그 길에는 위험이 뒤따르다 보니 길에 대한 명구는 경영자의 단골메뉴가 되고 있다. 실크로드의 옛 상인이나 초원의 길을 뚫은 개척자들, 사막의 대상(隊商)들 모두 길을 생각했을 것이다.

경영의 길은 새로 뚫고 놓고 세우는 것이 지극히 당연한 일이지만,

산의 경우에는 얘기가 다르다. 자연보호의 입장에서 샛길이 자꾸 만들어지는 것은 여간 골칫거리가 아닐 수 없다. 그럼에도 주5일 근무제 이후 산길은 더욱 넓게 다져지고 있다. 좁은 국토에 어딜 가든 사람뿐이니 국토를 잡아 늘리던지, 다른 다양한 레포츠를 개발하든지 깊이 연구해봐야 할 것 같다.

우리의 산은 날마다 몸살을 앓는다. 〈국립공원을 지키는 시민의 모임〉에서 발행한 안내책자를 보면, 국립공원 1호인 지리산은 도로와 탐방로로 인해 491조각으로 나뉘어져 있다고 한다. 그들은 "샛길은 숲을 조각나게 하지만, 사람이 가지 않으면 숲은 넓어진다"고 호소한다. 숲이 망가지는 것에 대한 우려가 깊이 느껴진다. 전국의 산을 다니다 보면 샛길이 넓어지는 현상을 우려하는 표지판이 군데군데 서 있다.

이런 표지판을 만날 때면 애써 이미 나 있는 등로만 밟으려 하고, 초봄에 산새들이 부화할 무렵이면 조그마한 소리도 내지 않으려고 늘 조심한다. 산꾼 강배순 사장은 '지리산 491조각'이 남다르게 다가온다며 그 속내를 털어놓는다.

"그 조각이란 표현이 내게는 시장점유율이나 지분 같은 것으로 다가와요. 어떤 파이를 집어먹을 것인가, 내 포크로 꽉 집어서 삼킬 만한 조각은 어떤 것인가 하는 것 말이죠. 특히 우리 업계처럼 경쟁이 치열한 곳에서는 1, 2위간에 M&A가 비일비재하고 그 파이를 먹지 않으면 먹히고 말기 때문에 '조각'이란 표현이 남다르게 다가옵니다."

그는 최근에 업계 내에서 벌어졌던 M&A 사례를 들려주었다. 인수와 피인수의 쟁탈전에서 우호적 M&A를 시도하다 피인수 기업의 방어로 적대적 M&A로 돌아선 A사는 결국 막대한 출혈을 감내하고 B

사를 인수했다고 한다. 이때 깊은 상처를 받은 A사의 사장은 피인수 회사의 전표까지 샅샅이 뒤져 '문제'를 찾아내라고 지시했고 결국 꼬투리가 될 만한 것을 찾아냈다. 그는 이를 근거로 피인수 회사의 경영진을 고발하고 콩밥을 먹이겠다고 으름장을 놓았다. 물론 B사의 경영진도 이에 질세라 맞고소를 하는 등 칼만 안 들었지 칼부림이 낭자했고 그 과정에서 A사는 길을 잃는 것은 물론 핵심 인재까지 모두 떠났다고 한다. 직원들이 업계 4위인 회사의 고액연봉 제안에 모두 옮겨가고 만 것이다.

"둘 다 실패한 셈이죠. 지나치게 감정적으로 치우쳤어요. 회사가 새로운 길에서 잘할 법도 했건만 결국엔 길을 잃고 만 거죠."

결국 A사는 이를 회복하기 위해 엄청난 출혈을 감당해야 했고 엉뚱하게도 업계 3위인 회사에 상당량의 지분을 넘길 수밖에 없었다. 그런데 우호적일 것이라고 생각한 3위 회사는 단기차익을 노린 터였고, 단박에 1위로 올라선 회사를 없애버릴 생각으로 A사를 수십 개의 파이로 쪼개 매각해버리고 말았다. 결국 A사는 외국 회사에 인수되는 길을 밟았다고 한다. 반듯했던 산이 수십 개의 파이로 쪼개지면서 오히려 길이 회사를 망가뜨린 전형적인 사례였다.

"수십 개로 갈라진 산 아래의 등산로 표지판을 보면 나는 그 생각이 납니다. 그럴 때는 이상하게도 마음속의 포크가 작동하죠. 저 파이의 어디를 먹을까 하고 말이죠. 하하하."

그의 무한한 욕망이 느껴졌다. 그의 욕망과 관계없이 산은 산이고 기업은 기업이지만, 산만은 쪼개지지 않았으면 좋겠다는 마음속 비나리가 솟구쳤다. 우리의 산만큼은 옛 모습 그대로 영원히 곁에 있어주었으면 좋겠다.

단풍 우거진 가을 산은 형형색색으로 산꾼들을 유혹한다. 가을 산에서는 여인네처럼 치장한 나뭇잎은 보여도 그 본새를 보기 어렵고, 산은 보여도 그 뒤와 너머의 앞산은 보이지 않는다. 물론 보고 못 보고는 산을 탓할 일이 아니라 보는 이의 눈을 탓할 일이다. 산은 뚜렷이 제 존재를 드러낸 채 산 뒤에 숨어 보일 듯 말 듯 제 자태를 감춘다. 산속에 숨은 산을 붙들고 양파껍질을 벗기듯 씨름이라도 하고 싶다.

내장산을 첩첩이 에워싼 단풍 너머의 계곡은 붉은 바탕에 가려져 있다. 산은 산속으로 숨고 그곳에서 술래잡기 하듯 봉우리만 삐죽이 모습을 드러낸다. 이를 제대로 잡아내 표현하고 있는 것이 바로 조선시대 산수화이다. 수묵화로 펼쳐 놓은 그 그림들을 보고 있노라면 더할 나위 없이 풍부한 여백 속에 잠자고 있는 산들을 만나게 된다. 낮잠이라도 자는 걸까? 그림 속의 산은 자는 듯하다가도 어느새 깨어 움직이는 강을 품고 숨는 듯한 자태로 물그림자 속에 비친다.

비즈니스 세계에는 보이지 않는 영역에서 묵묵히 제자리를 지키는 산 같은 기업들이 있다. 기업 속에 숨은 기업이다. 마치 뼛속으로 살이 찌듯 안으로만 내실을 다지는 회사들이다.

내장산에서 만난 고풍순 사장은 숨은 산만 골라서 산행을 즐기는 산꾼 경영자다. 그에게 왜 감춰진 산만 골라 산행을 하는지 물어보았다.

"드러난 산, 보이는 목표, 남들이 다 알아주는 제품은 실제로 남는 게 별로 없어요. 대부분 겉으로는 남고 속으로는 밑지는 것이죠. 속이 꽉 찬 옥수수가 아니라 껍데기만 화려한 수수깡 같은 겁니다. 외형상 보잘것없어 보이는 것이 오히려 수익성도 좋고 남들이 잘 뛰어들지도 않죠. 내가 숨은 산을 찾는 건 회사의 사업철학과도 관련이 있습니다."

그는 10여 년 전 대기업이 손대지 않는 천억 원대 미만의 사업에서 생존방식을 찾았다고 한다. 실제로 그는 지방에 굵직굵직한 건설사를 끼고 있고 유관 계열사가 대여섯 개나 되지만 신문지상에는 얼굴 한 번 비친 적이 없다. 기자가 온다고 하면 손사래를 치며 피한다. 명함을 알려 번거로움을 자초하는 것보다 알차고 내실 있게 기업을 운영하고 싶어서다.

그가 거부를 움켜쥐게 된 배경에는 작은 사업에서 흘린 땀이 거둬들인 인간승리가 함께한다. 20여 년 전 조그마한 봉제회사로 출발한 그는 품질과 납기 면에서 비슷비슷한 하청업체들을 누르고 원청업체로 발돋움했다. 나아가 해외수출의 기반을 다졌다. 당시에는 섬유가 각광을 받았던 터라 사업은 탄탄대로를 걸었다.

"그때 우리 회사가 업계의 돈을 다 먹는다는 말이 나올 정도였어요. 무섭게 일했지요. 남의 물건 수주나 해서 얼마나 벌겠느냐고 하는 사람도 있지만, 천만의 말씀입니다. 원청이 되면서 또 다른 하청을 두어 물량을 늘려갔고 거기서 모은 돈으로 지금 같은 성장을 이뤄낼 종자돈을 만든 셈이죠. 작은 성공을 언덕 삼아 회사는 점점 더 크고 탄탄해졌습니다. 그런 저력을 품고 있으면 언젠가는 위력을 발휘할 날이 옵니다. 골리앗 같이 허우대만 멀쩡해서는 안 됩니다."

그와 함께 오른 기름바위는 멀리 불타듯 번져가는 가을 단풍의 바다로 뛰어드는 듯한 느낌을 주었다. 과연 내장산 단풍이구나 싶었다.

"저 단풍들은 속을 너무 쉽게 드러내요. 곧 지고 마는 이유가 거기에 있는 거죠. 산도 마찬가지입니다. 인적이 드문 산은 오히려 산기운이 높고 내실이 있습니다. 관광객들이 모여 사진 찍기 딱 좋은 풍치는 없어도 드러나지 않는 멋을 간직하고 있습니다. 수수하지만 기품 있는 멋 같은 거 말이죠."

아마도 그는 그런 멋을 자신의 회사에 비유하고 싶었을 것이다. 그가 말하는 숨은 산의 특징은 한 치의 에누리도 없이 숨은 강소기업의 특징과 딱 맞아떨어진다.

숨은 산의 특징

- 드러나지 않으면서도 전반적으로 산세를 주도하는 데 크게 일조한다. 이를 통해 전체 산의 일부로써 전체를 구성한다.
- 누구도 주도적 위치에 있다고 생각하지 않지만, 숨은 산의 존재 없이 빛을 발하는 산악은 찾기 어렵다.

• 자기 고유의 멋과 산세를 가지고 있으며 대다수의 잘 알려지지 않은 산처럼 내실이 있다.

기업을 산에 비유하는 것은 다분히 형식적일 수 있다. 그럼에도 꼭꼭 숨어서 기초체력을 다지는 기업을 보면 숨은 산과 여러 면에서 닮았다는 것을 알 수 있다. 모두가 단풍처럼 화려한 멋에 취해 있을 때, 숨은 산은 조용히 뒷전에 물러서서 사업 생태계에 훨씬 더 큰 도움을 준다. 그런 산은 산꾼에게 적잖은 감응을 준다. 숨은 산과 마찬가지로 뒤에서 묵묵히 제 길을 걸어가는 기업 역시 고 사장의 회사처럼 언제나 현금보유고가 넘치고 부채는 제로(0)에 가까울 것이다. 그런 산을 만나면, 어떤 고산 앞에서보다 자연스럽게 머리가 숙여진다. 경쟁력은 내장(內藏)되어 있는 것 아닌가.

지금 오르는 산은 내게 무엇인가? 그 정상은 내가 추구하는 경영의 목표, 인생의 지향점인가? 그곳에 가면 그토록 추구하던 뭔가를 만나게 되는가? 저 아래에서 살아가는 욕망 너머의 나를 발견하게 될까? 나는 누구인가?

산을 오를수록 단단해지는 산꾼들은 늘 '나'라는 화두를 끌어안고 백일몽을 꾸며 걷는다. 거기에는 오로지 '존재하는 나', '오르는 나'만 있을 뿐이다. 힘들수록 나에 대한 집중도는 높아진다. 몸이 정신을 한곳으로 몰아가기 때문이다. 이때 산 아래에서는 제 잘난 멋에 흩어졌던 생각들이 하나로 뭉친다. 그것들이 뭉쳐져 전체로서 나를 되돌아보게 만든다.

산이 없으면 나를 찾는 것은 점점 요원해진다. 오르면 오를수록 산은 목적이 아닌 과정이고, 자신이 곧 목적이자 목표였음을 깨닫게 된다. 평생 '화두산행'을 해왔다는 현만옥 사장은 내면의 어떤 욕구가

무엇을 얻으려 산을 오르는가.
산을 오르면 인생은 얻는 것이 아닌,
더는 것이라는 걸 깨닫게 된다.
그대 마음의 무거운 짐은
저 아래 내려놓고 오라.

자신을 산에 오르게 만든다고 설명한다.

산과 '나' 사이의 거리가 무수한 화두가 되는 것이다. 굳이 경영자가 아니어도 느낄 법한 생각이지만, 치열한 생존조건에서 살아가는 경영자이기에 더 많은 걸 느끼게 된다.

"등산도 발심(發心)인 거죠. 어떤 때는 오르면서 마음의 꽃을 피우고, 또 어떤 때는 죽은 삭정이같이 초라한 자신을 만나고 돌아오게 됩니다. 어떤 산행은 보람차고 영혼이 풍요로워지지만, 어떤 산행은 내 혼이 헐벗었다는 것만 확인하고 내려오게 됩니다. 왜 그런 차이가 생기는지 분석해본 결과, 오를 때의 마음자세가 크게 좌우한다는 것을 알게 됐죠. 저 아래서 웬만한 정신의 짐이나 잡동사니를 버리고 올라왔을 때 나를 만나기가 훨씬 수월해집니다. 들뜬 마음, 뭔가 가득 채우고 가려는 마음이 앞서면 뭐 하나 얻어가기조차 어려워지죠."

화두산행이란 범상치 않은 목표를 내건 현 사장은 무위자연 같은 자신의 산행법이 실은 가장 치열한 생활에서 나온 것이라고 한다. 산 아래에서 그는 누구보다 강인한 사업 근성을 드러내고 사업을 키워내려는 강한 승부욕을 보였다. 헌데 그렇게 해도 성패와 상관없이 마음 한쪽이 허해졌다. 사업을 키우려고 목숨 걸고 뛰지만 남는 건 흘러간 세월밖에 없다는 감상에 사로잡히곤 했다.

"어떤 때는 이게 뭔가 하는 생각을 하죠. 오른들 뭐하며 내려간들 뭐하랴 하는 식이죠. 다들 비지땀을 흘리며 오르지만 정상에 가면 예전에 고상돈 대원이 말했던 것처럼 아무것도 없죠. 결국엔 내려오고 말 것을 왜 이리 올라가나 하고 생각하게 되죠. 그땐 등반은 고사하고 사는 게 이렇구나 하고 생각합니다. 아무것도 없을 때의 공허감은 무엇으로도 채울 수 없죠. 그럴 땐 산이 내 힘을 쭉 빼버리는 것 같아요. 그런데 이상하게도 나는 그게 좋아요. 마치 맹수처럼 송곳니를 드러내다가 멎는 듯한 느낌입니다. 오히려 그게 나를 안도하게 합니다. 나는 죽자 살자 달리다가 정말로 죽어버리는 사람들을 많이 봐왔거든요."

사실 많은 산꾼 경영자가 산행에서 의미를 찾지 못하고 있다. 산행도 일상이 되어 버리면 매너리즘이 찾아오는지 특별한 감응이 일지 않는다. 오를수록 산은 높아지고 나는 낮아진다는 것 말고 무슨 특별한 의미를 찾겠는가? 특히 인생과 경영의 산을 등반하는 사람들은 더 오를 곳이 없을 때 느끼는 낭패감 때문에 오히려 산을 버리기도 한다. 산에는 뭔가가 있어야 하는데 그 뭔가가 보이지 않는다는 것이다. 그럴 때는 산행에 회의감이 찾아든다. 그래서 오른 산을 다시 오르며 산에서 뭔가 부여잡으려 안간힘을 쓴다.

"산행을 하다 보면 몇 가지 격언을 듣게 되죠. '멀리 가려면 반드시 가까운 곳에서 출발하고, 높이 올라가려면 반드시 낮은 곳으로부터 출발해라' 같은 거 말입니다. 그런 뻔한 진리를 매번 되새기는 겁니다. 그렇지 않으면 정신은 후퇴하죠. 새로운 것을 찾는 게 아니라 아는 것을 복습하는 겁니다. 그게 산행이죠. 그렇게 생각하면 뭔가를 얻지 못했다고 투덜거리며 산에서 내려오는 일은 없을 겁니다. 풍요롭고 평화로운 마음만 가져도 많은 걸 얻게 되죠. 나는 누구냐? 이런 질문을 계속 하는 것만으로도 부자가 되는 느낌입니다."

현 사장의 산행론을 듣자니 불현듯 '원하는 모든 것은 산과 같아 우리를 기다리고 있을 뿐 도망가지 않는다'는 말이 생각났다. 산은 그대로 있는데 우리 마음이 산과의 거리를 재면서 멀어졌다느니 가까워졌다느니 하며 속을 볶는 것 아닌가? 마음 한가운데에 큼지막한 산을 두고 의연히 바라보는 것도 산과 나 사이의 거리를 가늠하는 한 방편은 되리라. 그러려면 스스로 산이 되어 비바람을 맞아보아야 한다. 더 이상 물러설 수 없는 산으로 남아 있을 때 스스로 알게 될 테니까 말이다.

현 사장의 산행론을 그렇다 치고 나는 왜 산에 오르는 것일까? 처음에는 찢어지는 듯한 대퇴근의 통증이 아릿했고, 발밑으로 줄줄 떨어지는 땀에 희열을 느꼈으며, 나를 스치고 지나가는 풍경이 좋았다. 지금은 고요함과 한가로움이 더 좋다. 이럴 때는 산과 나 사이의 거리가 얼마나 되는지 그에게 물으려 하니 그는 벌써 저만치 앞서가고 있었다.

뚜벅뚜벅 걸으며 그는 지금 무엇을 되새김질하고 있을까?

강원도 태백시 일대에 가보면 그곳이 오래 전에 바다였다는 증거가 여전히 남아 있다. 그것도 추상적인 게 아니라, 구체적으로 손에 만져지는 것으로 알 수 있다. 강원도를 먹여 살린 시멘트산업의 주원료가 석회암이고 이는 바다에서 형성된 것이다. 그 뒤에 형성된 석탄은 한반도가 육지로 바뀐 뒤 식물이 땅에 묻히며 만들어졌다. 그곳 산의 지층은 조개 같은 화석을 드러내며 오래 전에 진행된 지각변동을 한눈에 보여주고 있다.

사람이 언제부터 산을 오르기 시작했는지는 알 수 없지만, 산행 중에 만나게 되는 지질학적 지식은 산꾼들을 시원의 세계로 빠져들게 한다. 나아가 지금은 바다 저 밑에 웅크린 채 간신히 버티는 회사지만 언젠가는 솟구쳐 산이 되고 산맥을 이룰 기업이 되었으면 하는 바람을 갖게 한다. 산꾼 경영자들은 산에서 바다를 만나며, 더 높은 산을 품는 것인지도 모른다. 백두대간을 이루는 뼈대는 이처럼 수억만

년의 내력을 담고 우뚝 솟아 있다. 우리는 조상들이 산에 올랐듯 산을 타며 대자연이 만들어낸 조화로움의 경지를 온몸으로 맞이하고 있다.

'강원도에서 그 양반 정도면 출세했지' 라는 말을 듣는 전문형 사장은 어쩌다 고향에 들러 사뭇 달라진 풍경을 볼 때마다 격세지감을 느낀다. 탄광업으로 가난하고 꼬질꼬질하게 살아가던 사람들은 언제부턴가 도박과 한탕을 노리는 사람들이 모여드는 관광업으로 먹고살고 있다. 또한 세월이 흐르면서 예전에 살던 사람들 중에 고향 땅을 지키는 사람은 거의 없다.

여름철 휴가를 맞아 전 사장은 고향의 산을 올랐다. 가벼운 마음으로 산행에 나선 그는 뜻밖에도 산에서 천상유희를 맞았다. 친구들과 함께 산에 올라 밤하늘에 잔뜩 흩뿌려진 별을 바라보자니 고향을 떠나기 전의 어렸을 적 꿈이 생각났다.

'나는 아버지처럼 막장 인생을 살지는 않을 거야!'

그는 어떻게 해서든 그 지긋지긋한 고향을 떠나기 위해 공부에 매달렸고 마침내 서울에 있는 공고를 가게 됐다. 그 무렵 대학입시에서는 공고생이 공대를 지원할 경우 가산점이 주어졌던 터라 괜찮은 대학에 갈 수 있었다. 70년대 들어 공대 바람이 불면서 그는 내로라하는 건설사에 취직했고, 그로부터 30년 후 자신이 경영하는 건설사 사장이 되었다.

"탄가루 먹는 광부 아들이 출세했다고 어른들 사이에 난리가 났었죠. 심지어 아들 놈 취직을 부탁하는 경우도 있었고. 고향에만 오면 집집마다 저녁상을 차려놨으니 함께 먹자고 귀찮을 정도로 권하곤 했지요."

지금은 세상이 많이 바뀌어 그런 일도 없고 그럴 만한 정서도 사라졌지만, 80년대까지만 해도 그의 고향은 그랬다. 그는 탄가루를 많이 마셔 훗날 진폐증에 걸린 아버지와 아버지가 막장에서 나오면 돼지비계를 삶아드리던 어머니의 모습이 지금도 생생하다고 기억을 추스려 냈다.

"그때는 말이죠. 우리 집이 이 동네에서도 제일 못 살았습니다. 그런 집 아들이 사장까지 됐으니 난리가 날 법도 했죠."

그는 서울에서 아버지를 생각해 코피를 흘려가며 공부했고 남들이 입다 버린 교복을 수선해서 입으며 졸업을 했다. 대학에 다닐 때는 과외로 학비를 충당했고 배가 고프면 과외를 해주던 학생의 집에 들러 뭐 좀 가르쳐줄 것처럼 굴며 덤으로 숟가락을 들었다. 그리고 남의 집 숭늉까지 홀랑 들이키는 것은 물론 반찬거리도 몇 가지 얻어오곤 했다.

"사람이 돈을 벌어도 없이 살던 놈은 제 버릇을 못 고쳐요. 지금도 나는 집에서 국에 밥을 말아 김치와 생선 하나로 식사를 합니다. 아내는 냉장고에 먹을 게 지천인데 왜 그렇게 먹느냐고 눈총을 주지만 나는 단촐한 게 좋아요. 산행을 할 때도 나는 딱 두세 가지만 갖고 옵니다. 밥과 절인 김치, 그리고 고추장이 전부죠. 이것만 있어도 넉넉합니다. 덮을 건 군용 판초우의와 담요 하나만 있으면 돼요. 그렇게 자라기도 했지만 건설업을 하며 현장을 돌 때 몸에 배서 그런지 그게 하나도 불편하지 않아요. 설마하니 노숙자보다 못하겠어요?"

산행이 급속도로 고급 스포츠처럼 패션화하고 있는 지금도 그는 미군들이 쓰던 배낭과 군용 담요를 구해 쓰고 있다. 장비야 어찌되었든 그는 산을 바람처럼 탄다.

"군대에 있을 때 산꼭대기에서 근무했는데 밥을 먹으려면 하루에 두 번씩 산을 오르내려야 했어요. 그때 몸에 배서 그런지 산타는 게 전혀 어렵지 않아요. 하지만 요즘에는 나이 탓인지 점점 몸이 부석거리는 느낌이 드네요."

그는 자신이 졸업한 초등학교나 중학교에 콘크리트 스탠드를 만들어주기도 하고 몇몇 시골 어른의 서울 나들이를 후원하거나 지역발전기금을 내놓기도 했다. 그리고 죽으면 다시 산으로 돌아올 생각에 조상의 묘를 손보며 자신의 묏자리도 봐두었다.

"가장 낮은 데서 출발해 남들이 높다고 하는 데까지 올랐지만 특별히 새롭지는 않아요. 살아온 환경이 그래서 그런지도 모르죠. 그래도 이제는 좀 되돌아보게 됩니다. 산은 높고 저 아래 세상은 낮은 것 같지만, 실은 저 아래 세상이야말로 북돋워주어야 할 곳이죠. 촌티 나는 놈은 돈을 벌어도 똑같습니다. 우리 집 애들이 아빠가 촌티 난다고 늘 놀려대요."

그는 거짓과 속임수, 사탕발림, 온갖 현란한 말들이 잔치를 벌이는 저 아래 세상은 서로 속고 속이지만 산은 솔직해서 좋다고 했다.

"회두청산(回頭靑山)이란 말 아시죠? 머리를 돌려보니 내가 그리도 찾아 헤매던 푸른 산이 거기에 있다는 얘깁니다. 내가 이런 얘기를 하는 걸 보니 이젠 기운이 빠져가나 보네요. 내가 묻히게 될 산에 와서 자는 기분이 참 묘해요. 더구나 이렇게 친구들과 함께 오르니 세상에 천상유희가 따로 없군요."

그는 분명 제대로 산 맛을 알고 산에 묻힐 산사람인 게 분명했다. 훗날 자기가 누울 땅에서 하늘을 바라보는 감회는 어땠을까?

산꾼 경영자는 산에서 거의 모든 걸 배운다

지상에서 속세를 벗어날 유일한 곳은 마음밖에 없는 것 아닐까

산꾼들의 대피소인 산장에 들어서면 처음 보는 사람도 전혀 낯설지가 않다. 등산복 차림이나 산을 좋아하는 사람들의 거무튀튀한 얼굴이 어디선가 본 듯하기 때문이리라. 어느 산행에서 만났더라? 굳이 기억나지 않아도 산장에 모인 사람들은 함께 밥을 해먹고 술을 권하고 등산 여정에 대해 시시콜콜 얘기한다.

산장이라는 곳은 참 특이하다. 산을 오르려는 이들과 내려가는 이들이 만나는 그곳은 남다른 의미가 있다. 불현듯 누군가가 아는 척을 하면 속으로 '결국 이곳에서도 누군가를 만나는구나' 하는 생각에 마치 뒷덜미를 붙잡힌 느낌이다.

산꾼들의 짐은 먹고 입고 자는 것이 전부다. 사실 인생이라는 것이 먹고 자고 입고 싸고, 울고 웃고 놀고 좋아하는 것이 전부 아닌가? 굳이 끼워 넣자면 엎치락뒤치락하는 것도 포함된다. 그게 삶이다.

산은 본질적으로 화해와 용서의 시간을 갖도록 허락해준다. 마치

오를수록 산이 정겨워지는 건 왜일까?
내가 너를 만나 산꾼이 되어 산을 오르고,
동행 하나로 우리는 산에서
오래 묵은 벗이 된다.
속세의 찌든 마음 다 털어내버리고,
저 아래 쌓인 먼저 훌훌 날려 버리고,
모두가 용서하고
서로를 끌어안는다.
거기, 나를 용서한 내가 있다.

정신의 정화작용이 일어나는 영혼의 거처와 같다. 울고 싶으면 혼자 깊은 밤 산속에서 펑펑 울어보라. 소리치고 싶으면 맘껏 소리쳐라. 응어리진 마음, 매듭진 곳이 있으면 실컷 풀어내라. 치고 올라가고 싶은 사람이 있으면 안간힘을 다 써보라. 산처럼 듬직해지고 싶다면 침묵이라는 것을 배워보라.

산은 누구에게든 맞춤형 서비스를 제공한다. 그래서 별별 사연을 품은 온갖 사람들이 산을 오른다. 산은 있는 사람이든 없는 사람이든, 배운 사람이든 못 배운 사람이든, 행복한 사람이든 슬픈 사람이든 알아서 포용해준다. 한마디로 산은 '빅 허그(big hug)'를 해준다.

산꾼 경영자는 산에서 경영과 인생의 대부분을 배운다. 스스로 산이 되었으면 한다. 산은 경박한 세상에 큰 울림이 되는 맏형 리더십은 물론, 인고와 노력이 배어나는 땀의 리더십을 알게 한다. 나아가 더불어 사는 공동체의 리더십을 드러내준다.

만약 산에서처럼 직원들이 움직여준다면 산 아래 경영은 자동으로 돌아갈 것이다. 산에서처럼 담대하고 도전적이기만 하다면 산 아래서의 경쟁은 두렵지가 않다. 산에서처럼 진중하면 실수할 일이 없어지고 마음속으로 존경받게 된다. 따라서 산꾼 경영자는 경영과 인생의 거의 모든 것을 산에서 배운다.

산꾼 경영자는 산을 오르며 산 너머 자연의 세계 전체를 조망해봄으로써 자연적인 것이 무엇인지 스스로 깨닫게 된다. 나아가 이를 경영과 삶에 반영하고자 한다.

산은 서로 돕고 지지하는 방식으로 자연스러운 성장과 발전을 꾀하고 균형과 조화를 이루는 법을 알게 한다. 산은 불균형과 억지가 판치는 혼탁한 세상에 자연만큼 순리로운 경영이 없다는 것을 자연스럽게 알게 한다. 산은 강요된 성장이 아닌, 자연스러운 성장을 통해 모두가 행복해지는 방식을 터득하게 한다. 산은 변화를 받아들이되 그것이 강압적인 것이 아니라 자연적으로 검증되고 점증되어 나가는 것이라는 점을 알게 한다. 산은 그 모든 변화가 항상 작게 시작돼 끝내 창대해진다는 것을 알게 한다. 그렇기에 산을 포함한 자연은 위대한 경영의 장이다.

산을 오르며 내가 들은 가장 멋진 말은 이런 것이다.

"자연이 행하는 모든 방식과 과정에서 배워라. 거기에 모든 해답이 있다."

산 아래 경영자가 산에 와서 할 수 있는 얘기 중 이 말만큼 멋진 것이 또 어디 있을까? 그러기에 산은 우리를 키워내고, 우리는 산의 숨소리를 들으며 거대한 품속에서 정신적 부활을 꾀하는 것이 아닐까?

대피소(휴테, Hutte)

원래 휴테는 오두막, 원두막, 산중에 있는 대피소, 또는 통나무집이라는 의미를 가지고 있다. 등산에서는 등산객의 숙박, 휴식을 위한 산장을 말한다. 산장은 긴급 피난처의 역할을 한다는 점에서 산행이나 등반에서 매우 중요한 거점이다. 프랑스어로는 샤레(chalet)나 카반(cabane), 영어로는 허트(hut)로 불린다.

경영과
산행에서의
불변의 법칙
22가지

‖ 오늘도 누군가는 산에 오른다 ‖

아직 올라야 할 산이 많다. 내가 내려온 산은 어디인가.

산꾼 경영자에게 자기만족이란 없다. 경영에서의 만족은 죽음의 다른 이름일 뿐이다. 산꾼 경영자가 현재의 난관을 초월해 새로운 등반사를 쓰려면 전례 없는 경영혁신이 요구된다. 나아가 등정 중에는 나만이 아닌 모두의 안전을 도모해야 한다. 오늘도 경영자들은 묵묵히 산을 오르며 자신과 피나는 투쟁을 한다. 자신을 뛰어넘은 산꾼은 숨은 자신을 만날 수 있다.

‖ 등산이든 경영이든 모두 감각적이다 ‖

산은 모든 사람에 대한 해답을 가지고 있다. ─라인홀트 메스너

등반이나 등산은 감각적인 것이다. 몸, 손발, 그리고 마음이 느껴야 한다. 암벽을 타거나 리치를 할 때 느끼는 날카로운 전율은 경영자의 퇴화된 원시적 감각을 일깨운다. 감각의 힘은 이성적 판단이 경험적으로 총동원된 동물적 생존력으로 부지불식간에 표출된다. 경영에서는 위험과 결단의 순간에 예지력, 통찰력을 포괄한 본능적 감각을 발휘해야 한다. 감각의 힘이 얼마나 강하게 박혀 있는가는 21세기 경영에서 생존의 조건이다.

만일 당신이 사람들에게 어디로 가야 하는지를 말하면서 어떻게 가야 할지를 말해주지 않는다면, 당신은 그 결과에 무척 당황하게 될 것이다. -패튼 장군

산군을 조망하다 보면 경영 전략과 흡사하다는 생각이 든다. 산은 단순히 연결되어 있는 게 아니다. 따라서 정상에 오르려면 아무리 동산에 불과할지라도 전략이 요구된다. 그냥 오르면 산행에서 아무것도 배울 수 없다. 경영의 산을 오를 때, 현재 전략의 단순한 연장선상에서 전방을 예지하는 것에 그치면 안 된다. 어디로 오를 것인지 분명히 해야 한다. 전략 없이 나아가면 불투명한 결과와 만나게 될 뿐이다. 그때의 결과는 패튼 장군의 얘기처럼 당혹스럽기만 할 것이다.

‖ 내 정상은 남과 다르다 ‖

자의적인 등반 목표와 피난(避難) 내지 죽음은 형제지간이다.

경영의 산을 오를 때는 각자의 목표가 분명 다르다. 경제적 성공, 기업 등위의 상향, 산업계에 미치는 영향력의 대소 따위만이 경영목표가 될 수는 없다. 정상에 오르지 못했다고 해서 등반에 실패한 것은 아니다. 콘래드 아데나워의 말처럼 "우리는 모두 같은 하늘 아래 살고 있지만, 모두의 지평선은 다르다." 자기가 세운 목표를 달성했으면 그만이다. 그것이 등반이며 경영이다. 남들이 세운 도전목표에 흔들림 없이 자신의 등로를 찾아 오르라. 그것이 진정한 등반이다.

‖ 추락하는 순간에도 잘만 하면 날 수 있다 ‖

언제나 긍정적인 사고로 경영의 산을 올라라. 모든 순간을 즐길 수 있을 것이다.

많은 등반가의 얘기에 따르면 암벽을 타다가 추락하는 순간에 느끼

는 감정은, 인생을 마감하는 순간에 느끼는 감정과 비슷하다고 한다. 짧은 순간 클라이머들의 뇌리에 사랑하는 사람과 잊을 수 없는 일들이 주마등처럼 스쳐간다. 그러다 어느 순간을 넘어서면 죽음까지도 편하게 받아들이면서 삶을 긍정하게 된다. 경영에서 우리가 만일 모든 것을 놓아버리는 허심의 상태를 유지할 수 있다면, 경영의 산을 넘을 때 과욕으로 추락하는 일은 없을 것이다. 날개가 없다고 탓하지 말고 대신 걸을 수 있어 행복하다고 생각하라. 산을 오를 때는 세상 모든 사람보다 행복하다고 확신하라.

‖ 물러설 때 몰려오는 커다란 의문부호 ‖

내 인생에서 뒤를 돌아보게 만드는 저 산의 실체는 무엇인가?

토머스 혼베인은 《에베레스트: 서쪽 능선》에서 이렇게 말했다.

"나는 우리가 일단 그 산에 오르기만 하면 회의 같은 것은 사라질 것이라고 생각했다. 아니, 그렇게 믿었다. 하지만 이따금 내가 찾던 것은 결국 뒤에 남겨 놓고 온 어떤 것이라는 걸 깨닫기 위해 이렇게 멀리까지 온 것이 아닌가 하는 회의가 들곤 했다. 나는 아래를 내려다봤다. 하산하고 싶은 마음은 추호도 없었다. 우리가 여기까지 오게 된 것은 무수한 노고와 꿈 덕분이었다. 지금 하산한다는 건 크나큰 의문부호가 찍힌 미래로 내려간다는 것을 뜻했다."

정상을 밟기 위해 그토록 갈구하던 그 산 앞에서 무슨 생각을 하고 있는가? 올라가야 할 때조차 망설인 탓에 우호적이던 환경마저 뒤바꿔놓고 있지는 않은가? 경영의 산을 넘다 보면 결국 한 점에 소구되는 자신을 발견하게 되는데 그때가 진정으로 산을 오르는 것이다.

‖ 산타기와 경영이 만나는 지점 ‖

산을 이해하는 경영자만이 산의 굽이굽이를 탐험할 수 있다.

산에서는 정해진 시간에 무얼 하겠다는 게 분명해야 한다. 어물쩍거리다 때를 놓치면 곤경에 처할 수 있다. 등로가 잘 알려진 산은 그나마 덜하지만 낯선 산행에서는 정해진 시간 내에 이르러야 할 곳에 도달해야 한다. 산에서는 주야 조석으로 기후 변화가 심하다. 따라서 변화가 시급히 요구되는 시기에 전략만 고수하며 현재의 위치에 머물러서는 안 된다. 발 빠른 결단과 행보가 요구된다. 특히 바위를 탈 때는 생각을 시간차 없이 바로 실행에 옮겨야 한다. 머뭇거리다가 실행하면 오히려 사고의 위험이 높아진다.

등반이나 경영에서는 때로 얼어붙은 너테(물이나 눈이 얼어붙은 위에 다시 물이 흘러 여러 겹으로 얼어붙은 얼음)를 만나기도 한다. 그러한 위험에도 우리가 산을 오르고 경영하는 이유는 무엇인가? 그 자체에 그만둘 수 없는 흥미를 느끼기 때문이 아닌가? 모든 면에서 성공하고자 한다면 결단하라.

‖ 경영의 산을 오르며 가슴속에 유구함을 느낀다 ‖

산꾼 경영자의 가슴엔 강이 흐른다. 산맥이 요동친다.

경영의 산을 오르며 우리는 많은 배움을 얻는다. 내려다보이는 강물에서는 곡선의 힘을 통해 시류에 맞는 경영을 배우고, 깎아지른 바위나 고샅을 지날 때는 수직의 힘에서 추진력을 배운다. 산행의 일거수일투족이 배움과 맞닿아 있다. 깨달음은 회사의 사무실이나 생산현장에서만 얻는 게 아니다. 산에서는 그 유구함이 더해지고, 따라서 대자연을 가슴에 품는 자가 천하를 도모한다.

‖ 등산은 '더(more)'가 아닌 '덜(less)'의 경영이다 ‖

얻는 것을 경영의 본질로 여기는 것은 3부 능선쯤의 깨달음에 해당한다.

경영 생태계 속에서 내가 얻는 것은 무엇인가? 이런 질문을 해본 적이 없다면, 그는 아마도 인생과 사업의 목표가 3부 능선쯤에 고정되어 있을 것이다. 경영자는 사업의 규모뿐 아니라 무엇을 내려놓을지 알아야 한다. 사실 경영은 '더'가 아닌 '덜'의 미학이다. 등반은 무게와의 싸움이다. 고도로 훈련된 산꾼은 배낭의 짐을 줄이는, 즉 패킹에 관해 별도의 훈련을 쌓는다. 이는 최적화된 자원으로 최대의 효과를 얻기 위한 노력의 일환이다. 마찬가지로 경영에서 승리하려면 불필요한 것은 철저히 없애야 한다. 그래야만 효율성이 배가된다.

‖ 경영의 완성을 보려거든 '한 걸음 더'의 의미를 알아야 한다 ‖

걷는 법을 모르고 날기를 원한다면 날개는 결코 펼쳐지지 않을 것이다.

부화한 산새가 비행연습을 할 때는 먼저 걸음을 내디딘 다음 용기를 내 나는 연습을 한다. 다리에 힘을 더하고 까치발톱에 힘을 준 다음 비상하는 것이다. 이것이 비상의 기초이다. 하늘은 날개의 힘을 통해 날지라도 비상을 위해서는 발에 힘을 주어야 한다. 한 발 한 발 내딛는 발걸음이 모여 도약의 전기를 이룬다. 마찬가지로 걷지 않고 산을 오를 수는 없다. 혼신의 노력으로 내딛는 발걸음이 끝내 정상으로 인도한다. 정상에는 인내한 자신이 있다.

‖ 등산화를 닦으며 산꾼들은 무슨 생각을 할까? ‖

가장 기초적인 것을 소홀히 하는 등반가는 정상에 오를 수 없다.

등산화는 발을 보호해주는 동시에 유연하게 감싸준다. 마찬가지로 조직이 목표를 이루기 위해서는 활동의 유연성을 부여받아야 한다. 탁월한 등반가일수록 신발 안의 모래알을 털어내는 데 많은 시간과 노력을 기울인다. 오늘날의 경영자 역시 가장 기본적인 것에 관심을 기울여야 한다. 기업 내부에는 발목을 잡는 다양한 종류의 행위가 있다. 경영의 산을 오를 때 발목이 잡히면 그 기업은 도약을 꿈꾸기조차 어려울 것이다. 기업이 걷기 어렵도록 만드는 발밑의 모래알은 무엇일까? 등산화를 닦는 산꾼 경영자는 무슨 생각을 할까?

‖ 배낭은 정상을 오르는 경영도구다 ‖

배낭은 짐이 아닌 생존 도구다. 저 아래에 배낭을 짐으로 보는 경영자가 있는가?

배낭만큼 장거리 산행에서 힘의 분산과 균형을 필요로 하는 장구는 없다. 배낭을 짊어질 때 당김끈을 조이거나 허리벨트를 이용해 무게를 분산시키는 것은 어깨의 부담을 덜고 힘이 분산되는 걸 막기 위해서이다. 또한 간결하고 균형미 있게 짐을 싸면 훨씬 더 많은 짐을 가볍게 처리할 수 있다. 배낭을 경영현장에 비유하자면 목표에 오르기 위한 모든 수단이나 자원을 담은 종합 매니지먼트 패키지라고 할 수 있다. 자기 배낭을 남한테 맡길 수 없듯, 경영의 산을 오를 때 자기 역할과 책임을 남에게 떠넘길 수는 없다. 자신의 짐을 스스로 지고 가지 않는다면 그것은 경영이 아니다. 혹시 아는가? 경영의 산을 오를 때 길을 잃을지. 그때를 대비해서라도 내 짐은 스스로 져야 한다.

‖ 경영의 베이스캠프를 높이 친다 ‖

높이 올라가보지 못한 자는 자신의 높이에서만 천하를 본다.

아무리 오르기 어려운 고산일지라도 그 끝은 있다. 하지만 경영의 산에서는 높이의 기준부터가 다르다. 가장 낮은 곳이 가장 높은 곳이기도 하고, 가장 높은 곳이 다음 산을 오르기 위한 출발선이 되기도 한다. 경영의 산을 오를 때 우리는 판단 가능한 모든 요소를 종합하고 분석해서 목표를 세운다. 공략해야 할 높이가 있다면 진지(陣地)를 재빨리, 확실하게 구축하고 심혈을 기울여 전략 거점으로 삼아야 한다. 어느 한곳에 오른 것으로 만족해서는 안 된다. 경영자의 책무는 스스로 자기만족을 경계하는 것이다. 지속적으로 보다 높은 산, 험한 산을 올라 그 정상에서 세계를 조망해볼 수 있어야 한다. 오르고자 한다면 베이스캠프에 대한 개념마저 바꿔라. 그곳이 어디든 지금 서 있는 곳이 가장 낮은 곳이다

끝내 한 지점을 향해 모든 역량을 집중한다

어느 시점에 꼭짓점에서 만난 사람들은 서로를 알아본다.

정상은 산의 꼭짓점이다. 그곳은 발 디딜 틈 없는 바위꼭대기거나 채 한 평도 안 되는 공간일 수도 있다. 더욱이 세찬 바람과 희박한 공기, 살을 에는 추위 때문에 오래 머물 수도 없다. 그곳을 오르는 길은 개척되어 있을 수도 있고 전인미답의 루트를 올라야 할 수도 있다. 분명한 점은 걸음을 멈추지 않는 자만이 끝내 오른다는 것이다. 산꾼 경영자는 자신이 내딛는 발걸음이 끝내 한 지점에서 만나리라는 믿음으로 그곳을 향해 모든 역량과 정신을 집중한다. 심지어 물아일체, 혼신일체의 경지를 경험한다. 모든 노력을 한곳에 집중하라. 집중하는 자만이 정상에 설 수 있다.

원칙은 무엇인가? 나침반의 원리를 경영에 반영하라.

등로를 오르는 것과 마찬가지로 경영의 산을 오를 때는 만고불변의 원칙이 있다. 산행 격언이 그것이다. 이들 격언을 되새긴다면 아무리 험난한 경영의 산을 오를지라도 길을 잃진 않을 것이다.

- 길을 따라가는 중에도 기회는 생길 수 있다.
- 동일한 목적지로 가는 방법은 여러 가지가 있을 수 있다.
- 가는 길은 완전히 다른 목적지로 이어질 수도 있다.
- 의지와 탁월한 전략이 길을 만든다.

산행과 경영이 일체를 이루는 이러한 경영지침은 산꾼 경영자에게 새로운 미래 비전을 열어준다. 수많은 사람이 다양한 방법으로 검증하고 확인한 원칙을 내재화하라.

‖ 러셀을 만든 선등자에게 감사한다! ‖

경영의 산을 오르는 방식은 누군가가 만들어준 길로 오르는 경우가 부지기수이다. 일반적으로 기업이 미래를 구상할 때 직면하는 가장 큰 문제는 새로운 수익 부분이 어디일까 하는 점이다. 경쟁자가 그곳에 도착하기 전에 최대한 먼저 도달해야 한다. 물론 뒤따라가기도 주요 전략이 된다. 선두가 저항을 흡수하고 길을 만들면 의도적으로 그 뒤를 쫓는 경우도 있다. 선도업체가 발견하지 못했거나 개발하지 않은 새로운 잠재수익 부문을 발견하게 되는 것은 이 때문이다. 등반에서도 마찬가지다. 앞설 때는 선두에서 개척한다는 의지와 포부로 나아가고, 뒤에 설 때는 선등자의 노고와 희생에 감사해야 한다. 경영의 산을 오를 때 누군가 만들어 놓은 러셀이 있으면 감사하고, 다음 등행자를 위해 더 편안한 길을 안내하라. 작은 경쟁심 따위는 생각지도 마라.

‖ 사람을 키우는 산은 내면에 솟아 있다 ‖

산을 통해 우리가 배울 수 있는 것은 산이 우리의 내면을 키운다는 점이다.

경영자는 하나같이 등정 본능을 지니고 있다. 그들은 지속적으로 산에 오른다. 정상을 또 다른 산을 오를 기회로 보고 새로운 도전의지를 불태운다. 또한 이들은 오르면 내려서야 할 때가 있다는 것을 안다. 그래서 담연하다. 작은 감정의 굴곡과 희비로 감정상태를 극한으로 몰고 가지 않는다. 자연이 주는 커다란 교훈, 즉 의연하라, 넓어져라, 가슴에 품어라 하는 외침을 내재화한다. 덕분에 산을 오르는 사람 중에서 마음이 작은 사람은 없다.

‖ 경영이든 산행이든 지구력이 관건이다 ‖

오르지 않고 산을 알 수 있는 게 있다면 그게 뭔지 말해 달라.

기러기 떼를 이끄는 향도 기러기의 체력과 정신력은 뒤따라오는 기러기와 다르다고 한다. 그것은 맨 앞에서 선등을 서며 저항을 줄이고 위험을 피해나가는 등반과 뭐가 다를까? 산꾼 경영자는 향도 기러기처럼 체력과 정신력이 남다르다.

산을 오르며 다져진 체력이 사력이 되고, 정신력은 조직의 근력이 된다. 그 힘으로 산 아래서 경영을 진두지휘한다. 경영은 짧은 순간에 결판나는 경기가 아니기에 지구력이 관건이다. 먼저 쓰러지면 경영에서 승리란 없다. 체력이 밑바탕이 되어야 경영도 있는 법이다. 그래서 산을 권하고 싶다. 산은 우리를 독하고 강하며 부드럽게 만들어 준다.

‖ 자원 절약은 산행과 경영의 기본사항이다 ‖

등산에는 에너지 생산·보존·절약의 법칙이 적용된다.

산이나 야외에서 체온을 36.5°C로 유지하는 것은 생명유지에 기본이 되는 매우 중요한 사항이다. 체온은 신체 내부가 그 자체의 원리대로 순환되도록 에너지를 관리해준다. 에너지 생산은 식량에 달려 있고 보존은 의류에, 절약은 보행을 비롯한 여러 가지 등산기술에 나타난다. 등산을 할 때는 에너지를 잘 관리해 어떤 상황에서도 항상 일정한 체온을 유지할 수 있어야 한다. 등산에서는 1퍼센트의 불운에 대비하는 자세가 필요하다. 이는 기업에서 리스크 매니지먼트를 하는 것과 같은 맥락이다. 자원을 효율적으로 쓰고 낭비를 제로로 이끌고 가는 것이 경영의 산을 오르는 산꾼 경영자의 기본 행동강령이다.

‖ 낯선 경영환경에서는 반대로 한다 ‖

환경에 적응하는 것은 기계적인 대응이 아니라 내 몸이 환경에 맞게 적응하는 것이다.

초보자일수록 산을 오를 때 두툼하게 입고 체온이 상승하면 벗기 시작한다. 그러나 산행에서는 이와 반대로 해야 한다. 움직일 때는 벗고 멈추면 입어야 하는 것이다. 산을 오르며 땀이 나기 시작하면 가벼운 옷차림을 하고, 올라가서 땀이 식으면 체온하락에 대비해 다시 입어야 한다. 등산에서 적응은 외부의 기후 변화에 대비해 내부의 체온이 일정하게 유지될 수 있도록 하는 것을 뜻한다. 이는 경영에서 상황별로 경영에 임하는 레이어링시스템과 유사하다. 노련한 경영자가 환경에 적응하는 방식과 마찬가지로 등반가는 레이어링시스템을 통해 체온을 유지하고 안전을 도모해야 한다. 춥다고 껴입는 것이 아닌 체온이 발산하는 열을 감지해 옷의 상태를 점검해야 한다. 그것이 환경을 주도적으로 이끌어나가는 경영방식이다.

‖ 경영자는 왜 두 발로 걷는지를 알아야 한다 ‖

발을 들어올림으로써 넘을 수 있는 산이 우리 앞에 있다.

걷는다는 것은 왼발, 오른발로 무게 중심을 이동해나가는 일이다. 일정하고 균일하게 걷는 법에 맞춘 걸음은 자원을 최소한으로 활용해 최고의 지점에 이르게 한다. 걸음은 발끝에서 무릎으로, 무릎에서 다시 명치를 수직으로 일치시킨 다음에야 힘을 적게 사용할 수 있다. 그리고 걸음마다 뒷다리를 수직으로 곧게 펴고 앞발을 위로 편하게 올려 0.5~1초의 휴식을 취하며, 연속동작으로 지친 다리 근육에 산소와 영양분을 공급해야 한다. 이것이 바로 레스트 스텝이다. 등산은 단순히 땀을 뻘뻘 흘리며 오르는 운동이 아니다. 특히 고산일수록 걷는 교범을 숙지해야 한다. 경영의 산을 오를 때 우리는 속도 조절에 실패하거나 걸음걸이의 비효율성 혹은 어지러운 걸음걸이로 인해 추락하는 예를 수없이 보곤 한다. 어떻게 걷는가는 매우 중요하다.

‖ 사점이 어디인가? ‖

내 사업에서 사점은 어디인가? 내가 살고 죽는 지점은 어디에 놓여 있는가?

몸에서 요구하는 산소량을 충분히 공급하지 못해 산소 부족 상태에 이르는 순간을 사점(死點)이라고 한다. 이때는 조금 페이스를 낮추고 계속 올라가야 몸이 인지한다. 즉, 신체가 운동의 강도를 알고 거기에 맞춰 여러 가지 능력을 높여주는 것이다. 이것을 세컨드윈드, 즉 제2의 호흡이라고 하는데 이 지점을 통과하면 산소 섭취 능력도 높아지고 엔도르핀이 돌며 몸이 알아서 피로와 고통을 주는 물질을 제어한다. 경영의 산을 오르다 보면 자신의 역량으로는 고도의 경영목표에 이르지 못하거나 경쟁자를 상대하지 못할 것 같은 때를 만나기도 한다. 이때 사점을 통과하면 새로운 도전의식으로 사기가 충천하게 되므로 더 이상 오를 수 없을 것 같은 때를 잘 넘겨야 한다. 움직이지 않으면 사점을 경험할 수도 없거니와, 조금만 힘들어도 멈춰서는 소극주의가 반복될 것이다. 사점을 넘어서라. 그 선에서 등산은 다시 시작된다.

내리고개 경영

나는 하산하기로 결심했음에도 한편으로는 계속 오를 생각을, 그것도 더 높이 오를 생각을 하고 있었다. 하지만 그것이 무슨 의미가 있단 말인가!

– 라인홀트 메스너

사람에게 인격이 있듯 산에는 산격(山格)이 있다

운무(雲霧)는 경영자에게 무엇을 가르치는가

그대가 있을 곳은 산이 아니오

해우소에서 인생의 깨달음을 얻다

야생화를 보며 눈물짓다

산에 올라가 잉어를 잡다

설악산 무릉도원 이야기

한신계곡에서 연리지를 보다

고요도 소리치더구나

풍수를 알면 경영의 오묘한 이치를 깨닫게 된다

더 큰 산이 내 앞에 놓여 있다

길은 저 홀로 나 있고

사람에게 인격이 있듯 산에는 산격(山格)이 있다

격(格)을 달리해야 어제와 다른 격(隔)이 생겨나고 남다른 격(格)에 이르게 된다

겸손하지 못한 얘기지만, 산행을 하다 보면 산이라고 다 같은 산이 아니라는 것을 알게 된다. 그렇다고 풍광이 볼품 있네 없네 하는 외관상의 잣대를 들이대는 것은 아니다. 산이 지닌 격이 느껴져야 하는데 특별히 격이 느껴지지 않는 산도 있다. 이런 산은 산꾼과 흡족한 호흡을 이루기 어렵다. 감응(感應)이 부족해 감흥(感興)이 일지 않는다고나 할까? 산도 우렁차고 거침없고 성깔이 있어야 산 같은 느낌이 든다. 나는 좀더 도전할 맛이 나는 산, 거친 산, 멀리 정상이 바라보이는 산을 오르고 싶다.

산을 내려올 때, 나는 종종 산꾼 친구에게 농담을 하곤 했다.

"격정적이지가 않아. 오르가슴에 이르지 못하고 내려오는 느낌이야."

그 표현이 재미있었는지 그 친구는 산에서 내려올 때마다 "좀 느꼈냐?" 하고 묻곤 한다. 그런데 얼마 전에 만난 한 지인이 산격에 대한 내 생각에 일갈을 가했다. 그는 조선후기 화가 최북의 일화를 들려주었다. 한미한 집안에서 태어났으나 그림에 천재적인 소질을 갖고 있던 그는 금강산 구룡연 앞에서 "천하 명인 최북은 마땅히 천하명산에서 죽어야 한다"고 외치며 몸을 날렸다. 워낙에 기인인지라 그의 기행이 전해져오는 것일 테지만, 그는 혹시 천하명산에서 천하명인다운 자신을 확인하고 싶었던 것은 아니었을까? 이 일화를 들먹이며 그는 나를 쏘아보았다.

"그대가 아직 명인이 되지 않았는데, 명산인들 알쏘냐?"

할 말을 잃었다. 이후 산에 대해 겸손해야겠다는 생각이 나를 더욱 휘어잡았다. 산을 생각하고 품을 요량이라면 눈앞에 흙을 한 삽 퍼놓고도 백두대간을 연상할 수 있어야 하리라. 작은 오솔길과 산죽이 어우러지고 노송이 비비 틀려 자라난 책상 위의 분재를 보면서도 천하명산에 든 듯해야 하리라. 동산도 히말라야로 여기는 겸손함이 늘 경영현장에 함께해야 하리라. 그것 없이는 내 마음에 커다란 산이 솟는 걸 끝내 보지 못하고 말 터였다.

한 방 먹어서 휘청거리는 나를 친구는 놓치지 않았다.

"옛 선인은 마음에 드는 산을 하나씩 두었다고 해. 그걸 앞에 두고 스스로 그리되고자 했을 테고 거기서 정신의 묵직한 무게가 나왔겠지. 산이 문제가 아니라 자신이 문제인 셈이지. 늘 자신 때문에 산에 가는 건데 산에 가서 산만 보고 돌아오니 격정적일 수 없는 거 아냐? 그렇지 않니?"

이쯤 되면 나는 속 좁게도 화가 치밀어 오르거나 얼쑤 하고 장단을 맞추거나 산 아래 마을에서 막걸리라도 한 동이 퍼먹어야 할 판이다.

"산의 모양새를 보면 사람을 보는 것 같아. 어떤 사람은 기재(奇才)

고 또 어떤 사람은 용재(用材)고 다른 어떤 사람은 범재(凡才)지. 우리가 생긴 대로 산에 오르듯 생긴 그릇대로 산이 되는 거지. 사람을 쓰는 것도 마찬가지야. 직원들도 어떤 산이 될지 그걸 미리 보아야 하거든. 모양대로 쓰임새를 알면 된다는 말이지.”

나는 그의 현학적인 표현에 모든 걸 동의한 것은 아니지만, 자신다운 산이 만들어진다는 대목에서는 흔쾌히 동의하지 않을 수 없었다. 드높은 산은 우리를 그와 같이 만든다. 높다는 것은 깨우침이며 가르침이다. 높지 않은 산에 올라 천하명산에 오른 기쁨을 누리고, 분재에 나 있는 오솔길을 눈으로 걸으며 천하제일의 산책을 즐길 수 있다는 건 결코 범인(凡人)이 할 수 있는 일이 아니다.

나는 누구인가? 어느 산까지 오를까? 어떤 산이 될까? 수없이 되뇌었어도 그저 그런 산이 되고 만다면 그건 순전히 내 탓이다. 모든 산 앞에서 겸손하고 모든 산을 모양대로 감상하며 오를 때 내게는 남다른 격이 생겨날 것이다. 그래야만 동산에 올라서도 천하명산을 굽어볼 수 있지 않을까 싶다.

내 산꾼 친구는 대체 그런 걸 어디서 배웠단 말인가? 함께 하산을 하면서 나는 그가 어떤 멀고 희구한 새로운 지평으로 향하고 있다는 생각에 빠져들었다. 명산이든 명인이든 걷지 않고는 만나지 못하리. 그러니 지금은 걷는 것밖에 달리 할 것이 있겠는가!

운무(雲霧)는 경영자에게 무엇을 가르치는가

산은 저기 어디쯤 있고 나는 지금 가장 익숙하며
낯선 나를 만나러 가고 있다

산에 가면 불현듯 구름과 안개를 만나기도 한다. 운무가 끼면 한 치 앞을 내다볼 수 없는 지경에 이르곤 한다. 까딱하다간 발을 헛디뎌 안전까지 위협받을 수 있다. 일기예보에도 없던 운무가 갑자기 주위를 에워쌀 때는 두려움마저 든다.

때론 내가 안개를 가리는 것은 아닌지 생각해보게 된다. 안개주의보가 내려도 고속 질주하는 차량처럼 그렇게 살고 또한 사업을 해온 것은 아닌지 생각한다. 삶에서는 급브레이크를 밟을 때를 알기만 해도 무참한 충돌은 피할 수 있다. 그걸 모른 채 살아온 것은 아닌지.

흐린 안개 속에서 산행을 하던 날, 박시연 회장은 마치 안개에 가려 있는 자기 인생을 보는 듯했다. 남부럽지 않게 돈을 모았지만 모든 게 일장춘몽이었다. 그는 흐린 눈으로 자기 자신을, 세상을, 자식들을 보았던 탓에 돌이킬 수 없는 인생의 패착을 두고 말았다. 운명은 분별력 없는 사람을 가혹하게 짓밟아버린다. 안개 속에서 그는 자신의 눈을 의심해본 적이 없었다. 그냥 자신도 모르는 사이에 안개에 갇혀 있었던 것인지도 모른다. 안개를 벗어나서야 그는 주변에 아무도 없이 홀로 만신창이가 되어 걷고 있는 자신을 발견했다. 예순 살을 바라보는 나이는 그렇게 신산하게 다가왔다.

"젊어서는 정말 무섭게 일했지요. 성공에 눈이 멀어 한 푼이라도 아끼려고 쌈짓돈에도 벌벌 떨었죠. 나는 돈밖에 몰랐어요. 돈이면 다 해결될 수 있다고 생각했지요. 자식 놈만 빼고 말이죠."

그는 사업에 성공하고 남부럽지 않은 부(富)를 이뤘지만, 자식농사만큼은 망쳤다고 했다. 자식농사를 잘 지으려고 산에 오면 싸릿가지를 한 단이나 해 가 매를 들며 혹독하게 키웠다. 애비는 자수성가로 돈을 벌었으니 너는 공부해서 대학교수가 돼라! 아버지가 휘두르던 싸릿가지를 빼앗아 부러뜨리고 집을 나간 아들의 뒷모습이 지금도 눈에 어린단다.

자식이 집을 나가 돌아오지 않으면 부모는 정신이 한곳으로만 간다. 박 회장은 자식 대신 사업을 택했다. 아들이 없다고 치고 허전한 마음을 붙들기 위해 더욱 돈에 매달렸다. 고리대금업을 하고 악착같이 변하지 않는 물건에 집착했다. 그래서 열심히 땅을 사들이고 건물을 매입했다.

5년 뒤 아들이 마음을 잡고 돌아왔을 때, 그는 변변한 학벌도 없는 아들에게 명함 한 장 파주려고 회사를 하나 인수해 사장 직함을 달아줬다. 그때부터가 문제였다. 아들이 못미덥기는 했지만, 기업이 외형이 있어 웬만하면 경영 정상화를 꾀할 수 있을 것 같던 회사는 밑 빠진 독이었다. 붓고 또 부었다. 조금만 더 부으면 된다는 아들을 실망시키지 않기 위해 땅을 들어내고 건물을 팔아 회사에 부어댔다. 나중

산에서 불현듯 만나는 운무,
흐린 인생이 걷히는 날은 언제인가.
제 스스로 마음의 거울을 닦지 못해
자신을 모르고 세상을 모른다.
하여, 산을 오를 때면
흘러가는 구름과 안개를 보며
내 생애의 혼탁을 쉼 없이 닦아내야 하리.

에야 아들이 협잡꾼과 짜고 애비의 재산을 빼돌렸다는 것을 알았다. 하지만 이미 때는 늦었다.

"가만히 놔둬도 다 네 건데. 하필이면 네가 왜!"

아들은 다시는 돌아오지 않았다. 출국 후 한 번도 연락이 없었다. 그게 5년 전의 일이다. 산에 오면 그는 삼신각에 들러 묵상을 한다. 부자지간의 악연에 가슴을 쥐어뜯는 것이다.

"난 이런 산이 좋습디다. 바람이 불면 안개가 걷히는 산. 내가 이런 풍경을 좋아해서 그런지도 모르지요. 산이 꼭 나를 보여주는 것 같아요. 더 살면 앞이 시원히 보이려나. 벌써 육십인데……"

멀리 양수리가 보이는 운길산 산정에서 그는 숨을 골랐다. 북한강과 남한강이 만나는 산세는 밤부터 새벽까지 안개가 피어오른다. 흐릿한 날씨에는 습도가 상대적으로 높아 이끼도 잘 낀다. 바위에 낀 이끼를 밟으면 자칫 미끄러질 수 있어 조심해야 한다.

"내가 얼마나 속을 썩이며 사는 줄 아십니까? 산이라도 있으니 망정이지 그렇지 않았으면 아마 미쳐 버렸을 거요. 아는 건 없지만 절간 툇마루에 앉아 종소리만 들어도 답답한 속이 풀리는 것 같아요."

절간에 와서 매달린 물고기는 그럴 만한 이유가 있었으리라. 저놈도 안개에 눈이 가려 미끼를 물려다 인간 세상의 지붕 처마에 와서 걸리게 된 것은 아닌지 모르겠다. 생의 업을 다 씻고자 저리 울어대는 것인지도 모른다.

산을 딱 백팔 번만 오르겠다는 박 회장은 최근 가산을 정리 중이라고 했다. 둘째 아들 몫과 자신의 몫을 떼고 나머지는 고향 학교에 기부하겠다는 약정서도 이미 썼다.

"내가 번 돈엔 분명 남들의 피눈물이 많이 묻어 있을 거요. 그걸 좀 닦아내려고……"

고리대금업을 가리키는 게 분명했다. 그는 자신의 수전노 같은 행동에 청년기 무렵의 아들이 반발했을 거라고 믿는다.

"내년엔 태국에 갈 생각이오. 가서 죽기 전에 만나야죠. 그 전에 백팔 번 산행을 채울 생각입니다."

바람이 불면서 차츰 안개가 자취를 감추고 있었다. 양수리는 남북에서 흐르다 만난 청용 두 마리가 서로 엉키며 우당탕퉁탕 아래로 흘러가는 듯했다. 그 물살에 우리의 사연도 따라 흐를까? 안개가 걷히면 하산길은 조금은 수월해지리라. 박 회장은 뒷짐을 진 채 한동안 강 아래를 뚫어져라 내려봤다.

그대가 있을 곳은 산이 아니오

산에 올라야 할 때와 내려가야 할 때를 알라. 그것이 산행의 지혜다

"젊어서 산 좋아하는 놈치고 성공하는 놈 없고, 나이 들어 성공한 놈치고 산 싫어하는 놈 없다."

산꾼이라면 한 번쯤 들어봤음직한 이 말은 그냥 허투로 나온 것이 아니다. 심한길 사장은 그 대표적인 예가 될 수 있다. 그는 대학시절 부터 산악반 활동을 해온 산꾼으로 그때 이미 산에 미쳐 변변한 직장 조차 잡을 수 없었다. 그저 산에 오르는 것이 행복했고 세상의 복잡한 풍경 잊고 산사람이 되면 산이 푸근하게 감싸줘서 좋았다. 산에 오를수록 세상은 잊혀져 갔고 세상사와 담을 쌓은 듯한 그에게 돌아올 밥그릇은 별로 없었다.

하지만 등산을 하려면 돈을 벌어야 했다. 간절한 필요 끝에 간신히 직장을 잡으면 산 때문에 다시 옮겨야 하는 인생유전이 펼쳐졌다. 가정을 꾸린 다음에는 씀씀이가 만만치 않아 산을 버리고 세상에 파고들고자 했지만 온통 바위투성이인 세상 어디에도 꽂히기가 어려웠

다. 너무 멀리, 높이 오른 까닭에 세상의 높이를 몰랐던 것이다.

그나마 외환위기 직전의 활황기에 잠시 안정된 생활을 했으나 몇 개월 못가 IMF가 터졌고 다시 실직자 신세가 되었다. 그때부터 할 일이 없어 산에 올랐다. 한동안 여느 실직자처럼 넥타이 차림으로 도봉산에 올랐지만 그마저 성가셔 직장 잡기를 포기한 채 아예 산에서 한나절을 보냈다.

"그땐 정말 참담했어요. 아내가 파출부 일을 하며 돈을 벌었지요. 대학까지 나온 놈이 왜 이리 무능한가 하고 자책하기도 했지만 사실 산에 오면 마음이 편해져 내려가기가 싫었어요. 세상에 적응하기 힘들어서 무작정 사람을 피하고 싶었던 것 같아요. 누구도 받아주지 않았으니까요. 산에 오면 마음이 편하고 내가 대장이 된 것 같고 그랬죠. 거의 매일 산에 올랐습니다."

그러던 어느 날 그는 산행에서 인생전환의 계기를 맞았다. 아침부터 아내와 한바탕 전쟁을 치르고 취직자리 알아보겠다고 하고는 산에 올랐다가 그만 발을 헛디뎌 3미터 아래로 나동그라졌던 것이다. 어깨가 부러진 듯 고통이 엄습하는 와중에도 그는 명료하게 자신을 의식했다고 한다. 사람이 갑자기 이렇게 죽을 수도 있겠구나, 아무도 없는 곳에서 혼자 어처구니없이 죽기도 하는구나 하는 생각에 두려움이 몰려왔다. 잠시 가족의 얼굴이 어른거리며 미안한 마음에 뜨거운 눈물이 흘러내렸다. 그러면서도 한편으로는 그런 자신의 몰골이 처량해 한동안 헛웃음이 나왔다. 한참을 웃다 보니 웃음은 오히려 울음이 되어 산자락을 적셨다.

흐르는 눈물을 닦고 눈을 감으니 홀린 듯 어디선가 음성이 들려왔다.

산에 올라 산을 본다.
무수한 산, 산이 되지 못한 산.
산 사람 산 사람 산 사람 산 사람
산사람 산사람 산사람…….
둘은 닮아서 나는 어느덧 산이 되고
산은 내가 된다.
산과 마주한 인생이 산을 오른다.

"여기는 네가 있을 곳이 아니다. 어서 내려가거라. 내려가서 네 소임을 다하고 그때 다시 올라오거라."

누군가가 죽비로 온몸을 후려치듯 나무라는 소리를 듣고 그는 정신이 번쩍 들었다.

'그래, 내가 지금 산에 있을 때가 아니지! 산에 올라올 때를 알아야지! 지금은 때가 아냐. 이러다간 소리 소문 없이 개골창에 처박혀 죽고 말거야.'

갑자기 아내가 어린 애들의 손을 잡은 채 자신의 영정 앞에서 오열을 삼키는 모습이 어른거렸다. 심 사장은 그 길로 부러진 어깨를 부여잡고 주춤주춤 내려와 집에서 사흘 밤낮을 앓아누웠다. 뼈마디가 간신히 붙었을 때 그는 처음으로 최소한 3년은 버티겠다고 다짐하고 인쇄소에 들어갔다. 학벌을 숨긴 채 고졸 사원으로 들어가 3년을 채우고, 다시 5년이 흘렀을 때 그는 조그마한 인쇄소의 사장이 되어 있었다. 이후 사업이 안정되고 술자리가 잦아져 간 기능에 이상이 찾아오자 그는 잊었던 산을 다시 찾았다. 산에 올라야 할 때임을 직감했기 때문이다.

"그때 내가 어떤 소리를 들었는지는 잘 모르겠어요. 불룩한 아랫배가 계단을 오르는 것도 힘들게 할 때 불현듯 산에 오라는 음성이 들렸지요."

그 후로 그는 산에 오르고 있지만 학생시절처럼 바위에 붙지 않고 워킹을 즐기는 산행을 한다.

"세상에 떠밀려 산에 오르는 건 그저 산쟁이일 뿐이지요. 세상에 파고드는 게 가장 큰 산을 오르는 겁니다. 그래야 산에 올라서도 마음이 가벼워지고 경지에 이르게 돼요. 산에 오른다고 산 아래서 생긴 고민이 없어지는 건 아니죠. 거기 일은 거기서 승부를 내야 합니다. 그래야 이곳에 와서 승부 때문에 갈등하지 않게 되고, 뭔가를 바라는 자세로 산행하지 않게 됩니다. 무슨 보상을 바란다면 그게 어디 산행이겠어요? 노동이지. 사람 사는 거야 산이든 아래든 다를 건 없지만 말입니다."

삶을 부여잡는 것이 로프를 잡는 것보다 천만 배 중요하다는 심 사장은 오늘도 편안한 차림으로 산에 오른다. 바위를 보면 달라붙고 싶은 욕구가 솟구치기도 하지만 추락이 준 교훈을 잊지 않으려 애쓴다. 산보다는 세상에 가서 달라붙고 70대까지 조심스런 산행을 즐기고 싶단다.

"이제 좀 먹고살 만해져서 그런 건 아닙니다. 삶은 내일이라도 금방 뒤집어질 수 있어요. 두려운 거죠. 그러니 분수를 알고 내가 어디 가서 달라붙어야 하는지 아는 겁니다. 산에게 미안하지는 않아요. 그냥 보는 것만으로도 산이 나를 반길 거라고 생각해요. 산은 내 친구니까."

산을 오르지 않는 동안 그는 여전히 산꾼으로서 그만의 산을 올랐던 것은 아닐까? 그의 얘기는 어느 경계를 뛰어 넘었을 때야 비로소 나올 법한 것이었다. 어디를 넘어선 것일까?

해우소에서 인생의 깨달음을 얻다

오늘 네가 가진 근심이 무엇이냐?
근심이란 게 따로 있기나 한 거냐? 네가 근심인 거냐

웬만한 산마다 빠지지 않고 들어서 있는 것이 절이다. 명산일수록 약방에 감초처럼 지세(地勢)를 보고 영험을 얻으려는 비나리로 세워진 절 이야기가 전해 내려온다. 그런 이야기의 힘에 이끌려 선인들은 절을 찾아 자기 이야기까지 보태며 시름을 덜었다. 절을 따라 산을 찾았고 부처를 찾기 위해 절밥을 축냈다. 어떤 경우엔 말도 없이 출가한 자식을 찾아서 부모가 산을 올랐다.

산에 지천으로 널린 꽃이나 나무, 바위, 새, 그리고 등산회 전단지를 볼 때마다 산은 산대로 보태지거나 덜어지며 풍상을 지켜왔을 거라는 생각이 든다. 그중에는 아무데서나 급히 볼일을 본 지뢰매설 흔적이 등로 옆의 후미진 곳에 드문드문 보인다. 날파리는 위험지대의 전령이라도 되는 걸까?

급히 찾은 절간 해우소는 대개 6, 70년대 시골 변소와 크게 다를 바 없다. 쭈그려 볼일을 볼라치면 관절에 무리가 따르기도 하지만 암모

니아 가스에 눈이 매워 숨도 못 쉴 지경이다. 한여름에는 그 밑으로 또 다른 생태계가 꿈틀거린다. 산 아래에서 위장의 허함을 채워준 찌꺼기가 산 위에 와 뒹굴고 그 위로 구더기들이 기어다닌다. 삶의 터전은 어디에나 있는 법이다. 내려다보면 똥 속으로 빨려 들어가며 꿈틀대는 모양이 꼭 뱀이 욕망의 속을 휘젓는 것 같다.

인생의 원리는 산에서 맞이한 거룩한 똥통에도 있다.

누구보다 악착같이 경영일선에서 칼을 휘두르며 세상과 다투던 최병현 회장은 하던 일을 그대로 내려놓고 산을 찾았다. 암 3기였다. 병원에서 항암주사를 맞으며 견디면 십중팔구는 살아서 병원 문을 다시 나서지 못할 운명이었다. 그는 살아 있는 동안 혼자만의 시간을 갖기로 했다. 아침저녁으로 산을 오르내렸다. 때론 절 위의 산장에서 잠을 청했고 부엉이 우는 밤에는 나홀로 비박을 하기도 했다. 병원에서 준 약은 팽개친 지 오래다. 암에 좋다는 약초 한 번 먹지 않았다. 그저 집에서 가져온 검은콩과 산식(山食)으로 쓰이는 나물들, 그리고 현미밥만 조금 먹었다.

산다는 게 뭔가? 내가 여기서 죽으면 누구도 내 죽음을 모르겠지. 그러다 조금 시간이 흐르면 우연히 발견되어 119에 신고가 들어가겠지. 그러면 가족이 장례를 치를 거고……

그는 자신의 최후를 상상하며 늦가을의 어둠 속에서 소백산을 올려다보았다. 달이 밝았고 사방은 쥐죽은 듯 고요했다.

되돌아보면 시골에서 농고를 나와 서울에서 번듯한 기업체를 일군 그의 성취는 결코 작은 것이 아니었다. 총각 때 만난 하숙집 딸과 삶의 보금자리를 꾸민 후, 그는 새벽부터 가게를 열었고 번 돈으로 부채에 휘청거리는 자동차정비소를 인수했다. 훗날 그 부지가 개발되면서 적지 않은 현금을 거머쥐자 돈이 돈을 낳는다고 계속해서 돈이 굴러들어 왔다. 결국 그는 홀딩컴퍼니를 통해 군소 자회사를 거느린 상장사의 소유주가 되었다. 남에게 모회사의 주식 한 주 내주지 않은 100퍼센트 오너였다.

이제야 숨을 돌릴 만하다고 생각했는데 날벼락이 떨어졌다. 인생이 서글펐다. 산다는 게 참으로 덧없다는 생각이 들었다. 늦여름 절간의 변소에 들렀을 때 보았던 똥통의 구더기가 자신과 다를 바 없다고 생각됐다. 유언을 하겠다고 하자 아내와 아이들이 득달같이 외제차를 몰고 산사로 들이닥치던 날이 떠오른다. 그는 그런 그들을 돌아보고 싶지 않았다.

"내 재산의 절반은 어려운 사람을 돕기 위해 재단에 기탁하겠다!"

그가 변호사 앞에서 이렇게 구술하자 여기저기서 일그러진 표정과 함께 불만의 목소리가 터져나왔다.

"저이가…… 망령이 들었어!"

"아버지, 정신 좀 차리세요! 유언이 고작 그거예요!"

최 회장은 침낭을 덮으며 뜨거운 눈물을 흘렸다. 죽는 것이 서러운 게 아니라 죽이지 않아야 할 것을 죽이며 살아온 인생이 서글펐다.

'산에서 죽으면 누구도 몰라보겠지. 이젠 가야 할 곳으로 가자.'

그는 그믐에 이지러지는 달빛을 보며 이렇게 마음먹었다. 다음날 산에서 내려오던 그는 그만 발을 헛디뎌 나동그라졌고 스님들의 부축으로 숙소까지 올 수 있었다. 밤늦게 서울에서 기사가 달려왔고 그는 자동차에 흔들리며 서울로 향했다. 이제는 병원에 가서 조용히 눈을 감는 일만 남았다.

한 달 후, 그의 장례식은 회사장으로 치러졌고 화장한 뼛가루의 절반은 재단에서 후원하는 시골 고아원 앞마당에, 절반은 그가 묵었던 절의 뒷산에 뿌려졌다. 그가 죽은 뒤, 이상하게도 봄볕을 받은 해우소 벽에 나비들이 날아들었다. 그리고 그해 여름에는 누가 석유를 뿌렸는지 들끓던 구더기가 전혀 보이지 않았다.

야생화를 보며 눈물짓다

**산에 핀 수많은 들꽃과 야생초는 내가 누군지 모른다.
내가 저들의 이름을 알지 못하듯**

아무리 작은 회사도 사장이란 자리에 있으면 온갖 인사치레할 곳이 생기게 마련이다. 근조화환, 결혼·환갑·칠순·팔순 축하화환, 영전 축하란(蘭) 등 챙겨야 할 곳이 한둘이 아니다. 인사가 만사 아니던가. 사업의 규모가 작을 때는 사장이 직접 화원이나 꽃가게에 가서 화분을 고르지만, 중견기업이 된 다음부터는 총무과 여직원이 알아서 하는 통에 뭐가 갔는지조차 모르고 넘어간다. 특별히 신경 써야 할 인사에 대해서만 따로 불러 지시할 뿐이다.

박영화 사장은 때마침 외출을 했다가 특별히 챙겨야 할 분의 회갑을 맞아 근처 화원에 들르게 되었다. 온갖 화분이며 꽃이 화려함을 자랑하고 있었다. 어디 수수하고 오래도록 싫증이 나지 않을 꽃은 없을까? 도심 화원에서는 왜 야생초화는 취급하지 않을까? 화원 주인에게 혹시 야생화는 없느냐고 물었다가 오히려 '이 양반 세상물정 모르네' 하는 식의 눈총만 받고 말았다.

그날 이후 박 사장은 향기가 나는 꽃을 찾아 산을 다니기 시작했다. '어차피 다니던 산행에 카메라 하나 추가하면 되지 뭐'하고 간단하게 생각했다가 내친김에 야생초 동호회에 가입하기까지 했다. 그는 종종 산에서 씨앗을 받아다 아파트 베란다에서 재배하기도 한다. 그다지 실효를 거두고 있진 못하지만 그는 우리 꽃 가꾸기에 여전히 많은 관심을 기울이고 있다.

산길에서 만나는 금강초롱, 금강애기나리, 복주머니란, 자란, 가시여뀌, 너도바람꽃, 달맞이꽃, 노루귀, 은방울꽃, 덩굴 박주가리, 한계령풀, 동강할미꽃, 노루발풀, 각시붓꽃, 개불알꽃, 피뿌리풀, 돌매화, 홀아비바람꽃 등 우리의 야생초는 그야말로 넋을 빼앗을 듯 어여쁘다. 그니들은 어쩌다 이 산하의 가장 위로만 쫓겨가는 것인지 안타깝기만 하다. 우리 꽃들은 산 위에 있고 저 아래에는 온갖 외래종만 판치고 있다. 야생화를 볼 때면 한편으론 반갑고, 한편으론 안타까움에 '겉모양만이라도 쟤들처럼 화려하지. 어째서 그리 꾸밀 줄도 모르느냐?'며 화풀이를 하고 싶다. 분명 제 땅에서 자라난 당당한 주인이건만 제 땅에서 버림받는 야생초화들의 그 가녀린 움직임과 수수함에 마음이 아프다.

경영자의 관점에서도 야생초화들은 지지리도 경쟁력이 없다. 그건 박 사장이 만들어내는 국산품이 품질과 무관하게 늘 국산이란 이유로 밀리는 것과 사뭇 같다. 마진에서는 중국산만 못한 대접을 받고, 인지도에서는 늘 함량 미달로 취급되어 온 저간의 속사정과 어찌 그리 똑같은지 모르겠다. 그런 야생초화를 사랑할수록 애증이 더했고 못난 놈으로 치부해 내칠수록 가슴이 미어졌다. 꼭 자신의 사업을 닮은 것 같았다.

대학시절에 집시법 위반으로 1년 가까운 형을 살다 나온 그는 자연스럽게 이력서 한 장 낼 수 없는 386운동권이라는 틀거리에 묶여 버렸다. 학원을 전전하다 그나마 지인의 소개로 조그마한 제조업체를 알게 되면서 생산업과 인연을 맺게 되었다. 울울창창 대기업 틈에서 그들의 치다꺼리를 해야 밥상에 떨어진 밥알이라도 주워 먹을 형편인지라 자연히 별의별 일에도 화환을 보내 인사치레를 해야 했다.

'우리 회사가 만드는 제품에선 어떤 향기가 날까? 아니 향기가 나기나 하는 걸까?'

그는 문득 지리산 자락에 끝없이 펼쳐진 야생초화 군락이 생각났다. 겨울이면 눈 속에 한없이 묻혀 소리 없이 울어대고, 엄동설한에 뿌리만 간신히 유지하는 그 야생초화들은 봄이 되면 등로 언저리에 가장 강렬한 향기를 뿌렸다. 향기 하나로 양봉업자를 부르고 산언저리를 맴돌다 산꾼들 품에 달려들었다.

'내 경영은 무엇을 품고 있을까?'

그날 밤 그는 후다닥 배낭을 챙겨 지리산으로 떠났다. 지리산에는 이미 진달래가 만발해 있었다.

산길을 걸으며 우리 산하는 어찌 이리 아름다운지, 우리 꽃들은 어찌 이리 고결한지, 그러면서도 어찌 이리 서로의 얼굴조차 알아보지 못한 채 살아왔는지 하는 자괴감이 들었다. 땅을 뚫고 나오는 것은 죄다 생명들이었다. 탯줄을 끌고 나오는 것들은 누구보다 먼저 새눈을 틔웠고 끊임없이 자기 향기로 군락을 이뤄냈다. 그곳엔 꽃들이 만드는 희망이 있었고, 스무 살 무렵의 열정이 있었다. 오랜 시간 잊고 있던 뜨거운 눈물이 흘렀다. 그는 진달래꽃 물드는 산하를 바라보며 대학시절에 불렀던 노래를 가만히 불렀다.

눈이 부시네 저기 난만히 묏등마다

그날 쓰러져간 젊음 같은 꽃 사태가

맺혔던 한이 터지듯 여울여울 붉었네

그렇듯 너희는 지고 욕처럼 남은 목숨

지친 가슴 위엔 하늘이 무거운데

연연히 꿈도 설워라 물이 드는 이 산하.

대학시절, 막걸리 집에서 서로를 위로하며 부르던 노래였다. 그때의 친구들이 생각났다. 한 친구는 강제징집을 가서 싸늘한 시신으로 돌아왔고 한 친구는 정치판을 기웃거리는 자칭 건달이 되어 있다. 한 친구는 아침마다 우유배달을 하고, 또 한 친구는 평범한 직장인이 되어 시계처럼 또각또각 회사와 집을 오간다.

대학시절에는 다들 뜨거운 열정을 지녔는데 지금은 각자의 군락에 뿌리를 내리고 비슷한 것들끼리 모여 있다. 그렇게 서열과 계급, 등위, 차별의 세상을 살아가고 있다. 그는 그만 눈시울이 뜨거워졌다. 세상은 다 그런 거다. 잊혀지고 지워지고 아픈 기억에 몸살을 앓지만, 다가가지 못한 채 끝내 발길을 돌리게 되는 것이다. 박 사장은 자신의 사업이 조만간 중국산과 국산이라는 편견 사이에서 이슬방울처럼 사라질 것을 예감했다.

이제부터 무엇을 해야 할까? 더 강해져야 산다. 살아남아 강해져야 한다.

지리산에서 돌아온 뒤, 그는 한동안 사업만 생각하기로 했다. 돌아갈 곳 없는 외통수라면 치고 올라가는 것밖에 달리 방법이 없다. 국산만 고집할 일이 아니었다. 고심 끝에 있는 돈을 몽땅 털어 외국 유명제품의 라이선스를 손에 거머쥔 날 그는 다시 화원을 찾았다. 그가 서양난의 눈부신 화려함 속에 취해 있을 무렵, 주인이 다가와 그에게 말을 걸었다.

"저……, 손님. 손님이 찾던 거 가져다 놨어요."

주인이 가리킨 곳에는 우리 꽃이라는 개량화가 놓여 있었다.

"교배를 해서 향기도 나고 꽃도 쓸 만하죠."

박 사장은 화분을 들고 나오며 이놈을 어디다 시집을 보내야 할지 한참 망설였다. 다음날 그는 그 화분을 자기 책상 위에 조심스레 올려놓았다. 가끔 여직원이 들어와 물을 줄 때마다 그는 지리산의 꽃들은 지금 어떨까 하고 생각했다.

산을 오르리라. 산에 가서 뭇 풀꽃들을 보리라. 그들을 품으리라.

산을 그리는 그의 눈가에 친구들 얼굴이 흔들렸다.

산 많기로 유명한 내 고향 강원도 양구에는 사명산(四明山)이 있다. 나는 중학교 때 서울로 올라온 탓에 고향에는 벌초를 하느라 1년에 딱 한 번 갈뿐이다. 어린 시절에 우리 집 과수원 마당 앞으로 우렁차게 뻗어 올라간 산이 바로 사명산이었다. 그 아래에는 가난한 화가 박수근의 집이 있었다.

내가 고향에 대해 떠올리는 생각은 딱 두 가지다. 하나는 그곳이 정확히 한반도의 배꼽에 해당된다는 것이고, 다른 하나는 사명산이다. 어렸을 때는 사명대사가 묵었던 산이라 그런 이름이 붙었다고 들었지만 사실은 양구, 화천, 춘천, 인제까지 사방팔방이 보인다고 해서 붙여진 이름이다. 산에 가로막힌 산마을 사람들이 산을 헤치고 먼 곳을 응시하고자 하는 바람으로 산 이름을 그렇게 지었을 것이다.

전형적인 육산이라 특별히 시선을 끄는 건 없다. 우뚝, 그게 끝이다. 하지만 강원도 산이 대개 그렇듯 해발 1,197미터나 되며 산 위에서는 파로호, 소양호가 한눈에 내려다보인다. 가뭄이 들면 파로호는 구석기시대의 돌무덤까지 고스란히 내보인다. 우리나라 최대의 구석기 단지다. 그러나 물이 차면 원시의 흔적은 다시 시원의 세계 속으로 자취를 감추고 만다.

그 산 중턱에 보(洑)가 하나 있다. 어렸을 때 나는 종종 형과 함께 그곳에 올라가 물고기를 낚았다. 한 번은 형님이 월척을 낚아 내려오자 마을 사람들이 이상하다는 듯 바라보았다.

"세상에, 산에서 어쩨 팔뚝만한 물괴기를 낚았을까."

사람들은 놀랐지만 산에는 분명 큼지막한 물고기들이 살고 있었다. 파로호나 소양호의 물고기가 어부의 그물에 쫓기며 살았던 것과 달리 산의 물고기는 신선처럼 살았을 것이다. 그래서 그런지 미끼가 없는 바늘만 던져도 세상을 구경하겠다고 다투어 물고 나왔다.

그 물고기들은 어찌 알고 산에 올라가 터를 잡게 되었을까? 그걸 아는 사람은 아무도 없다. 묘한 것은 이후 산에 사는 물고기가 내 무의식에 적잖은 영향을 미쳤다는 점이다. 그 기이한 경험은 늘 불균형 속의 균형, 부조화 속의 조화, 역발상, 차별화, 남다른 생각 등으로 작용해왔다. 산에서 물고기를 낚았던 체험은 나중에 확신이 되었고 나아가 나에게 행운의 상징이 되었다. 산에서도 물고기를 잡은 내가 강이나 호수, 바다에서는 오죽 잘 잡으랴! 그것은 내가 남다른 경쟁력을 가졌을 거라는 생각을 품게 해주었다.

그런 무의식은 직장생활에서나 사업 아이디어를 낼 때마다 발휘되었다. 알래스카에서 냉장고를 파는 것이나 아프리카에서 신발을 파는 것은 헛된 이야기가 아니다. 역발상의 사고로 기존의 상식을 깨고, 낡은 패러다임을 부숴대면 거기서 새로운 틀을 얻게 되어 있다.

산을 오르는 방식도 이와 같다. 지금까지 얼마나 많은 사람들에 의해 등반사가 새롭게 쓰이고 해석되어 왔는가! 또한 등산장비는 얼마나 많은 실패와 죽음의 교훈 덕분에 발달해왔는가?

나름대로 차별적 사고로 사업을 하면서 짬짬이 산 멋을 즐기는 친구와 대화를 하다가 우연히 네팔에 대한 이야기를 듣게 되었다.

"히말라야에서는 무얼 파는 줄 아냐? 가장 열악한 것을 상품으로 내놓지. 혹독한 날씨, 거친 눈보라, 야생의 자연, 더러운 담요와 맛없는 음식…… 누구나 회피하고 싶어 하는 이런 것들이 전 세계 사람들을 끌어 모으고 있지. 절대 폼 나고 세련된 걸 파는 게 아냐. 벤츠나 렉서스를 타고 다니는 전 세계 기업인들이 왜 그곳을 찾는 줄 알아? 거침, 황량함, 장엄함이 불러일으키는 원시적 교감을 얻기 위해서야. 그들은 네가 산에서 물고기를 잡았듯, 오히려 경영이란 글자조차 초라한 그곳에서 경영마인드를 얻지. 그래서 히말라야는 샤머니즘과 경영이 만나는 장소이기도 해."

나는 그의 얘기를 들으면서 호수를 품는 산, 사방천지로 개안(開眼)되는 산을 머릿속에 그리고 있었다. 그것은 경영에서 무장무애(無障無礙)의 경지이자 그것을 펼쳐 보이는 대담함을 보여주는 것이기도 했다. 가슴이 베인 것처럼 써늘했다.

오늘날 경영자들은 천지사방 지척도 분간하기 어려운 산을 오르고 있다. 그들에게 소원이 있다면 끝까지 생존해 정상을 밟고 무사 귀환하는 것이다. 그러나 변화하는 환경은 그러한 바람을 쉽게 허락하지 않는다. 사업 생태계에서 먹을거리를 찾는 것은 갈수록 어려워지고 있다.

"산에서 물고기를 잡을 방법은 없을까?"

　산꾼 경영자는 늘 이런 고민에 휩싸인다. 친구는 나를 뚫어지게 쳐다보았다.

　"물론 있지! 산을 번쩍 들어다 바다 한가운데에 갖다 놓으면 돼. 히말라야에서 한 5,000미터급 되는 산을 들어다 독도 근처에 떨어뜨려 봐. 사방이 죄다 물고기 떼지. 누가 한번 그래 봤으면 좋겠어."

　친구는 한동안 창조적 발상을 시험하기 위해 여러 선진기업에서 면접을 할 때 썼다는 불가(佛家)의 화두 같은 말을 던지고 있었다. 그는 스스로 질문하고 스스로 해답을 찾고 있는 것 같았다.

　하늘을 나는 물고기, 산을 타는 물고기, 나무 위에 가서 누운 물고기…… 문득 초현실주의 화가 달리가 생각났다.

　산에는 잉어가 산다. 산꾼은 산에 있는 게 아니라 후미진 세상에 산다. 서로의 거처는 달라도 그 지향점은 같다. 그러니 내일 산에 오를 때는 어제의 나를 낚은 낚싯대를 들고 가리라. 거기서 산을 모른 채 산을 오르는 나를 낚고 산 아래로 데려오리라. 산도 낚으리라. 이곳에 더 높은 산이 필요할 테니까 말이다.

설악산 무릉도원 이야기
자기를 암시하는 산은 어디든 있다

"사람들은 알지 못하지만 설악산에는 지도에 나오지 않는 비밀의 문이 하나 있어요. 아무도 모르는 길, 스스로 열렸다가 닫히는 길이죠. 그곳에 꿈속처럼 복숭아밭이 있습니다. 처음 그곳에 발을 들여놓았을 때, 나는 길을 잃은 상태였죠. 열두 살 무렵, 누나와 함께 양양에 놀러갔다가 들른 설악산에서 길을 잘못 들어 발견한 곳입니다. 나는 누가 볼 새라 복숭아 몇 개를 뚝딱 따서는 계곡물에 씻어 우적우적 씹어 먹었죠. 그 복숭아가 동방석이 먹고 삼천갑자를 살았다는 전설처럼 내게 장수의 복을 줄 것으로 믿었죠. 세월이 한참 흘러 다시 그곳을 찾았지만 같은 장소를 찾지는 못했습니다. 어디가 어딘지조차 분간할 수 없었어요. 무릉도원으로 가는 길이 다시는 열리지 않은 거죠. 나 이외에는 아무에게도 문을 열어주지 않았을 겁니다. 지금도 그곳은 선택된 사람들만 잠시 발을 디딜 수 있는 곳일 거라고 생각합니다. 혹시 설악산에 가서 불현듯 복숭아밭으로 들어가고 있는 자신을 발견하거든 그곳이 무릉도원임을 아세요. 다시 찾을 생각일랑 꿈에도 마시고요."

유난히 설악산 산행만 고집하는 김장수 사장은 그의 기이한 실종 경험담을 들려주었다. 그 이야기를 들을 때 산꾼들은 헛웃음을 날렸지만, 그가 자신의 나이를 말했을 때는 누구나 깜짝 놀라지 않을 수 없었다. 외견상으로는 40대로 보이는데, 자신이 60대가 다 됐다고 말하는 것 아닌가! 산을 타며 듣게 되는 이야기 중에는 기이한 민담이나 설화, 전설도 많지만 그의 이야기처럼 생생한 판타지는 처음이라 그저 미심쩍은 눈초리만 보냈다.

하지만 산꾼들이 얘기하는 산신령과의 대화가 나름대로 근거가 있을 거라는 생각이 들면서부터 내 관점에 변화가 생겼다. 산신령의 존재 유무와 상관없이 그들은 자신의 바람이나 희구를 투영해 누군가와 이야기하고, 그것으로 계시나 영감을 얻는다. 그중에서도 김 사장은 다소 특이한 경우였다. 이야기도 너무 가까운 시기라 전설로 여겨지지도 않았다.

전국의 이름 있는 산에는 산의 정기를 쏘이고자 하는 수많은 무속인의 발길이 끊이지 않는다. 산을 찾고 간 다음에는 한동안 신이 들려 점괘도 잘 맞는다고 한다. 무인(巫人)이야 먹고사는 일이 남의 운명을 들여다보는 것이니 고개가 끄덕여지지만, 산꾼 중에도 산의 기운을 즐기려는 사람이 많다는 것은 의외였다.

예전에는 어느 산 아래든 당집 한둘쯤은 당연하다는 듯 들어앉아 있었다. 산의 발밑이나 허리쯤, 혹은 기세가 당당한 땅에 들어선 그 종교 시설물은 사람들의 영적 바람과 떼어 놓고 생각하기 어렵다. 무속의 오랜 역사가 우리 산에 고스란히 남아 있고 여전히 그걸 찾는 사람들이 있기 때문이다.

산을 타며 그들의 이야기를 곧이곧대로 믿는 것은 아니지만, 때로는 그 이야기가 참일 수도 있겠다 싶다. 시운(時運)과 사람, 물건이 맞아떨어지며 소위 돈벼락을 맞은 사람들을 볼 때면 돈을 불러들이는 능력이란 게 뭔지 생각해본다. 성공한 사람들은 묘하게도 한결같이 '운이 좋아서'라고 말한다. 그저 성가시거나 귀찮아서 둘러대는 것만으로 들리지는 않는다. 실제로 뒷패가 척척 맞듯 운이 기막히게 좋다. 온갖 불확실한 게 인생사인데 어찌 운을 생각해보지 않을 수 있을까?

사업을 하다 보면 놀랍게도 유토피아의 세계와 조우할 때가 있다. 그래서 돈은 내가 버는 게 아니라, 남들이 벌어주는 것이라고 하는 것인지도 모르겠다. 산꾼 경영자라기보다 무속인에 가까운 정서를 지닌 오봉수 사장은 이렇게 말한다.

"사업에서 길을 잃었을 때, 간혹 유토피아를 발견하게 되기도 하죠. 국내의 수많은 기업을 보세요. 기술이나 상품만 좋아서 성공했나요? 물건이 형편없는데도 성공하는 경우가 왕왕 있죠. 내가 가끔 들르는 유명한 분식집이 하나 있습니다. 그런데 어느 날 그 집에 칼국수를 먹으러 갔다가 차마 믿을 수 없는 광경을 목격했습니다. 주인이 식당 확장 공사를 하는지 시멘트를 이기다 말고, 손님들이 줄을 서니까 대충 손을 문지르고는 그 손으로 밀가루 반죽을 이기는 거예요. 그걸 보면서도 사람들은 국수를 먹겠다고 줄을 서더군요. 그 광경을 보고는 입을 다물지 못했지요. 마치 집단 최면에 걸린 듯했어요. 이런 걸 믿으시겠어요? 위생 관념이라고는 전혀 없는 데도 말이죠. 아마 그날 손님들의 위장에는 석회가루가 한 스푼씩은 들어갔을 겁니다. 되려면 뭘 해도 됩니다. 반대로 안 되려면 뭘 해도 안 되죠. 산에 산신령이 없다고요? 신은 어디에든 있습니다. 산에 가면 나는 신을 부릅니다. 내 안의 신이 그대 산속의 신을 만나러 왔으니 나를 만나러 오시라고 말이죠. 그 신을 만나면 나는 가야 할 길과 헤쳐 나가야 할 길을 알게 되고 그러면 운 좋게도 실패는 줄어들게 되죠."

수많은 산꾼 경영자가 무속에 빠져 산을 오른다. 누군가는 거기서 기(氣)를 얻고 하산해 사업에 큰 도움을 받았다고 하기도 하고, 누구는 풍을 맞아 입이 돌아가거나 반신불수가 되었다는 얘기도 한다. 딱히 분류하자면 원시종교라고 할 수밖에 없는 무속이나 도(道)에 심취한 산꾼 경영자가 적지 않다는 것을 알고는 무척 놀랐다. 물론 그들은 나름의 철학과 세계관으로 산신(山神)을 대하는 것이다. 그것을 미신으로 몰아붙이거나 종교적 의미를 묻는 질문 따위는 별 의미가 없다.

산 아래 경영자가 산에 올라와 원시종교 같은 것에 심취하는 까닭은 무엇일까? 이 문명세계에서 과학적인 경영세계를 무시하는 것일까 아니면, 그것으로 채워지지 않는 영혼의 갈증 같은 것을 채우기 위해서일까?

내 의문에 김 사장은 이렇게 대꾸했다.

"그걸 가리켜 자기암시라고 하는 거 아닙니까? 그들이 그런 생각을 하는 건 잘못된 것이 아닙니다. 부정한 일을 저지르는 것도 아니고 적어도 큰 종교들처럼 갈등은 없잖아요. 다툼이나 종교로 인한 전쟁도 없고 또 기도하고 내려가서 사업이 잘되면 좋은 거고……"

맞는 말이다. 누구나 스스로 원하는 대로 믿고 행동하는 게 중요한 것 아닌가? 그런 믿음이 뒤틀리거나 배배 꼬인 게 아니라 선성을 드러내는 것이라면 더욱 말이다.

산꾼 경영자 중에는 정말 별의별 사람들이 다 있다. 그래서 그런지 산에는 굽이굽이마다 사연도 넘쳐난다. 그나저나 설악산 어딘가에 정말 무릉도원이 있기는 한 걸까?

한신계곡에서 연리지를 보다

저 나무들은 무슨 연으로 뒤엉켜 한평생 한 몸으로 사는가

산에서 만난 사람끼리 살림을 차리면 산을 버린다. 한동안 버린 산을 나이 들어 다시 찾다가 어느새 관절이 삐걱거릴 때쯤이면, 둘 중한 사람만 산에 오른다. 원앙의 한 짝이 영혼의 거처를 찾아 먼 길을 떠나면 때로는 짝의 무덤을 찾고, 때로는 혼자 산의 발밑으로 가서하늘을 올려다보는 날이 잦아진다. 인생이라는 산행이 이러하다.

그래서 산꾼들은 서로 닮은 사람을 짝으로 맞는 게 마음 놓이지 않는 것인지 모른다. 취미가 같아 좋을 것 같지만 서로 같으니 홀로 남으면 더 외롭다. 뼛속까지 시리고 말은 소리가 되어 터지지 않는다. 그래서 산과 담 쌓은 여자를 만나 둥지를 틀거나 산이라면 손사래 치는 남자와 만나 살기도 한다. 그러다 어느 결에 산이 부르면 몽유병환자처럼 산에 깃든다.

산에 들면 연(緣)이요, 산 밖에선 생면부지 남이다. 그게 산꾼들의인연이다. 어차피 먹고사는 일이 달라 따로 만난다는 것도 별 의미가 없다. 인터넷이니 산악회니 하는 것도 한때뿐, 시끌벅적한 것보다 고즈넉이 짝과 함께 오르는 등산이 더 좋다. 세상에 내 짝이 있어 할 얘기 못할 얘기 죄다 주고받고 자식을 함께 키우는 게 얼마나 좋은 일인가? 하지만 때가 되면 그 순간이 몹시도 그리워질까 안타깝다. 그래서 마음 한곳에 둔 매듭이 서로 풀어지지 않도록 연이어진 가지처럼 연리지를 맺는다.

봄 산을 오르다 지리산 한신계곡에서 연리지를 보았다. 바람이 불면 돌쩌귀에 앉은 문짝이나 잇대어진 경첩처럼 삐걱삐걱 소리내어 운다. 저러다 불이라도 붙으면 어쩌지? 걱정에 다시 올려다보아도 서로가 베를 짜듯 주거니 받거니 잘도 논다. 살이라도 닿고 뼈에 정분이라도 새겨 두려 저러는 거겠지. 바라보는 이의 생각 따윈 안중에도 없는 듯 나무들은 서로 엉킨 채 평생 그리 살아갈 모양이다. 저들이 사람이라면 보통 낯 뜨거운 장면이 아닐 테지만, 음욕의 생각은커녕 그저 아름답고 신비롭게만 보인다.

한신계곡 하산길에 명계숙 원장은 남편의 손을 잡고 흔치 않은 산동네 풍경을 올려보고 또 쳐다보았다. 두 사람이 만난 것은 20여 년 전 설악산에서였다. 대학시절에 서로 다른 대학에서 MT를 와서 만나게 됐던 인연이다. 산악반원이라더니 턱 없이 다리를 삔 여학생을 설악동까지 같은 대학 남학생들과 번갈아 업어 날랐다. 세상에 그처럼 길고 힘든 길이 없었고 무거운 짐이 없었다. 하지만 마음만은 붕붕 떠오르는 것 같았다. 산도 모르는 남학생이 오히려 산악반 여학생을 업고 속초로 내달릴 때, 그는 여학생의 몸에서 나는 새큼한 땀내에 코가 감기고 정신이 몽롱해져 왔다.

사고 직후, 한 사람은 서울로 다른 한 사람은 대구로 돌아갔고 두 사람은 학보나 몇 번 보내주고 끝날 것 같았다. 그런데 묘하게도 그 해 겨울 두 사람은 눈 덮인 지리산에서 우연히 다시 만났다. 한쪽은 경북지역 산악동아리 일원으로 또 한 사람은 대학 사진동아리 회원으로 말이다.

첫눈에 그녀를 알아본 남학생의 가슴에서는 쿵쾅쿵쾅 심장이 뛰는 소리가 들려왔다. 둘은 서로를 알아보고 어색하게 인사했고 라면을 끓일 때는 일행의 눈총을 받으면서도 젓가락 들고 버젓이 끼어들었다. 그리고 그해 겨울부터 주말이면 서울과 대구를 오가며 연애를 했다.

3년 후 결혼한 그들은 애 둘 낳고 치과 개업하고 집 늘려가고 애들 키워가면서 야무지게 20여 년을 함께 살았다. 잠시 산에 오르기도 했지만 애들 걱정에 곧 내려가야 했고 장비 따위를 갖춘 산행은 더더욱 아니었다. 그러다가 애들 성장하고 먹고살 만해지자 남편에게 간경화증이 찾아왔다. 그때부터 두 사람은 산을 찾기 시작했다.

연리지를 바라보던 두 사람은 바위 턱에 털썩 주저앉았다. 다른 사람에게 불륜으로 보일까 주위를 두리번거리던 명 원장은 남편의 머리를 무릎 위에 올려놓았다.

"여보 건강하게 살아! 돈은 내가 벌잖아. 푹 쉬고 산에도 같이 오고. 아까 봤지? 그 연리지. 우리가 그 나무 같다, 그치? 당신 나 먼저 두고 가면 안 돼! 알았지?"

"당신이 더 젊으니 나보다 오래 살아. 나 죽으면 좋은 남자 만나고. 애들 눈치 보지 말고 살아. 키워줬으면 됐지 뭐. 사내자식만 둘이라 당신한테 싹싹하지 않으니 그게 좀 아쉽다, 그치?"

"우리 하나 더 낳을까?"

산사랑에 빠진 연인의 화신인가.

지리산 한신계곡에 연리지가

한 몸 되어 삐그덕 삐그덕 살아간다.

우리네 삶도 이와 같을진대

힘껏 껴안고 살아갈 사람 어디 없을까?

"그러게. 하하하……"

두 사람은 웃고 얘기하고 간단한 요기를 하며 산을 내려왔다. 그게 이태 전의 일이었다. 명 원장은 지금 치과병원 책상 앞에 가족사진과 함께 그때 찍은 연리지 사진을 걸어두고 있다. 남편이 생각날 때마다 그녀는 사진을 보고 주말에는 홀로 남편과 다녔던 산을 오른다. 행색도 단출하다. 언젠가는 지리산에 다시 가 봐야지 하는데 벌써부터 관절이 말을 듣지 않는다. 아무도 없는 산에서 혼자 죽게 될까봐 겁이 나기도 한다. 하지만 그 산에 오르면 남편에게 못 다한 말을 들려주고 싶다.

"여보, 당신 먼저 가서 내 자리 잡아둬야 해? 절대 다른 여자한테 한눈팔지 말고……"

이태 전 남편과 함께 지리산에 올랐을 때 그녀는 이미 의사로부터 마지막 산행이 될 거라는 소견을 받은 뒤였다. 그런데 그날 두 사람은 우연히 죽어서도 기억할 연리지를 보게 되었던 것이다. 명 원장이 한참이나 머릿속으로 산을 헤맬 때 갑자기 딸랑 하는 소리와 함께 손님이 들어왔다. 그녀는 환자의 크게 벌어진 입을 내려다보며 동굴을 떠올렸다. 동굴 주위엔 누가 떼어가길 바라는 누런 종유석이 매달려 있다.

고요도 소리치더구나
인생이란 전쟁터에서 살아남는 것은 시간밖에 없다

바람소리, 물소리, 천둥소리, 새소리, 빗소리, 잎사귀 부딪치는 소리…… 산에 들면 온갖 소리가 들려온다. 하지만 그 소리는 산 아래처럼 악머구리 들끓는 듯한 아우성이 아니라 고요한 화음이다. 어쩌면 소리는 뭔가와 부딪혀 생겨나는 것이 아니라 스스로 뿜어내는 것인지도 모른다. 산꾼의 가슴에서 튕겨 나오는 한숨소리, 안도소리, 탄식소리, 환희소리는 인생의 산을 만들고 산꾼 경영자를 흔들어댄다.

소리 속에는 우리의 지난한 인생이 놓여 있다. 그래서 산은 오르는 게 아니라 드는 것이고, 내려서는 것이 아니라 출산하는 것이다. 출출세간(出出世間) 출세간(出世間)하려고 입산하는 것인지도 모른다. 그래서 산에 들면 입산이요, 마음에 들면 고요다. 산이 고요한 게 아니라 마음이 그러하다는 얘기다.

산 아래에서 경영자는 매출, 목표, 상품, 경쟁 등 경영에서 부스러기처럼 떨어지는 말들에 줄곧 노출되어 있다. 하지만 산에서는 다르

어느 산을 넘어야 진정한 나를 만날 수 있을까.

소리쳐 내면을 토해내면

산은 고요로 맞받아친다.

산과 사람이 만나는 이야기가 이런 것일까?

우리 사연은 어느 산 협곡에 꽂히는

전설이 될까.

다. 인식, 전념, 자아, 명상 같은 사업적이라기보다 선(禪)에 가까운 말들을 떠올린다. 이런 선의 세계가 경영에 더 잘 어울리는 것은 무슨 까닭일까?

인생에서 가장 치열한 전쟁을 치르고 이제 막 산에 오른 사람들은 산에서 영혼의 거처를 찾는다. 고요 속, 고즈넉함 속에서 영혼이 소리치는 것을 듣는다. 등로에서 듣는 온갖 소리는 사실 내면에서 울려퍼지는 소리일지도 모른다. 갈잎처럼 스스로 울어대는 소리다.

산꾼 경영자에게 산이 내는 소리는 내면의 고요를 불러내는 소리다. 산에 오르면 이 말처럼 맞는 말이 어디 있으랴 싶다. 매일 고뇌하는 일상은 이들이 산을 찾게 만드는 이유다. 산은 무수한 화두를 던지는 선방이자 해법을 찾아 구도하는 도량이기도 하다. 그래서 산에 오르면 생각의 주변부를 쳐내고 정수에 몰두하게 된다. 잡생각을 털어내고 궁극적인 생각에 파고든다. 생각의 잔가지를 쳐내면 시야는 보다 뚜렷해진다.

1년을 하루같이 누구보다 바쁜 스케줄에 쫓기는 양춘명 사장은 산과 생각을 연결시키는 걸 산행의 중요 의미로 인식하고 있다. 그는 거의 15년간 중요 의사결정 사항이 있을 때마다 모든 걸 팽개치고 산을 찾았다. 집중과 몰두를 위한 시간이 필요하다고 생각해서다.

"경영에는 수많은 데이터가 제시됩니다. 다들 나름대로 근거가 있는 것이죠. 하지만 경영자는 간혹 데이터가 아닌 자신의 신념과 의지를 믿어야 할 때가 있습니다. 내면의 소리를 들어야 할 때가 있는 거죠. 나는 그것을 위해 산을 오릅니다. 홀로 생각에 푹 빠져보는 거죠. 나는 사색이나 명상의 힘을 믿습니다. 오늘날의 경영자는 대개 생각할 시간이 없어서 문젭니다. 그래서 그런지 본질은 생각치 않고 현상만 봅니다. 그건 한철 우거진 숲만 보는 것과 다를 바 없지요. 바쁠수록 경영자는 홀로 생각할 시간을 가져야 합니다. 예전에 임금님들이 농우절에 국사에서 벗어나 한가로이 밭을 간 이유를 생각해본 적 있습니까? 밥의 고마움 때문이기도 하겠지만, 그보다는 땅 냄새를 맡고 맑은 정신을 갖기 위해서가 아니었을까요? 땅 냄새를 맡으면 힘이 솟구칩니다. 자연스러워집니다. 억지가 아닌 순리대로 가게 됩니다. 경영도 순리대로 영위해가야 합니다. 그럴 때 창조적 영감이 다가옵니다. 하물며 하늘과 땅이 만나는 지점인 산에서 얻게 되는 영감이라면 더욱 의미심장하지 않을까요?"

중요한 의사결정 앞에서 머리가 복잡할 때 산을 찾으면 그는 개운해진다고 한다. 저녁 미풍 속에 굽이치는 산악을 지그시 내려다보면 자연의 위대함 앞에서 인간의 작음을 보고 통 크게 생각하게 된다고 한다. 그는 사운을 건 대담한 결정들을 죄다 산에서 내렸다.

"경영자는 비록 일에 붙들려 있지만, 그 일이 의미하는 바를 정확히 알아야 합니다. 무엇이 일이죠? 열심히 일하는 것이 일인가요? 자연의 법칙을 떠나 성공하는 사업은 없습니다. 결국 순응하고 적응해가는 것 속에서 찾아야 합니다. 산에서는 회사에서 내리지 못했던 결정을 보다 쉽게 내릴 수 있습니다."

중요한 것일수록 산에 올라 결정한다는 그는 모세가 민족을 해방시키라는 음성을 들은 것도 호렙산이었고, 십계명을 받은 것도 시나이산이 아니었냐고 묻는다. 왜 산이었을까? 아마도 하늘의 음성을 듣기에 가장 가까운 곳이었기 때문일 것이다.

"산에서는 내가 어떻게 되고 있는지 완성감도 맛볼 수 있고, 사업의 방향을 결정짓는 생각도 굳히게 됩니다. 산에서 들리는 음성은 사실 닫혀 있던 내면에서 울려나오는 것이죠. 산에서 어떤 소리를 듣고 싶으세요? 그건 사장실에서도 문을 닫기만 하면 들을 수 있는 소리이 기도 하지만 준비가 되지 않아 듣지 못했던 소리인 셈이죠. 그걸 고요 속에서 듣게 되는 겁니다."

양 사장은 귀를 열어 산에서 들려오는 모든 소리를 담듯 땀이 밴 모자를 벗었다. 그는 아마도 산에서 듣는 모든 얘기를 그의 사무실에서도 듣고 있을 게 분명했다.

경남 의령과 함안 사이에는 남강이 흐른다. 그 중간에 솥 모양으로 생긴 바위가 하나 있다. 이 지역 사람들은 그 바위를 '솥바위'라고 부른다. 인근 사람들 중 솥바위 전설을 모르는 사람은 거의 없다.

조선시대 때 어느 도인이 그 솥바위에 앉아 마을을 유심히 굽어보고 있었다. 이윽고 그는 "앞으로 이 근방에서 나라의 큰 부자 세 명이 날 것이다"라는 예언을 남기고 사라졌다.

예언이 적중했는지 그 마을 근방에서 우리나라 3대 부자가 나왔다. 삼성의 이병철 회장, LG의 구인회 회장, 그리고 효성의 조홍제 회장이 그들이다. 이들의 생가가 모두 솥바위로부터 20리 내에 있다. 그 이야기는 훗날 만들어진 것일지도 모르지만, 성공한 사람들의 성공 근거를 찾아내고자 하는 인간심리가 엿보인다.

산꾼 경영자 중에는 실제로 풍수를 믿는 사람이 꽤 있다. 이들은 사업의 길흉화복을 미리 내다보기 위해, 혹은 복을 부르기 위해 산을 찾는다. 사업에서 행·불행을 가려받고 피할 수 있다면, 그만한 복이 또 어디 있을까? 그래서 적잖은 사람들이 소위 영산(靈山)이라는 곳을 찾아 오른다.

점을 치거나 신을 믿는 사람은 어느 산꾼보다 말이 없다. 말이 많으면 복이 달아난다고 믿는다. 그들의 산행 목적도 분명하다. 대개의 산꾼처럼 정상이니 종주니 하는 개념이 없다. 대신 기가 솟는 혈을 찾아 스미고 귀신이 활동하는 자정 이후부터의 어둠을 남다르게 맞이한다.

산행을 하다 보면 가끔 큰 바위나 나무 밑에서 북어, 떡, 과일 등을 발견하게 되는데 그것은 무속인이 가져다놓기도 하지만 적잖은 사업가가 그 의식에 합류하고 있다. 추태홍 사장도 그들 중 하나다. 추 사장은 철저하게 풍수에 따라 사업을 하고 심지어 사무실 책상이나 집기 위치까지 풍수를 근거로 정한다.

그는 웬만한 영산은 한 달에 한두 번 이상 오르는 산꾼이다. 남과 다른 점이 있다면 여느 산꾼처럼 그저 산이 좋아 오르는 것이 아니라 산에서 신을 만나려고 오른다. 그렇다고 무속인은 아니다. 다만 산의 정기를 얻고 혈이 되는 곳에서 기를 받아 사업을 잘하고 싶은 거다. 산신령이 그와 함께하길 바라는 일종의 원시무속신앙이라고나 할까.

그가 처음부터 풍수를 믿었던 건 아니다. 어느 날 산을 오르다가 갑자기 산의 기운을 느낀 다음부터 믿게 됐다. 그때 그는 산기운으로 온몸이 저려오면서 자석 앞의 쇠붙이처럼 옴짝달싹할 수 없었다. 그때부터 그는 풍수를 체계적으로 공부했고 지관들을 쫓아다녔다. 그 결과 지금까지는 사업에서 단 한차례도 실패한 적이 없다. 그의 얘기다.

"운이 좋아서 아직까지 잘해내고 있는 건지 모르지만, 사실은 풍수가 결정적으로 도움을 주는 거라고 생각해요. 과학적으로 설명을 하자면 우선 내가 산을 오르니 건강이 좋아지고 의욕이 넘쳐서 좋고요. 풍수를 보며 설비나 집기를 들여놓을 때마다 조심하니 직원들과 일할 때 더욱 조심하게 되지요. 또 내가 좋은 방향을 정해주다 보니 직원들이 잘될 거라 믿고 따르게 되죠. 한마디로 마음에 믿는 구석이 있어 더 잘되는 겁니다."

풍수 산행의 효익에 대한 그의 이야기를 들으니 풍수를 빌려 실제로는 과학을 이끌어내는 게 아닌가 하는 생각이 들었다.

"기업에서 하는 자기암시, 성공에 대한 긍정적 마인드가 죄다 이런 겁니다. 직원들더러 그냥 나가서 뛰라고 해보세요. 그러면 성과도 없고 맥이 쭉 빠져 돌아옵니다. 하지만 사장이 어떤 믿음을 심어주면 직원들은 더 힘을 내게 되고 그걸로 잘 안될 것 같은 일도 이뤄냅니다. 풍수는 그런 겁니다. 개인적으로 산기운을 무시하는 건 아니지만, 그것 때문에 잘되고 안된다기보다는 마음상태가 그렇게 만드는 거죠."

산에 갔다 오면 그는 직원들에게 긍정적인 자기암시의 말을 들려준다고 한다.

"사장이 '앞으로 잘될 거다, 직원들이 모두 잘되라고 내가 빌었다, 올 경영목표를 달성할 수 있도록 정상에 가서 기도를 드리고 왔다'라고 말하면 직원들은 거기서 힘을 얻게 됩니다."

실제로 그는 산을 오를 때마다 성공에 대해 강한 자기암시를 한다. 사장이 가진 신념이 직원들에게 전파된다고 믿기 때문이다.

"산은 이래저래 고맙죠. 건강도 주고 사람도 만나게 해주고 언젠가는 또 다른 면에서 보답도 해주고. 내게 산은 친구이자 사업의 원천이라고 할 수 있습니다."

그는 사장이 풍수를 잘 알면 회사는 번영한다고 주장한다. 심지어 자신이 가끔 산신령을 만나 한 수 배운 것을 들려주기까지 한다. 어디까지 믿어야 할지 모르겠지만 자기암시 하나만큼은 확실하게 이루어지는 것 같다. 세상엔 산의 수만큼 많은 천태만상의 산꾼들이 있다.

더 큰 산이 내 앞에 놓여 있다

겨울 산의 깊이로 빠져드네. 그 깊이에서 다시 시작하네

"사업도 산이고 인생도 산입니다. 어떤 산은 좋은 산이고, 또 어떤 산은 좋지 않은 산이죠. 경험이 낮으면 결코 좋은 산이 될 수 없습니다. 산에 오르면 늘 이미 오른 산들을 보게 되죠. 정상까지 오른 다음에는 내가 거쳐 온 산, 멧부리, 깔딱고개를 조망해봅니다. 우리나라에 산이 오죽 많나요? 산 앞에 펼쳐진 또 다른 산을 보고 끝없이 펼쳐진 능선을 볼 때마다, 내 앞에 더 큰 산이 놓여 있구나 하고 생각하죠. 사업도 이런 겁니다. 시장은 물론 기술, 사람, 그리고 사장인 나도 모두 산이죠. 나는 어느 산에 올랐는지 알고 싶은 겁니다. 내가 이런 생각을 할 때면 산에 올랐다는 게 우스워집니다. 사업을 해서 무슨 성취를 얻었다고 하는 건지 스스로 부끄러워집니다."

산을 수없이 오른 명재명 사장은 산에서 내려와 세상으로 돌아갈 때, 더 큰 산을 오르게 된다고 한다. 그는 산에서 만나는 또 다른 산처럼 끝나지 않은 산행을 적나라하게 보여주는 것은 없다고 단언한다. 아무리 해도 끝없는 일처럼 오르고 또 올라도 끝이 없는 산을 보며 자신이 한없이 작아지는 걸 느끼고 겸손해진다. 그때마다 감사하는 마음이 자연스럽게 번진다.

"경영이란 게 늘 그래요. 항상 산과 맞닥뜨리죠. 어떤 산은 나를 막아섭니다. 대개는 사람이 산인 경우가 많죠. 사람이 직벽입니다. 그 사람과 사업을 해야 합니다. 사업은 언제나 오르기 힘든 산이죠. 그 산에서 내려왔다고 해서 끝난 게 아니라, 내려올 때는 더 큰 산이 앞을 성큼 막아서고 있다는 것을 깨닫게 되죠. 경영자는 그래서 늘 초연하게 임해야 합니다. 그렇지 않고는 제 풀에 버티질 못해요. 오래갈 수도 없죠."

그는 사업을 이루고 다루는 사장의 마음 한구석에는 늘 산이 놓여 있고, 치열한 경쟁이 벌어지는 시장 앞에 다가서는 모든 것이 산으로 비칠 법하다고 풀이한다. 그럼에도 산을 보면 하나의 명확한 생각에 빠져든다고 한다.

"목표라는 걸 생각해보게 됩니다. 내가 세운 목표가 정말로 이뤄야 할 목표인가 하는 것 말입니다. 예전에 어느 교육프로그램에 참가한 적이 있는데, 이런 내용이 나오더군요. 미시건 대학에서 연구한 결과, 무슨 일이든 초기목표를 높게 잡은 사람은 그에 근접하는 달성치를 보인 반면 그렇지 못한 사람은 그보다 훨씬 낮은 결과를 얻었다고요. 그러니 목표는 명확해야죠. 내 경우에는 국내의 이 산 저 산을 모두 오른 터라 이제 짐의 무게를 더해보곤 합니다. 목표를 새롭게 세팅하는 거죠. 전에 엄홍길 씨가 부상당한 다음에 모래주머니를 다리에 차고 재활훈련을 했다는 데서 착안한 겁니다."

높은 기대치만 갖는다고 경영의 산을 제대로 오르는 건 아니지 않나요? 나의 질문에 그는 '적산(積山)'이라는 표현을 끄집어냈다. 적산이라고? 산을 모은다는 뜻 아닌가? 그는 자신이 겪고 쌓아온 것이 지금까지 오른 산의 높이를 쌓고 경험과 깨달음의 높이를 쌓는다고 주장한다.

"경영자에게는 스스로 쌓는 자세가 필요합니다. 막아서는 것을 더 높이 쌓음으로써 뚫고, 쌓은 높이로 그 너머를 타넘는 게 사업이 이뤄지는 방식입니다."

매주 산행을 하는 명 사장이 산을 오르는 목적은 겸손함을 얻는 데 있다. 그는 산을 통해 인생과 사업에서 주요 거점을 확보하고 그것을 줄기차게 3년, 5년, 7년 단위로 추구해나간다. 그러다 보면 강산이 변하는 10년 차에는 기업의 때깔이 확연히 달라진다고 한다. 그가 처음으로 사업을 할 때와 지금을 비교해보면 확실히 상전벽해라는 말이 실감난다. 누구도 거들떠보지 않던 분야로 첫걸음을 뗄 때, 사람들은 한결같이 '거기엔 시장이 없다!'고 못을 박았다.

하지만 그는 3년만 버티면 시장이 열릴 거라고 믿으며 한 우물을 팠고 마침내 용수는 터져 나왔다. 암반을 뚫듯 추구해온 사업에서 대기업의 도전, 유통업체의 횡포 등 온갖 시련이 있었지만 그가 지탱할 수 있었던 것은 시장이 좀더 커지면 유관 분야로 확장할 수 있을 거라는 자신감 덕택이었다.

5년이 지나지 않아 그 분야는 임계치에 이르며 폭발적인 성장세를 보였다. 그 무렵 그는 남다른 우물을 팠고, 물은 그곳으로 넘칠 듯 모여들었다. 물론 은행에 저당잡힌 집까지 날아가는 고난의 행군을 한 끝이었다. 하지만 그는 그런 시련조차 시간이 지나면 해결될 거라는 낙관적인 믿음으로 지금껏 뚫고 나왔다.

"지금은 형편이 좋아졌지만 그때는 초죽음이었어요. 집달리가 와서 딱지를 붙이고 집이 경매에 넘어갔으니 오죽했겠어요? 그래도 꾸준했기에 이 분야에 처음으로 진출한 혜택을 고스란히 누렸죠. 시장이 확대되자 거래를 트겠다고 찾아오는 업체들이 늘어나더군요. 돈을 갈퀴로 긁어모으는 것 같았죠. 나중엔 아내와 함께 돈을 세다가 너무 졸려서 쓰러져 잠들곤 했습니다. 더 이상 내가 혼자서 할 수 없다는 생각이 들었을 때 직원들을 늘렸습니다. 그때까지는 정말로 허리띠 바짝 졸라매고 살았죠. 하도 자장면만 시켜 먹어서 거래처 사장이 나를 '면사장'이라고 부를 정도였습니다. 그런 나를 끌고 가서 갈비를 사주는 사장도 있었습니다. 그 무렵 나는 배낭이라고 할 것도 없는 작은 도토리가방을 하나 메고 새벽이면 산을 찾았죠. 그때 다진 체력으로 힘든 사업을 버텨낼 수 있었던 겁니다."

그는 남다른 성공을 이뤄냈지만 더 큰 산을 찾기 위해 모든 역량을 한곳으로 집중하는 중이라고 했다.

"다른 사업 분야가 곧 산이에요. 처음에는 저걸 어떻게 오르나 싶어 답답하기도 하지만 차분히 보며 전략을 짜면 반드시 길은 있습니다. 오르겠다는 의지가 퇴색되지 않는다면 말이죠. 대개는 중도 포기하기 때문에 그것이 남의 산이 되어 버리거든요."

그는 어떤 산이든 오르기만 하면 지나온 산은 잊혀지고 새로운 산을 맞이하게 된다고 한다. 적어도 한 말(斗)씩 모아 산을 이룬 기업보다 회사를 더 키우고 싶다는 게 그의 포부였다.

길은 저 홀로 나 있고
세상에 이어져 있지 않은 길은 하나도 없다

겨울 산은 유독 느낌이 다르다. 특히 설산은 지고지순하다. 사람의 영토는 저 아래에 있고 그곳에서 영역 다툼에 찌든 인간이 산에 올라 스스로 길을 묻는다. 내가 가야 할 길은 어디인가?

자기 질문에 흠뻑 취한 양도형 원장은 하산객들에게 길을 물으려 하면 단박에 퉁을 준다.

"길은 스스로 깨달아가며 가는 것이지 물어 가는 것이 아닙니다."

그러니 가던 길을 멈추고 번거롭게 남에게 묻지 말라는 것이다. 길이 얼마나 남았느냐거나 앞에 깔딱고개가 있어 힘들지 않느냐는 질문은 그에겐 금기다. 그걸 아는 순간 산행의 묘미는 사라지고 낯설음은 낯익음이 되어 남다른 착상이 떠오르지 않기 때문이다.

"익숙한 길을 가는 것은 도전이 아니지요. 익숙한 건 서울 대로변을 걷는 것으로도 족합니다. 잘 몰라도 스스로 알아가며 가는 것이 산행의 묘미입니다."

때로는 산행을 하는 동료가 도반(道伴)이 되어 주는 경우가 있다. 그럴 땐 산행이 남다른 경험으로 남는다. 우리가 걷는 길을 도(道)로 바꾸면 산행은 경영의 도와 맞닿아 있다. 그 길은 계속 이어져 끝을 볼 수 없다. 그렇게 길은 이어져도 우리는 언젠가 산행을 멈춰야 한다. 산행이 끝날 때 경영은 물론 인생의 끝이 보이기 시작한다.

양 원장은 산행에서 반드시 얻어갈 게 길에 널부러져 있다고 한다. 제각기 흩어지는 길, 그러다 만나는 길, 내가 가야 할 길, 남들이 가는 길, 가지 말아야 할 길, 반드시 가야 하는 길, 귀인을 만나러 가는 길, 악인을 만나게 되는 길, 범상한 길, 비범한 길, 미지의 길, 익숙한 길, 죽음으로 향하는 길, 삶으로 이끄는 길…… 그런 길을 갈 때 나는 어떤 길을 가야 할지, 어떤 길로 남아야 할지를 염두에 두게 된다.

젊어서는 세상을 변혁하는 일에 뛰어들었고 지금은 산부인과를 운영하며 밥을 먹는다는 양 원장은 아무리 바빠도 매달 산을 찾는다. 산을 통해 자연이 베푸는 생명을 찾고 거기서 자신의 존재감을 확인할 수 있기 때문이란다. 나는 진정 존재하는 것인가? 이 길은 나를 어디로 이끌고 갈 것인가? 이런 질문을 할 때마다 이른바 가진 자의 층에 속하는 자신이 산을 찾는 이유를 스스로 깨닫게 된다고 했다.

"돈에 영악해질 대로 영악해진 일상에서 뛰쳐나와 산에 오를 수 있는 건 행운입니다. 매몰되지 않는다는 건 늘 다른 가치로 삶을 살게 만드는 원동력이지요."

그는 그런 욕구가 산을 오르게 만든다고 했다.

"내가 산에서 찾고자 하는 길은 전혀 다른 길입니다. 곧은길이 외면받고 세상 모든 길이 실타래처럼 뒤엉켜버린 사회는 문젭니다. 그때 길은 길이 아닌 게 되어 버리죠. 철저한 개인의 이해, 집단 이기주의, 패거리 같은 것은 특정 계층의 사람에게만 좋은 장치입니다. 그리고 그것의 결과는 사회적 불행입니다. 내가 다른 길을 가고자 하는 것은 그렇게 뒤엉켜 나만 알며 살고 싶지 않기 때문입니다."

어쩌면 그는 더욱 냉철하게 자신만의 길을 고수하고 싶은 것인지도 모른다. 길은 저 홀로 나 있고 사람들은 길을 따른다. 하지만 나를 따르는 길이 나를 인도하는 길보다 험할지라도 그런 선택을 하는 사람들이 있다. 그들은 뭔가 다르다. 기업에서는 이들을 가리켜 선도자, 혁신가, 리더라고 부르는데 산에서는 뭐라고 불러야 할까? 혹시 등로(登路)를 등도(登道)로 생각하고 걷는 사람들이 아닐까? 그러기에 새로운 길을 열어가는 특별한 산꾼이 아닐까?

‖ 규칙적으로 물을 마신다 ‖ 물은 산행의 필수품이다. 산행 중에는 하루 평균 2리터의 수분을 섭취해야 한다. 특히 여름 산행에 나서면 대략 3리터의 물이 필요하다. 물을 적게 마시면 피로, 두통, 방향감각 상실, 식욕감퇴에 이르게 된다. 물은 일정한 시간을 두고 규칙적으로 마시되 목이 마르기 전에 마셔야 한다. 소변의 색깔과 빈도에도 주의를 기울여야 한다. 소변 색깔이 무색 투명하지 않고 노란색이면 물이 부족하다는 신호다. 소변이 규칙적으로 나오지 않으면 물을 더 마셔야 한다. 흡수가 빠르고 미네랄이나 비타민, 염분 등을 함유한 스포츠 이온음료도 좋다.

‖ 페이스를 유지하는 게 가장 좋은 산행이다 ‖ 산행 중에는 걸음걸이의 리듬을 타고 평소의 자기 속도를 유지해야 한다. 내빼듯 발걸음을 재촉하거나 평소보다 늦게 걸으면 피로도가 높아진다. 산길이든 평탄한 길에서든 자연스럽게 자신의 페이스를 유지하는 것은 산행의 기본 원칙이다. 특히 산길 경사에 맞춰 페이스를 조절해야 한다. 길이 험준하면 속도를 늦추고 길이 평탄하면 속도를 올려야 한다. 리듬 없이 걸으면 내딛는 발걸음마다 피로가 전해져 오므로 미끄러져 가듯 리듬을 타는 것이 좋다. 걸을 때는 일정한 간격으로 휴식을 취해

야 한다. 30분 걷고 2~3회를 쉬어야 할 정도면 속도를 조금 늦추어야 한다. 속도를 계속 유지하면 근육수축이 발생할 수 있다. 근육이 혹사당하지 않도록 몸의 상태를 배려하는 것이 걸음의 원칙이다.

‖하체와 함께 상체운동도 한다‖ 등산만큼 하체에 좋은 운동도 드물다. 하지만 상체운동은 상대적으로 부족한 편이다. 스틱을 사용하면 올라가는 힘든 노동을 팔에 분담시킬 수 있다. 평지에서는 스틱을 양손에 쥐고 뒤로 밀어주는 동작으로 전진하면 힘을 보탤 수 있다. 올라갈 때는 스틱을 위로 올려 짚고 팔에 내리누르는 힘을 주면서 체중을 분산시키면 다리 근육의 부담을 30퍼센트 정도 줄일 수 있다. 내려올 때는 균형잡기도 좋고 무릎 보호도 된다.

‖먹는 재미도 누리고 체력도 보충한다‖ 등반 중에는 먹는 것도 즐거움을 준다. 산행에서는 언제 어떤 일이 일어날지 모르므로 늘 행동식을 준비해야 한다. 빵, 비스킷, 엿, 초콜릿, 탄수화물류, 기타 식물성 지방을 함유한 견과 등을 준비하면 좋다. 등반 중에는 과식을 피하고 적정한 칼로리와 염분, 수분 공급에 신경 써야 한다. 탈진과 저체온증을 예방하기 위해서는 시장기를 느끼기 전에 수시로 음식을 섭취해야 한다. 음식이 배낭 안에 있으면 쉽게 꺼내 먹을 수 없으므로 행동식은 호주머니에 넣어두는 것이 좋다. 비상식은 가장 빨리 포도당으로 변하는 사탕, 초콜릿, 말린 과일 같은 것이 좋다.

‖늘 고도에 적응할 준비를 한다‖ 우리나라 산은 대개 2,000미터 아래라 고도에 크게 유념할 일은 없다. 하지만 해외 고산이라면 얘기

가 달라진다. 높이 오를수록 신체는 고도의 영향을 받게 되는데, 이 때 고산병이 찾아올 수 있다. 따라서 빨리 오르려 서둘지 말고 고도에 적응할 수 있도록 일정을 넉넉히 짜는 게 중요하다. 특히 "높은 곳에 오르되 잠은 낮은 곳에서 자라"는 말을 기억해둘 필요가 있다. 만일 고도 2,100미터 이상 되는 곳에 올라가 신체적 변화를 느낀다면 세밀히 신경 써야 한다. 집중력이 상실되거나 판단력이 손상되고 두통 및 가쁜 호흡이 찾아오면 고산병 징후다. 이런 징후가 지속적으로 나타나면 즉시 낮은 곳으로 내려가야 한다. 고산병에 의한 두통은 대개 탈수로부터 비롯되므로 반드시 충분한 수분을 섭취해야 한다.

‖ 즐기되 최대한 안전에 신경쓴다 ‖ 백 팩킹을 하거나 트래킹을 할 때는 몸과 마음의 감각을 예민하게 유지해야 한다. 특히 홀로 산행을 즐길 때는 자칫 구조의 손길을 기다리기도 어려울 만큼 치명적인 위험에 노출될 수 있다. 하산할 때도 너무 빠른 걸음으로 내려오면 무릎 연골이 절단 날 가능성이 커진다. 즐기되 오랫동안 산행을 하고 싶다면 안전한 재미를 추구해야 한다. 산에 오르는 것이 목적이 아니라 산을 오르고 즐기며 내려오는 것이 목적이 되어야 한다. 따라서 산행의 목적을 분명히 하고 주변과 자신의 신체 변화를 잘 인지해야 한다.

‖ 일정을 넉넉히 잡는다 ‖ 산악회 산행을 따라가면 대개 시간 내에 일정 거리를 완주하는 걸 목표로 한다. 비즈니스적인 이유 때문이다. 그러다 보니 기껏 앞사람의 뒤만 쫓다가 산행이 끝나고 만다. 이런 산행에서 특별한 감흥을 느끼기란 어렵다. 적당한 시간 내에 완주할

수 있는 거리를 목표로 잡고, 멋진 풍경을 즐기면서 심신을 어루만지는 산행이 기억에도 남고 정서에도 도움이 된다. 걸음아 날 살려라 하는 식으로 산행을 하면 오랫동안 산을 즐기기란 어려울 것이다.

‖ 산에서는 마음을 자유롭게 풀어낼 수 있다 ‖ 친구와 함께 산행을 하며 나누는 대화는 더할 나위 없이 좋다. 산장에서 숙박을 하거나 비박을 하며 잊었던 꿈을 떠올리고, 젊었을 때의 꿈을 기억해내는 시간도 아주 흥미롭다. 혼자 걷는다면 복잡한 생각을 정리할 수도 있고 여러 가지 구상도 할 수 있다. 산행은 마음을 자유롭게 풀어놓는 이상적인 시간이다. 그러므로 앞으로 가야 할 거리에 연연하기보다 홀로 생각하고 함께 보낼 수 있는 시간을 마음껏 즐기는 편이 좋다.

‖ 백일몽이나 자기 질문은 거리를 줄여준다 ‖ 산길을 가며 백일몽을 꾸는 것은 거리를 줄일 수 있는 하나의 방법이다. 백일몽을 꾸다 보면 마음에 쌓인 것이 훌훌 날아가고 산길을 가는 리듬에 익숙해지게 된다. 홀로 걸어도 경쾌하다. 때로는 의도치도 않던 훌륭한 착상이 떠오르기도 한다. 마이클 미칼코(Michael Michalko)는 아이디어가 탄생하는 교차점을 찾아 탐구하는 또 다른 방법을 '생각의 산책'이라고 부른다. 어느 장소에서든 유유히 걷다 보면 우발적으로 머릿속에 뭔가가 떠오른다. 이런 정신적 보상은 걸음이 그다지 고통스럽지 않다고 여기게 만들어준다. 물론 뭔가 퍼뜩 떠올랐을 때 우리의 기분은 한껏 고양된다.

‖ 따뜻한 잠자리가 최적의 컨디션을 가져온다 ‖ 산행을 할 때는 잘

먹고 잘 자야 한다. 특히 잠을 잘 자지 못하면 정신력이 곤두박질치고 판단력이 흐려진다. 산행 중 충분한 수면을 위해서는 두터운 침낭과 비비색, 텐트, 매트리스 같은 것을 휴대해야 한다. 수면용 장비에 대해서는 돈을 아끼지 말자. 잠을 제대로 못 자면 사고의 위험이 그만큼 높아지며 이는 산을 멀리하는 원인이 된다. 산에서는 얼마든지 기분을 최상의 상태로 이끌어갈 수 있다. 나아가 자연이 주는 고귀한 경험을 충분히 만끽할 수 있다.

‖ 시간을 보는 습관이 달라진다 ‖ 산에서는 해가 있는 동안 움직여야 하고 정해진 목표지점까지 닿아야 한다. 해는 산꾼 내면의 시계다. 사업을 펼치고 마감하는 경영의 시계다. 문득, 농부였던 아버지가 해뜨기 전에 들에 나가 아침밥을 먹기 전까지 하루 일과의 절반을 끝냈다고 하시던 말씀이 생각난다. 일찍 자고 새벽같이 일어나는 것은 농부뿐 아니라 수행자들의 습관이기도 하다. 산중 사찰의 수도승은 하루 일과를 새벽 2시부터 시작한다. 도심 경영자들의 아침도 빠르다. 경영자들은 해와 더불어 순응과 적응을 배우며 해가 걸려 있는 동안 부지런히 걷고 성취하고자 한다.

‖ 몸과 마음이 걸음을 받아들일 때 걷는다 ‖ 산행 중에는 일기에 맞춰 걷기 좋을 때 걸어야 한다. 또한 마음상태가 걷기를 받아들일 때 걷는다. 기온이 워킹하기에 좋으면 몸과 마음에서 기운이 나고 걷고 싶어진다. 식사는 꼬박꼬박 챙겨 먹고 몸의 컨디션을 최상으로 만들어야 한다. 뒤늦게 출발해 해가 질 때 서두르기보다 일찍 서둘고 느긋하게 목적지에 도달해 여유롭게 저녁을 맞이해야 한다. 그럴 때

몸과 마음이 이완되며 황혼 무렵의 대자연도 감상할 수 있다. 산행은 몸과 마음을 대자연에 방출시키는 과정이다. 그럼으로써 자연과 일체가 되고 자연의 일부로써 심신이 건강해진다. 땀을 흘리고 난 뒤의 달콤한 식사와 여유로운 미풍은 산행의 가장 큰 위안이 되어 준다.

‖ 가벼움은 산행의 가장 편한 친구다 ‖ 산행에서는 가벼운 것이 좋은 것이다. 지나친 짐은 걸으면서 점점 내팽개치고 싶어진다. 이런 심적 상태는 행복과 거리가 멀다. 특히 장기간 산행을 할 때는 초경량 상태를 유지해야 한다. 마찬가지로 경영의 산을 오를 때도 기동성은 새로운 전략 거점으로 신속히 이동할 수 있는 주요 경쟁력이 된다. 행장을 가볍게 할수록 짐에 대한 생각보다 마음에 더 많은 시간을 안배하게 된다. 생존을 위한 기본 장비와 식량을 빼고는 가차 없이 줄여야 한다. 산 아래서 진토에 찌든 마음의 짐조차 훌러덩 날려 버리는 것이 좋다.

‖ 지나치게 목표에 구애받는 것은 좋지 않다 ‖ 산은 산이 받아들이고 몸이 감응할 때 비로소 오르는 것이다. 둘 중 어느 하나가 적당한 상태가 되지 않으면 산행에는 고통밖에 남는 것이 없다. 힘들지만 그 속에 기쁨과 즐거움이 함께해야 제대로 된 산행이다. 과도한 목표를 채우려고 애쓰면 감동은 온데간데없고 목표만 남는다. 자유와 넉넉함을 희생하는 산행은 제아무리 짧은 시간 내에 마쳐도 남는 게 별로 없다. 한두 시간 먼저 오르거나 내려온다고 해서 세상에 달라질 게 뭐가 있는가?

‖ 내가 만나는 환경을 알고 간다 ‖ 산의 주인이 누구인지 모르는 산행은 별로 배운 게 없는 셈이다. 우리는 자연 속에서 자연의 역사를 아는 것으로부터 산행을 시작해야 한다. 그 산과 산의 주인을 알고자 할 때 나를 둘러싼 환경을 사랑하게 되고 관심을 기울이게 된다. 나아가 정신적 성숙을 꾀하게 된다. 지리학을 미리 공부하거나 야생화와 야생동물, 산행 지역의 역사를 알고 있다면 산행으로부터 훨씬 많은 것을 얻을 수 있을 것이다. 다녀온 산에 어떤 동식물이 사는지 모른다면 그저 폭풍처럼 행군했을 뿐이지, 산을 제대로 관찰하고 즐긴 것은 아니다. 즐기지 않으면 산에서는 단 1퍼센트도 건지지 못한다.

날머리 경영

산에 들어설 때는 내려서야 할 때를 알아야 한다. 인생이든 사업이든 마찬가지다. 어느 한곳에 머물다가는 망부석이 되거나 폭풍우에 쓸려간다. 아무리 발버둥쳐도 산이 에워싼다. 들되 들지 못하고, 나가되 나가지 못한다면 어찌 산을 안다고 하랴.

경영자는 킬리만자로의 표범

외롭지 않으면 나를 알 수 없다

산꾼 경영자 중에서 강물처럼 넘실대는 사람을 찾기란 힘들다. 그들을 보면 대개 산처럼 듬직하고 과묵하며 육중한 맛이 느껴진다. 아마도 그들이 킬리만자로의 표범처럼 정상을 향해 외롭게 끊임없이 도전하기 때문일 것이다. 때론 큰 바위 얼굴을 한 경영자의 표상을 접하기도 한다. 산꾼에도 급수가 있다.

산을 오를 때 가끔은 비박을 염두에 두고 홀로 오르는 산꾼을 만나기도 한다. 수많은 산객 중 이들은 진객이자 진정으로 산을 즐기는 사람들이다. 산의 고요를 알고 명상의 멋을 아는 사람들이다. 외로움도 가까이 하면 그만한 벗이 없다고 하지 않는가. 돈을 주고라도 사고 싶은 게 홀로 있음이요, 적요다. 현대인은 홀로 있을 시간이 별로 없어 문제다. 늘 반추의 여지가 없는 떼거리에 속해 있다. 그러다 보니 무리 속에서 나를 잃고 만다.

단 하룻밤만이라도 홀로 머물 수 있는 산행은 축복이다. 주말 등산객처럼 생각할 겨를도 없이 뻘뻘 땀만 흘리며 러닝머신기 위에서 걷 듯 하는 산행과는 차원이 다르다. 등로 곁에 눈길 한 번 주지 않고 부지런히 올라가 위장을 가득 채우고는 사진이나 몇 판 찍고 내려오는 것이 무슨 산에 오르는 맛일까?

주말에 서울 인근의 산에서는 나무에서 뿜어져 나오는 피톤치드 향을 맡을 여유도 없다. 온 산에 컵라면, 막걸리, 화장품 냄새가 가득하다. 이것도 전보다 훨씬 나아진 것이다. 예전에는 삼겹살 굽는 냄새가 진동했고 심지어 개까지 끌고 올라왔다. 더욱이 다양한 웃음소리에 귀청을 찢을 듯한 고성방가는 물론 라디오 소리까지 난리도 아니었다.

나 홀로 산행은 나와 가장 가까워지는 시간이다. 나를 알고 이기고 이해하는 계기가 된다. 외롭기도 하고 산새가 울 때는 무서움도 다가서지만 정신은 명료해진다. 비박을 하다가 만난 문중철 사장은 갑갑할 때는 가끔 산에 와서 자고 간다고 한다. 좀 비싸더라도 침낭만큼은 좋은 걸로 산 이유가 야외에 나와서 몸을 보온하고 별을 보다가 잠들고 싶어서라고 했다.

무엇이 그리 갑갑해서 집을 놔두고 시가총액 300억 원대나 되는 자산가가 산에 와서 잠을 청할까? 혹시 가진 게 많아 할 일 없이 청승을 떠는 건 아닌가?

"사업은 하면 할수록 고독해요. 돈 좀 벌고 나니 여기저기서 손 내미는 거 물리치는 데도 이제 진저리가 납니다. 너 혼자 잘 먹고 잘 살면 되느냐고 따지듯 묻지요. 물정 모르는 분은 무리한 요구만 하고…… 휴대전화를 꺼둘 때가 한두 번이 아닙니다. 여기서 천억 원대로 치고 올라가야 하는데 마음부터 갈피를 못 잡겠어요. 가야 할지 말아야 할지 또 간다면 어디로 가야 할지…… 작은 산이지만 내가 오른 곳이 정상이라면 여기까지 내 의지대로 온 것이 아니라 누군가가 밀쳐서 온 것 같고, 쫓겨 온 것 같아요. 남들은 내가 뭘 성취했다고 나를 부러워하는데 오히려 나는 쫓겨난 것 같아 침구 싸들고 산에 들어와 잡니다. 산에 오면 산이 내 마음을 위로해주는 것 같습니다."

　나는 침낭 속에서 그의 얘기를 들으며 밤하늘의 별을 올려다보았다. 세상 모든 사람이 기근에 시달리는구나! 영혼이 허기진 사람이 있는가 하면 뱃가죽이 달라붙는 사람이 있고, 갈 데가 없어 찜질방을 전전하는 사람이 있는가 하면 따뜻한 집 놔두고 산에 와서 자는 사람이 있고…… 모든 사람이 제각기 허기져 사는 세상이 기근이 덮친 아프리카와 뭐가 다를까 싶다. 신은 뜨거운 대지가 더는 타들어가지 않도록 영혼을 식혀줄 눈 덮인 킬리만자로를 아프리카 한복판에 선물해준 것인지도 모른다. 그 눈 덮인 산이 내 안에서 나의 신열을 식혀주었으면 한다.

　새벽 무렵, 나는 잠이 들었고 잠 속에서 마치 신처럼 이글이글 불타는 킬리만자로의 정상을 내려다보고 있었다. 아프리카는 곧 더 뜨거워질 거다. 작열하는 태양에 머리를 쥐어짜며 고통스러워하는 사람 중에 혹시 문 사장 같은 사람이 있을지도 모르겠다. 내가 늦잠 자고 일어났을 때, 그는 이미 행장을 꾸려 떠나고 없었다.

길을 잃었을 땐 왔던 길로 되돌아가라

산을 헤아려 등로를 만들고 인생을 생각해
퇴로를 만들라(量山制登 量生制退)

하산에는 산행이 주는 절대적인 가르침이 있다. 길을 잃었을 땐 왔던 길로 되돌아가라는 것이다.

'그만 내려가거라.'

산이 말하든 내 안의 어떤 목소리가 말하든 종종 이런 음성이 들려올 때가 있다. 그것은 위험에 처해 본능적으로 내 안에서 발신되는 경고음이거나 이미 모든 걸 얻었으니 그만 하산하라는 가르침일 수 있다. 산은 오르기만 하는 것이 아니다. 왜 오르고 내리는 산행을 등산(登山)이라고 콕 집어 얘기했는지 알 수 없지만, 산은 오르기만 하는 게 아니라 내려서기도 한다. 인생과 진배없다.

오르는 때가 있으면 내려가는 때도 있다. 올라가야 할 때를 알아야 하는가 하면 내려가야 할 때도 알아야 한다. 알아야 할 걸 모를 때 비극은 시작되고, 결과적으로 오르지 않은 것만 못하게 된다.

얼마나 많은 사람이 오르지 말아야 할 곳에 오르거나 내려와야 할 때를 잊고 세상을 어지럽히는가? 올라갈 때는 격기(激氣)로 오르지만 내려갈 때는 참선을 하듯 내려오는 마음으로 하산을 해야 한다. 이 점을 얼마나 많은 사람이 알고 있을까? 흔히 하는 말처럼 박수칠 때 떠나야 하는데 욕심을 부리는 탓에 때를 놓치는 것은 아닌지.

산꾼들은 내딛는 길이 등로라는 이유로 길을 잃었다고 생각하지는 않지만, 이미 지나온 길조차 잃어버린 건 아닌지 묻게 된다. 이민영 사장은 길을 몰라 어지럽게 달려온 자기 인생을 반추한다. 길을 잃는다는 것은 올라갈 길을 모르는 게 아니라, 올라온 길을 모르는 것이다. 길을 모르고 왔던 그의 사십 평생은 그래서 후회로 가득하다.

"철부지였지요. 그땐 왜 그리 나만 중요하게 생각했는지…… 나를 믿고 투자하고 내 인간성을 포기하지 않은 사람들 앞에서도 쌀쌀맞게 굴었어요. 아니, 아예 돌아섰지요. 부도가 났을 때 나는 산사로 잠적했고 휴대전화도 일체 가까이 하지 않았어요. 완전히 잠적한 겁니다. 6개월이 지나 어떻게 알았는지 아내가 찾아와 내 불알친구 동순이가 자살했다는 얘기를 전해줍디다. 친척들 돈까지 끌어들여 투자했다가 내가 망하자, 온갖 시달림을 받다 못해 목을 맸다고 하더군요. 숨이 콱 막혔어요. 내가 지은 죄를 어떻게 갚을 것인가…… 잠이 오지 않더군요. 몇날 며칠을 생각한 끝에 결국 산에서 내려가 아는 사람들을 만났을 때, 그들은 내 얼굴에 침을 뱉더군요.

'나쁜 자식! 네가 망해서, 내 돈을 잃어서 이러는 게 아냐! 넌 인간부터 돼야 해!'

시간이 지니자 사람들은 차츰 뜸해지더니 몇 년 지나니까 다들 잊었는지 연락조차 없더군요. 그때부터 산을 오를 때면 늘 숫자를 셉니다. 하나, 두울, 세엣, 네엣, 다서엇…… 그러다 백팔까지 가서 멈추고 다시 세기를 수백만 번은 했을 겁니다. 내게 산행은 속죄죠. 그 친구 천당에 갔으면 좋겠어요. 산에 오면 그 친구를 더 가까이서 볼 수 있을 것 같아 늘 정상에 서면 손을 들어 하늘을 만져봅니다. 그러면 누가 나를 잡는 것 같기도 해요."

인생도 마음도 잃어 산을 오른다는 이 사장은 백팔번뇌를 끊기 위해, 친구를 영접하기 위해 정상에 오른단다. 그리고 누가 볼세라 몰래 향불 하나를 사른다. 국립공원에선 불법인 줄 알지만 그렇게 하면 친구가 신호를 알고 하늘에서 내려올 것만 같아서다.

"길을 잘못 들었던 거죠. 친구 돈을 끌어들인 것도 부도를 낸 것도 도망친 것도 모두 처음에 길을 잘못 들었던 겁니다. 어느 모퉁이에서든 되돌렸어야 하는데 그걸 못한 거죠. 평생 미로를 헤매며 사는 기분입니다. 가도 가도 알 수 없는 길, 잃어버린 나를 더는 찾을 수 없는 길을 걷고 있는 느낌이에요."

그는 길을 잃었다고 했다. 그러니까 인생에서 조난당한 것이다. 마음의 집을 잃고 영혼의 피난처를 찾아 산을 오른 그는 가끔 굵은 목울대를 쿨럭했다.

"이건 누구에게도 말하지 않은 건데…… 내가 하다가 안 돼서 그랬으면 나를 용서할 수 있을 겁니다. 그런데…… 사실은 일부러 부도를 낸 겁니다. 일부러 부도내고 돈 빼서 도주했던 겁니다. 사람들은 아직 그걸 모르죠……"

그는 하기 어려운 이야기를 털어 놓고 있었다. 그건 내가 그에게 바람이나 산붙이처럼 그냥 물상으로 받아들여졌다는 얘기다. 나는 그의 독백을 기억하지 못하는 흙이나 자갈, 바람이 되어서 들어주면 되는 거다. 산에 와서 모든 걸 털어 놓고 비울 수 있어야 하지 않는가?

산행에는 절대 가르침이 있다.

길을 잃었을 때에는 왔던 길로 되돌아가라는 것이다.

살며 인생길을 잃기도 하지만

우리가 정작 잃은 것은 무엇인가.

우리는 한동안 산 아래만 내려다보았다.

"이젠 내려가야겠군요. 누군가가 내 속에서 내려가라고 하네요. 친구가 왔다간 모양입니다."

그는 올라온 길을 다시 밟고 내려가겠다고 했다. 수많은 산행 중에 한 번도 올라온 길과 다른 방향으로 하산한 적이 없다고 했다. 올라오며 잃었던 길을 되밟고 내려가며 찾고 싶기 때문이란다. 나와 같은 방향을 타면 조금은 길이 수월할 텐데, 그는 끝내 가파른 오색을 향해 방향을 틀었다.

어허! 산꾼들, 탑돌이 하세
산에는 절이나 암자가 있고 그곳엔 우리네 비나리가 있다

한반도 산악을 이루는 암석의 3분의 1 이상이 화강암이다. 우리 산하 어디를 가든 흔하게 만질 수 있고 발밑을 받쳐주는 이 암석은 대부분 중생대에 만들어진 것이다. 북한산, 관악산 등 우리나라의 대표적인 바위산은 대개 이 암석으로 이뤄져 있다. 이 거칠고 황량한 바위는 우리의 역사와 함께 많은 문화유산의 재료로 쓰였다. 다보탑과 석가탑을 비롯해 천년세월을 고즈넉이 놓여 있는 석탑들이 바로 그것이다. 오랜 풍파에도 말없이 서 있는 탑 앞에만 서면 오랜 시원의 땅, 불구덩이에서 잉태된 바위의 역사와 이 땅에서 살아온 우리네 삶이 손에 만져질 듯하다. 거칠면서도 투박한 멋! 그곳엔 서민들의 삶, 민초들의 애환이 서려 있다.

산행을 하다 보면 산중턱이나 산 아래에 절이 있고 그곳은 산행의 이정표가 된다. 절간이 있는 곳마다 샘이 나고 물이 마르지 않는다. 짐을 풀고 잠시 행랑채 툇마루에 앉아 쉬노라면 대웅전 앞으로 석탑이 보인다. 탑을 보면 자연히 두 손을 합장하게 되고 그 탑을 돌며 비나리를 했을 수많은 영혼의 흔적을 더듬게 된다. 그들은 어디서 와서 어디로 갔을까? 분명 산 아래에서 쌓인 사연을 갖고 올라와 속내를 풀고 떠나갔으리라. 고찰 앞에서 탑돌이를 하며 때로는 천년 전의 사람을, 때로는 얼마 전 그곳을 다녀갔을 사람들을 본다.

어느 절이든 큰 행사가 아니면 늘 평온하다. 때로 목어가 울어대는 대숲은 청량하기조차 하다. 진토에 묻은 영혼이 말끔히 씻겨가는 듯한 느낌이다. 산에 올 때마다 어느 절이고 절은 반드시 들른다는 공태현 사장은 향을 피우고 촛불을 밝히고 탑돌이를 하고 대웅전에 삼배를 올리고 다시 등산화 끈을 묶는다. 그리고 더는 초라한 정신으로 생을 마주하지 않겠다고 다짐한다. 살아서 챙길 것, 죽어서 남길 것을 구분하고 역설적으로 허심을 꼭꼭 채우고 내려가고 싶단다. 그의 세상살이가 만만찮음을 엿볼 수 있는 대목이다.

살며 누군들 마음이 편하기만 하겠는가? 공 사장에게는 경영이, 사람이 화두다. 20여 명의 직원과 함께 하는 사업도 마음 다스리기가 제대로 안 되면 하루에 열두 번이라도 때려치우고 싶은 게 '사장질'이라고 하지 않던가? 진퇴와 개폐를 거듭하는 동안 쌓이는 마음의 갈등을 다스리기 위해 산을 찾으면, 그곳에는 오랜 시간 늘 같은 자리에서 인간사를 굽어보는 탑이 우뚝 서 있다. 탑을 돌며 마음공부에 들어간다. 개인적으로 매우 힘든 고통을 겪었다는 그는 산과 절을 만나면 가장 큰 위안을 얻는다고 했다.

"사는 건 누구에게나 힘들죠. 남들을 의식하지 않고 해내는 건 쉽지 않아요. 부처님처럼 큰 경계를 뛰어넘었을 때나 가능한 것이죠. 마음을 다스리려면 진정으로 원하는 상태가 그러해야 하고, 버릴 줄

산사 앞에서 탑돌이하며
때로는 천 년 전의 사람을,
때로는 얼마 전 그곳을 다녀갔을 사람을 만난다.

도 알아야 합니다. 이런 마음상태를 얻는 게 얼마나 어려운 줄 아십니까? 조그마한 회사라도 사장 일이라는 게 그렇죠. 나는 개인적으로 아픔이 있지만 그걸 넘게 해주는 뭔가가 있을 것 같아요. 그걸 얻고 싶어 산행 중에 꼭 절간에 들릅니다. 겉으로 슬프고 겉으로 아파하는 건 눈물이 아니라 그냥 물기일 뿐이죠. 그런 자기연민을 넘어서는 뭔가가 있어야 해요. 그럴 때 내가 나를 끌어안게 됩니다. 안 그런가요?"

공 사장은 산을 오르며 한 손으로 스틱 대신 백팔염주를 돌리며 망상과 번뇌를 끊어내고 순진무구하게 마음 닦는 일에만 전념한다.

"산에 올 때마다 내가 오르는 게 아니라 어딘가로 귀의하는 듯합니다. 나는 아마 전생에 중이었을지도 몰라요. 아니면 불심을 탐한 도둑놈이었거나."

산을 사랑하는 것은 자신을 사랑하는 것이며, 자연과 일체감을 느끼는 것이라는 그의 산행철학엔 서두름이 없다. 걷다 멈추면 거기가 정상이다. 정상은 늘 마음에 있는 곳으로 새로운 정진에의 출발점이다.

"많은 사람이 산에 오르지만 자신이 오른 산의 새나 나무 등 대체 그들이 산에 대해 아는 게 뭐가 있습니까? 그저 죽어라 올라와서는 밥해 먹고 술 마시고…… 자신이 달라질 게 뭐가 있겠어요?"

그는 사업을 하며 늘 바쁘다는 이유로 내 사업을 둘러싼 여러 후미진 곳을 어루만지지 못해 아쉽다고 했다. 어쩌면 그는 산행을 통해 못 보고 스쳐간 것들에 눈길을 주고 흐려진 마음을 산에서 닦아내고자 하는 것인지 모른다.

"산행은 도(道)입니다. 내가 닦는 거죠. 나로 인해 망가진 것이 있다면 용서받기 위해 닦고 속죄하는 겁니다."

낙화유수에 시름을 잊다

산을 오르되 산을 모르고, 세상에 나아가되 세상을 모른다.
오로지 아는 건 탁배기 한 사발에 붉어지는 얼굴들

봄날 주말, 산보하듯 소요산에 다녀왔다. 산보다는 산 아래 늘어선 주막들이 발길을 잡았다. 산에 오르기보다 막걸리나 한 사발 마시며 세상사 넘는 게 더 나아 보일 듯했지만, 이왕 나선 행장이니 가볍게 몸을 풀기로 했다.

봄 산, 청솔가지 우거진 산 정상 아래로는 봄이 작렬했다. 계곡 아래론 한 계절 가득했던 꽃잎들이 떨어져 말라가는 유수(流水)에 의탁해 흐르다 멈추며 생의 마지막을 다하고 있었다. 다해야 하리. 썩어지든 흐르다 묻히든 물고기 밥이 되든 다해야 하리. 떨어진 것으로 끝이 아닌 본시 나왔던 그 보살심으로 생을 마쳐야 하리.

산중엔 목탁소리 가득하고 행락객들은 법문을 주어 담듯 마른 샘에서 물을 퍼 담았다. 샘이 가까스로 퍼 올려 손을 놓아버린 물들은 작은 내를 이루고 뭉쳐서 아래로 흘러내려갔다.

봄이 절창이다!

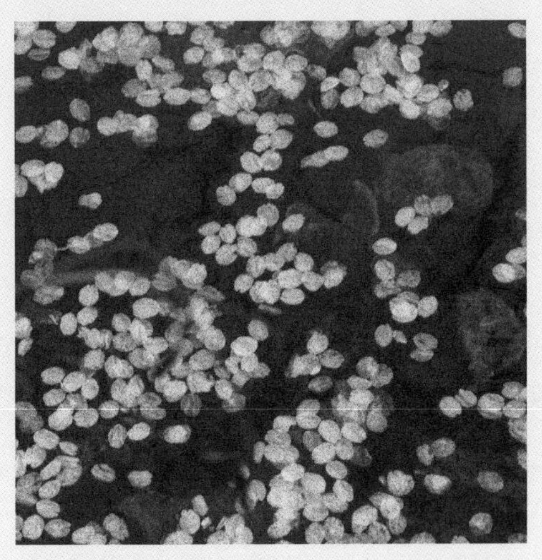

흐르다 멎고, 멎다가 말없이 흐르는
저 꽃잎은 다 무엇인가.
한 생애가 봄볕에 졸음처럼 몰려오고
꽃잎은 바람에 분분히 날린다.
웃음, 사연, 인생……
꽃잎 사이로 젊음의 갈피가 넘겨진다.

한 인생살이들이 오후 술독에 빠져 흥얼거리고, 젊은 남녀는 부끄러운 듯 서로의 손을 잡는다. 그런 가운데 삶이 놓여 있다. 산은 산대로 살고 사람은 사람대로 살다가 가끔 손을 맞잡는다. 삶이 이리도 엉기는 것일진대, 떨어진 채 하지 못할 말이 무엇이며 만나지 못할 사연이 무엇이란 말이냐! 다들 무논에 악머구리 들끓듯 소리치고 다투며 드잡이하고 살지만, 봄날 떨어지는 꽃잎 앞에서는 이따금 처연해진다.

인생이란 게 저런 것 아니던가!

그래도 바람에 흩날리며 떨어지는 것들은 아름다운 뒷모습이라도 남기지, 아파트 밀림 속에서 한밤 무연하게 낙하하는 것들은 아침이면 쓰레기 포대에 담겨 버려진다. 꽃이 쓰레기로 둔갑하고 마는 곳이 사람 사는 동네다.

꽃잎들이 묵묵히 떨어지는 오월이다. 도태식 사장에게는 이 봄날 눈앞에 현현한 낙화만큼 처연한 기억이 있다. 그는 80년대 굴곡진 역사의 한 장을 열다가 대학에서 제적되었고 다시 복교하고, 투옥되기를 밥 먹듯 하다가 결국 30대가 다 가도록 변변한 직장이라는 걸 한 번도 잡아본 적이 없다. 어찌어찌하다가 교육 출판사를 차리게 됐고 날로 팽창하는 사교육 시장에서 어느 정도 파이를 나눠먹고 있다.

"인생사 참 알 수 없네요. 대학 때는 현실을 바꿔보겠다고 모질게 살았는데, 지금은 강남 애들 서울대에 보내주겠다며 밥벌이를 하고 있으니 말입니다. 경쟁이 치열한 곳이라 죽어라 뛰지만 가끔은 내가 세상을 위해 뭘 하는지 자문하곤 하죠."

그는 작게나마 시민단체들을 후원하는 것으로 간신히 자신을 위로한다고 했다.

"나이가 들수록 보수적으로 변하죠. 하지만 내 인생의 가치관을 몽땅 희석시키고 싶진 않아요. 80년대의 가치가 왜 의미 없는 거죠? 오월은 여전히 한국현대사에 퇴색될 수 없는 민주항쟁으로 남아 있습니다. 오월에 피다 진 꽃잎들은 그 자체로 의미가 있는 거죠. 누구에게는 열매가 된 것일 테니까요."

학원 강사 시절에는 새벽 2시에 끝나는 수업 때문에 산 근처에 얼씬도 못했다는 도 사장은 출판사업이 본궤도에 오른 다음부터 본격적으로 산을 찾았다고 한다.

"올라가는 것도 좋고 내려와서 이렇게 막걸리 한 사발 마시며 산을 바라보는 것도 좋고…… 산처럼 의연할 수 있으면 더욱 좋고…… 역사도 저렇게 정의로우면 더 좋을 텐데…… 안 그래요?"

꽃잎이 흐르다 멎은 곳에 하릴없이 노니는 물고기는 인간 세상을 어떻게 바라볼까? 잔은 넘치고 주마등 같은 기억들은 20년을 내리훑다 소요산 정상에 가 닿는다. 내일 중요한 출판기획 회의가 있어 일찍 일어나야 한다는 도 사장의 뒤를 물끄러미 바라보며, 나는 한 마리의 물고기를 연상했다. 떠나야 하리, 세상 속으로. 더 깊이 들어가 세상에 박혀야 하리…… 그의 꽃잎은 어떤 모양일까? 형형색색의 산객들은 온통 한 떨기 꽃들로 피고진다.

산을 오르며 그대 무엇을 되새기는가

세상 모든 산이 부처요, 속세가 극락토다

"중이 되다 만 놈은 절은 버려도 산을 버릴 수는 없습니다. 절밥 한 그릇 얻어먹으면 백천만세 보살들에게 신세지는 셈이고 그 은혜를 다 갚지 못하죠. 그래서 탁발은 수행이며 밥알 한 알에서 세상의 부처들을 만나게 되는 겁니다. 그게 법(法)이지요."

스스로 소싯적 '땡중' 시절이 있었다는 조문식 사장의 일생은 파란만장하다 못해 한 편의 소설 같다. 6.25 동란 중에 고아가 되어 절집에 맡겨진 후로 그는 열아홉 살이 될 때까지 절밥만 시나브로 축냈다. 그는 자신이 절에서 얻어먹은 공양만 쌓아도 웬만한 산 하나는 족히 될 성싶다고 말한다. 시대가 어려웠던 만큼 주린 창자를 채우는 일은 엄중했다.

그런 그가 절집을 뛰쳐나와 속간(俗間)에 스민 것은 절을 찾은 아리따운 여대생 때문이었다. 삼십여 년이 훌쩍 지난 일이다.

"그 처자를 보는 순간 불법(佛法)이고 뭐고 다 때려치우고 하산하고 싶더군요. 내가 왜 이런 산속에 있어야 하나, 밖에 나가면 저토록 아름다운 세상이 펼쳐져 있는데 하는 생각에 잠을 잘 수가 없더군요. 그 여학생 얼굴이 자꾸 아른거리고. 며칠을 번민하다 큰스님께 하직인사도 없이 야반도주하듯 절간을 뛰쳐나와 구례쯤에서 혼례를 올렸죠."

그렇게 세상 밖으로 나왔지만 공양으로 얻어먹고 사는 것과 스스로 밥을 벌어먹고 사는 건 완전 딴판이었다. 그는 덜컥 배가 불러오는 아내를 쪽방에 남겨두고 중국집 자장면을 배달하다가 주방기술을 터득했다. 워낙 그가 별 볼일 없는 처지였던 터라 그때까지도 처갓집에서는 그를 사위로 인정하지 않았다. 그러다가 애가 둘이 되자 그제야 사위로 편입시켰고 장인이 죽으면서 사업을 물려받게 되었다.

"부처가 전생에 선업을 쌓은 걸 알고 이걸로 이생에서 먹고살라고 한 모양입디다. 장인이 하시던 여관은 수입도 쏠쏠했고 날로 번창했지요. 나중에는 여관 자리에 다세대 주택을 지어 공급하고 직원 100여 명을 둔 건축업자가 되기도 했죠. 돈이 계속 불어났어요. 하지만 원래 탁발이 몸에 배서 그런지 특별히 쓸 데는 없었어요. 그저 통장에 숫자가 불어나는 것이 즐겁고 재미있었을 뿐이지요. 내 부족한 건 죄다 아내가 챙겨주었습니다. 원래 총명한 여자였는데 그만 뭐에 씌워 나를 따라나선 거였죠. 이젠 애들도 다 커서 시집장가 갔고 아내는 이태 전 저승으로 떠나버렸습니다. 내가 먼저 갔으면 좋았으련만…… 이것도 업이구나 싶어 절간 근처를 다시 얼씬거리게 됩니다. 부처님께 송구하고 스님들께 죄송해 시주만 하고 얼른 산을 오르죠. 늘 죽은 아내 생각에 지장보살을 응얼대지만 부처가 나 같은 죄인을 받아줄지 그게 의문입니다."

조 사장은 인연도 업이어서 절을 찾은 아내를 얻은 것도, 불가를 도 망치듯 떠난 것도 다 물방울 떨어진 자리에 희미한 흔적으로 남아 있 다고 했다. 여전히 속인이되, 속(俗)에만 섞이지 못하는 자신이 곧 업 이요, 번뇌 덩어리 아니겠느냐고 했다.

"한 목숨 인간으로 태어난 것도 참으로 고마워할 일입니다. 저 개 미들은 칠불(七佛)이 되어도 아직 개미의 몸을 벗지 못하는데, 나는 이렇게 인간의 몸으로 태어나 온갖 영화를 다 누렸으니까요. 더욱이 사내대장부로 중이 되기도 했고 인간세상 오욕칠정을 다 겪었으니 아쉬움도 없고……"

그의 애기는 개미가 인간의 몸이 되기 위해서는 일곱 부처가 나온 다음에도 쉽지 않다는 의미였다. 부처가 세상에 나오는 것은 여러 백 천만겁을 지나서이니 개미는 아무래도 줄곧 개미의 몸으로 세상을 살아가야 할 듯싶다.

"'산상무쟁처(山上無爭處)'라고 산에서는 번뇌가 끊긴다고 하죠. 내가 쌓은 업, 내 생애에 긴 때를 말끔히 일소할 수는 없어도 산에 올 라 심호흡하고 명상하는 것만으로도 모든 번뇌와 멀어지는 듯한 느 낌입니다. 죽은 아내도 만나고…… 옛말에 '파리는 어느 곳에나 붙을 수 있지만 불꽃 속에는 붙지 못한다'고 했는데, 내가 모든 탐욕과 번 뇌의 섶을 태우고 반야(般若)를 이루면 번뇌는 어디 들러붙을 데가 없게 되겠죠. 그게 절간에서 이루지 못한 선업을 절 밖에서라도 구하 는 방법일 겁니다."

조 사장의 얼굴엔 깊은 연민과 산전수전을 겪고 홀로 남은 산사 초 입의 노송 같은 면모가 풍겼다. 그는 성공한 경영자였으나 어느 면에 서는 스님이자 부처였다. 아니, 덧없는 허깨비 세상에서 일장춘몽을

꾼 것인지도 몰랐다.

"세상 어디든 극락입니다. 아내가 살아있을 때, 장인어른께 받은 건 애들에게 물려줘도 우리가 모은 건 보람된 일에 쓰자고 했는데 이제 그걸 실천했지요. 우리가 인연을 맺었던 절을 찾아가 아내 이름으로 불탑을 보시하고 산을 내려가자마자 조그마한 재단을 만들었어요."

절에 진 신세를 절 아닌 세상에 베풀고 떠나겠다는 조 사장은 오늘도 산사를 찾아 산보하듯 산을 오른다. 행장도 가볍다. 산을 오를 때는 결코 서두르는 법이 없다. 늦으면 늦는 대로 이르면 이른 대로 천천히 걸으며 백팔번뇌가 끊기는 그날까지 오르고 또 오를 뿐이다.

"산은 쌓아 두어서 산이 된 게 아니에요. 풀어놓아서 산이 된 거지요. 산은 쌓고 포개 놓은 듯하지만 실은 수묵화처럼 풀어놓은 거죠. 조물주가 할 일을 끝내고 그 짐을 내려놓은 게 산이 된 것 같습니다. 흔히 첩첩산중이라고들 하지요. 그거 산이 그런 게 아니라 사람이 그렇다는 겁니다. 산을 보는 사람이 알 수 없는 산중(山中)이지요."

반명호 대표와 가을 산을 오르며 단풍에 물들어가는 숲을 보았다. 녹음으로 영원히 이어질 것 같던 산은 어느새 울긋불긋 색동저고리로 몸을 감싸고 있었다. 그런 단풍을 보고 있노라면 사계가 그렇듯 저물어가는 황혼이 보인다. 만개했다 스러지는 젊음, 인생이란 여울목을 건너고 난 뒤의 호젓함이 느껴진다.

단풍은 보는 이마다 느낌이 다르다. 어떤 이는 한 해의 절정 앞에서 숨 넘어갈듯 뻐근해하고 어떤 이는 차분히 다가오는 추상(秋霜)을 보며 귀밑 흰머리에 손이 간다. 또 어떤 이는 추풍낙엽 같은 자신의 처지를 처량히 내려본다. 단풍을 즐기는 반 대표의 심중에도 어려운 북풍이 한 오라기쯤 걸쳐 있는 건 아닐까? 그것을 드러내듯 그는 다짜고짜 전화를 해서 여운 있는 한마디를 던졌다.

"단풍이나 보러갑시다. 마지막을 맞이하는 놈은 얼마나 고운지……"

그저 단풍놀이 삼아 전화를 넣을 그가 아니었다. 가장 바쁠 시기에 작심한 듯 나선 산행엔 다 이유가 있는 법이다. 더욱이 내달이면 기업체 인사이동이 발표될 시기인데, 이처럼 민감한 시기에 먼저 전화를 걸어오는 것은 그답지 않은 태도였다.

"바야흐로 추풍낙엽의 계절이네요. 혹시 낙엽이 왜 떨어지는지 알아요? 그건 날씨가 춥고 바람이 불어서 떨어지는 게 아닙니다. 나무 스스로 잎을 붙잡고 있을 힘이 없어서 떨어지는 거지요. 어느새 낙엽이 날리기 시작하는 계절이 왔네요."

예년의 그였다면 이즈음에 날씨가 추워지면 더욱 새파래진다는 송백(松柏)의 지조를 얘기했을 터였다. 사업 얘기라면 성수기를 맞이하고 연간 최고의 매출액이 언제 터질지 직원들과 내기를 걸었다는 언구럭을 부리며 말문을 열었을 것이다. 하지만 지금은 다른 말로 우리의 산행 목적을 예고하고 싶은 것 같았다.

"나는 내 땅이라 생각하고 한껏 뿌리를 내렸는데, 산 주인이 그만 도끼를 드네요. 이제 베어지는 모양입니다. 남는 건 등걸뿐이겠죠."

나는 그의 심정을 이해하고도 남을 것 같았다. 황량한 민둥산에 아름드리나무가 뻗은 숲 천지를 이뤄낸 그였다. 70년대에 그가 입사할 때만 해도 회사는 그저 조그마한 동산에 불과했지만, 이제는 계열사를 3개나 거느린 왠만한 크기의 산으로 성장했다. 그런데 나무가 성

단풍은 보는 이마다 느낌이 다르다.
어떤 이는 한 해의 절정 앞에서 숨 넘어갈듯 뻐근해 하고
어떤 이는 차분히 다가오는 추상(秋霜)을 바라보면서
귀밑 흰머리에 손이 간다.

장하면 주인의 생각은 달라지는가?

"더는 대기업군으로 회사를 키워나갈 역량이 안 되니 물러나라고 하더군요. 고문직을 제안하던데 내가 데리고 있던 임원 밑에서 눈칫밥 먹기도 그렇고 해서 나오기로 했어요."

마음이 천근이니 발걸음이 자연 무거워졌다.

"남은 게 없는 건 아닙니다. 나란 열매가 한 알 남았다고 생각하면 되는 거지요. 열매를 맺기 위해 저 숲은 가장 치열한 여름을 보낸 것이고, 내가 그 열매로 떨어져 나와 땅에 뒹굴게 된 거라고 생각하면 됩니다."

평생을 바친 회사를 나와야 하는 그의 얼굴에 단풍이 비치는 건지, 얼굴이 상기되어 그런 건지 붉은 빛이 감돌았다. 흐르는 유수를 따라 낙엽들이 속절없이 흘러가고 있었다. 그들 중에 어떤 것은 씨앗을 물어 어디 너른 들에다 풀어놓을지 모른다. 넓게 퍼져나가서 제 살림을 차렸으면 하는 바람이다.

"이번 일 정리되고 내가 뭐 하나 시작하면 그때 다시 의욕충전해서 산에 오지요. 나, 아직 일러요. 한창 일할 오십대인데 뭘."

그의 등 뒤로 후광 같은 단풍 빛이 뒤따랐다. 꺾어져 다른 산마루를 넘어야 하는 나이. 그가 맞이한 인생의 장년기를 단풍이라도 훤히 비춰주길 나는 내심 바랐다.

산 주인에게서 사는 법을 배우다

영혼을 맑게 하는 거울 같은 산은 마음속에 놓여 있다

겨울 설악산에 올랐다가 내려오는 길에 깎아지른 비경의 봉정암 곁을 지나 백담사 방향으로 길을 잡고 내려왔다. 그즈음 나는 도심 생활에 쫓기며 일이 내 욕망대로 되지 않아 마음을 버둥대고 있었다. 나는 그 허기진 마음을 십년지기인 김 사장에게 툭툭 털어냈다. 왜 이리 힘든가? 왜 이리 마음먹은 대로 풀리지 않는가? 번민이 쌓이면서 영혼의 문은 늘 삐거덕거렸고 종종 불면도 찾아왔다.

잠시 쉴 겸 배낭을 풀고 눈밭에 기대자 난데없이 곤줄박이 한 마리가 날아들었다. 녀석은 수통의 물을 꺼내 목을 축이다 비스킷 한 쪽을 꺼내 문 일행을 아까부터 지켜보고 있었던 모양이다. 산새는 주위를 이리저리 날다가 나무 위에 달라붙어 굳은 껍질을 쪼아댔고, 그러다가 이쪽이 외려 낫다고 생각했는지 다시 우리 곁에 날아와 앉았다. 그 모양이 텃세를 부리는 산 주인다워 과자를 잘게 부숴 눈밭 위에 올려놓았다. 녀석은 쏜살같이 물고는 파다닥 내뺐다. 뒤를 이어 다른 새들도 분분히 날아들었다. 저 작은 새는 어디서 와서 이토록 궁벽한 곳에 둥지를 틀고 사는지 오가는 산객들을 맞는 품이 안쓰럽기도 하고 앙증맞기도 했다.

눈밭에 기대 눈을 감았다. 회사 일이 생각났다. 이제 몇 시간 후면 이 같은 풍경을 한동안 볼 수 없겠지. 그런 생각에 벌써부터 자동차가 시커먼 매연을 뿜어대는 서울 거리가 연상됐다.

봉정암의 깎아지른 절벽 위에 볕이 들고 눈이 부셨다. 부처의 후광인가? 문득, 내가 놓은 과자 한 쪽은 고인이 말한 산덩이 같은 시주일지도 모른다는 생각이 들었다. 누굴 위해 작은 마음을 쓴다는 것은 우리가 인정의 끈을 놓지 않는다는 것이고, 찌든 마음의 한 켠을 불밝히는 것이리라. 고인의 게(偈)가 내 머리를 때렸다.

> 시주의 한 톨
> 크기가 수미산만 하네
> 만약 도를 얻지 못하면
> 가축이 되어서라도 빚을 갚아야 하리.

산을 내려가며 나는 과자 부스러기 하나에 천하의 도를 깨닫게 된 느낌이었다.

'가축이 되어서라도 빚을 갚아야 하리……'

멀리서 눈덩이가 떨어지며 산울림이 났다. 백담사 경내까지 그 말은 연의 꼬리처럼 내 뒤를 따라왔다. 따돌릴 수가 없었다. 산행은 배움의 과정이다. 새를 보며 불현듯 새는 날지만 날개 없는 것들은 걷는다는 생각을 하게 됐다. 그래서 날개 없는 것들은 몸으로는 날지 않되 마음으로는 비상해야 한다. 제아무리 도구를 이용해 난다 한들 더 나아진 것이 무엇인가? 먹을 것이 넘쳐도 오히려 그로 인해 다투기만 하니 이 또한 역설이랄 수밖에.

세상사 인연이 이르면 만나고, 다하면 뿔뿔이 흩어지는 게 이치거늘, 오늘 만난 새와 전생에 어떤 인연이 있었던 것일까? 혹여 우리는 한 숲에 모여 살다 날이 새자 제각기 제 갈 길로 날아가다가 우연히 만나게 된 인연이 아닐까? 그런 내 심기를 읽었는지 김 사장이 앞서 걷는 내 뒤통수에 대고 한 수 읊었다.

"전 형, 영혼이 채워지지 않으면 늘 허기에 시달리게 되는 거요. 산은 영혼을 부르는 곳이지요. 저 아래에서 잃어버린 영혼을 부르는 거요. 영혼이 다가와 다시 육신에 달라붙도록 천천히 걷기만 하면 돼요. 그래서 우리는 육신의 땅이 아니라 영혼의 산을 밟고 있는 겁니다. 전 형의 마음이 그렇다면 부처가 어디 따로 있겠소? 아까 본 새에 의미를 부여하는 건 다 뭐겠소. 사람은 사람이고 새는 새지요. 사람은 내려가 자야 하는 거고 새들은 올라가 자야 하지요. 다들 자기가 임하는 곳이 불국정토죠."

백담사 언저리에 이를 무렵, 나는 내 어깻죽지에 날개가 돋아도 늘 걸어서 산을 오르고 내려설 것임을 깨달았다.

겨울 태백산의 유일사 매표소에서 2.3킬로미터를 치고 올라가면 절이 나타나고, 여기서부터 다시 오르기 시작해 숨이 턱밑까지 차오르면 '살아서 천 년 죽어서 천 년'이라는 주목나무 군락이 보인다. 그곳에서부터 다리에 힘만 주면 이내 천제단 정상에 가 닿을 수 있다. 나이 많은 무속인들도 무릎을 짚으며 오르는 걸 보면 산이 그리 험하지 않다는 것을 알 수 있다. 높이 1,566.7미터의 육산이다.

하지만 천제단 위에서 천하를 굽어보면 왜 그 산이 영산(靈山)인지 한눈에 알 수 있다. 산이 소용돌이치다 태백산을 중심으로 모여든 듯 주변을 둘러싼 산세가 장관이다. 왜 여기다 천제단을 쌓고 태곳적부터 하늘에 제사를 지냈는지 알 것 같다. 지금도 매년 10월 3일이면 태백제를 개최하며 천제를 올린다.

주말에는 천제단에서 제를 모시기 위해 줄을 서는 행렬이 보인다. 지난겨울에 올랐을 때는 어느 중견기업에서 매출 5,000억 돌파를 축원하는 제가 한창이었다.

태백산을 노려보면 그 산세를 둘러싼 역동성에 저절로 감탄하게 된다. 산이 깊고 높아서가 아니다. 보이느니 첩첩첩이요, 산산산이다. 수미산을 중심으로 그 주위를 여덟 개의 큰 산이 둘러싸고 있고, 산과 산 사이에는 각각 대해가 있는데 그 수가 여덟 개라고 한다. 크고 작은 수십 개의 봉우리가 넘실대는 산들의 바다는 흡사 경영의 오케스트라를 보는 듯한 착각을 불러일으킨다. 대관소찰(大觀小察)하는 경영자를 보는 듯하다.

그런 태백산 산정에 '조선국 태백산 단종대왕지비(端宗大王之碑)'라고 쓰인 단종비가 세워져 있다. 왜 여기에 단종비가 세워져 있는 것일까? 그 까닭은 이렇다.

계유정란으로 세조에게 권력을 찬탈당한 열다섯 살의 단종은 영월로 유폐된 뒤 사약을 받고 승하했다. 단종이 영월로 유폐되어 외롭게 관풍헌에 있을 때 한성부윤을 지낸 추익한(秋益漢)이 자주 산머루를 따다가 진상하고 문안을 드렸다. 그날도 예외 없이 산머루를 따 단종에게 진상하러 가다가 백마를 타고 유유히 태백산 쪽으로 향하는 단종을 만났다. 추익한이 단종에게 물었다.

"대왕마마, 어디로 행차하시나이까?"

단종은 "태백산으로 가는 길이오"라고 말한 뒤 홀연히 사라졌다. 불길함을 느낀 추익한이 단숨에 관풍헌에 이르자 단종은 이미 사약을 받고 숨을 거둔 뒤였다. 그는 단종을 만났던 계사동까지 와서 스스로 목숨을 버렸다. 이리하여 추익한은 단종과 함께 태백산 산신령이 되었고 그런 연유로 태백산에 단종비가 세워지게 된 것이다. 태백산은 천년병화(千年兵火)가 들지 않는 영산이며, 단종이 악령(嶽靈)

태백산을 노려보면 그 산세를 둘러싼 역동성에
저절로 감탄하게 된다.
산군은 주산(主山)을 감싼 채 호위하듯 진군해 온다.
크고 넓게 천하를 아우르고 포옹하는 장부의
리더십이 읽힌다.

이 되었다 하여 지금도 단종비가 망령대에 외롭게 서 있다.

시대의 아픔이 녹아 있는 이야기가 산꾼 경영자에게 남다르게 다가오는 이유는 혹여 가슴 저린 비운의 군왕과 충의(忠義)를 다한 신하 때문이 아닐까? 그들이 태백산을 오르는 이유는 스스로 경영 일선에서 물러섬 없는 의지를 불태우고 돌쇠 같은 임직원을 두고 싶기 때문이 아닐까? 산군을 둘러싼 형세로 자신의 사업을 칭칭 동여매고, 안으로 모은 힘으로 하늘마저 떠받치고 싶기 때문이 아닐까?

산신제를 올린 원귀만 사장에게 물었다.

"이곳에서 매출 달성 기원제를 올린 까닭이 뭐죠?"

"하늘의 기운을 받아 목표를 달성하고 사운을 드높여 보려고요."

"하늘이 소원을 들어줄 것 같으세요?"

"모르죠. 하지만 여기까지 올라온 직원들은 회사에 가면 조금은 달라져 있을 겁니다. 스스로 걸어서 올라왔으니까요."

회사 주관으로 산에 오르는 이유 중 이보다 더 적절한 설명은 없을 것이다. 적어도 그 회사의 임직원들은 '뭐 하나는 해냈다!' 는 자부심에 불타오를 테니 말이다. 산꾼 경영자의 노림수도 실은 이것 아닐까?

연휴에다 조상의 묘도 돌아볼 겸 해서 신승연 회장은 지세를 볼 줄 아는 김 선생과 함께 경기도 가리산에 올랐다. 그의 주위에는 그를 따라온 몇몇 임원이 있었다. 내려오는 길에 신 회장은 산 밑에 깊게 패인 물구덩이에서 식당 주인이 키우고 있는 오리를 보았다. 제법 덩치가 큰 거위도 몇 마리 있었다. 여느 때 같으면 '산오리 거위탕' 이라는 식당 간판에 그러려니 했겠지만, 갑자기 김 선생이 하는 말에 솔깃해졌다.

"저기 오리 보이죠? 거위도 있네요? 거위를 아도인(鵝道人)이라고 하는데, 이는 거위가 정갈하게 풀이나 겨, 쭉정이 따위를 먹기 때문입니다. 비린 것은 가까이 하지 않죠. 하지만 오리들은 온갖 것을 주워 먹습니다. 잡식성에다 식성이 대단해 환경 적응력이 높죠. 전 세계 어디를 가든 오리는 있지 않습니까? 물속에 사는 거머리, 온갖 벌레, 풀뿌리, 지렁이 따위를 남김없이 훑어 먹어 오리 떼가 나타나면 대군이 몰려온다고 할 정도입니다. 웅덩이에 누가 사느냐에 따라 그 생태계가 달라지는 것이죠."

그의 말을 들으며 신 회장은 불현듯 거위형 사업과 오리형 사업을 떠올렸다. 거위형 경영자나 오리형 경영자라는 비유도 적절할 것 같았다. 지금까지 모든 수단을 동원해 사업을 일궜고 성취에 대한 안도감과 자부심도 넘쳤지만 늘 뭔가가 빠져 있는 느낌이었다. 나나 회사의 정체성은 과연 무엇일까?

그는 지나온 세월을 역으로 훑어 올라갔다. 사장 시절엔 납품 물량을 따내기 위해 거래처 직원에게 뒷돈을 들이대고, 수의계약을 맺고자 룸살롱 접대를 밥 먹듯이 했다. 납품처 임원에게 골프 접대를 하기도 했다. 전에는 전혀 부끄럽지 않던 그 일이, '사업은 이렇게 해서라도 결과를 만들어내야 하는 것이야'라며 자신의 영업력을 자랑하던 일이 갑자기 자신을 한없이 초라하게 만들었다.

거울을 들여다보면 거기에는 초췌한 경영자가 있었다. 고향이랍시고 찾아가도 동네 사람들 손가락질을 받지 않기 위해 슬그머니 피해 다녔다. 10여 년 전, 한국전쟁 전의 고향 땅 주인을 찾아 헐값으로 땅을 인수해 동네 사람들에게 몇 배로 떠넘겼던 일이 생각났다. 그때는 그게 꽤 괜찮은 사업이라고 자부심이 넘쳤는데, 이후 신 회장의 먼 일가들까지 고향 땅에 발을 붙일 수 없었다.

경영지원 상무를 불러 영수증을 들여다보니 룸에서 마신 술값이 연간 3억 원이 넘었다. 여기엔 2차를 붙여준 값이 몇 천만 원 포함되어 있을 터였다. 그뿐 아니라 골프채나 몰디브 여행권을 선물하느라 또 몇 천만 원이 들었다. 가히 전 임원이 영업의 귀재라 할 만한 일이었다. 덕분에 회사는 욱일승천했고 임원들은 간혹 술 냄새를 팍팍 풍기며 임원 회의에 나타나기도 했다.

무엇이 잘못된 것일까? 무엇이 나를 이토록 허전하고 비참하게 만들어버리는 것일까? 신 회장은 얼굴이 달아올랐다. 뜬금없이 성인군자가 된 것도 아닌데, 그는 자신의 내부에서 이는 심적 동요가 어디에 근원을 두고 있는지 자못 궁금했다.

나이였다. 나이가 들고 무너지는 소리가 들리면서 자신감이 없어진 것이다. 철없이 날뛰던 시절에는 보지 못했던 자신의 모습이 나이가 들면서 보이기 시작한 셈이다. 이러다간 회장이랍시고 개고기만도 못한 인간으로 취급될지 모른다는 생각이 들었다. 그런 이유로 김 선생의 거위와 오리 얘기가 귀에 쏙 들어온 것이었으리라.

"회장님, 이 산은 잘 잡으셨어요. 저쪽으로 길도 더 확장될 거고요……"

신 회장은 김 선생의 얘기가 더는 들리지 않았다. 대신 그는 웅덩이를 물끄러미 내려다보았다. 저들도 겉으로는 조용해보이지만 물밑으로는 계속 갈퀴를 부지런히 움직여야만 먹고살겠지? 내가 지금 배부른 고민을 하고 있는 건 아닌가?

"김 선생, 맞아요. 같은 웅덩이에서 놀아도 거위와 오리는 다르겠죠. 물 문제가 아니라 자기 문제입니다."

그날 신 회장은 향후 조직의 발전을 위해 지고한 마음으로 경영의 도를 닦듯 해나갈 것인지, 과거처럼 닥치는 대로 놀라운 적응력과 생존력을 과시하며 살아갈 것인지를 두고 장고에 들어갔다. 그리고 고향 땅을 제대로 밟지 못하는 문제를 좀더 슬기롭게 헤쳐 나갈 방법이 있는지 고심했다.

'나이 들어 존경받지 못한다면 설 땅이 없어지는 거겠지. 이왕이면

오리가 아닌 거위가 되는 게 낫겠지?'

이제 그는 강인하던 자신을 뒤흔들어 놓는 것이 무엇인지 조금은 알 것 같았다. 머잖아 인생의 가을이 오고 겨울이 찾아올 것이다. 그는 차에 올라 '귀향(歸鄕)'이란 두 글자를 손바닥에 써보았다.

두 계절을 내다볼 수 있는 능력을 타고난 사람은 거의 없다.
하지만 두 계절을 보이는 산은 어디든 있다

겨울 끝자락을 밟고 설악산에서 돌아온 후 온몸이 찌뿌드드하던 차에 노익장을 과시하는 산꾼 경영자와 다시 산행에 나섰다. 오는 듯하더니 봄은 어느새 물러서고, 여름이 성큼 진격해오는 게 보였다. 이 여름이 다할 때면 가을이 깊어지는 듯하다 무참히 선홍빛으로 떨어져나가고 겨울이 몰아쳐 올 것이다. 사계의 공격에도 늘 변함없는 산들을 보면 그 항구성에 놀란다.

이 산은 나를 비롯해 수많은 선인도 다녀갔겠지. 그들 시대에는 어떤 삶의 이야기가 산길에 뿌려졌을까? 사람은 변해도 산은 그대로라 일엽(一葉) 같은 인생에 몸서리가 쳐진다. 때로는 오는 계절을 마주하기 위해 정갈한 차림으로 산을 오르기도 하고 계곡수에 몸을 씻기도 한다. 하지만 가는 길 재촉해도 때론 멈춰서야 하리! 바쁜 도심의 한가운데에 멈춰 서서 바라보아야 하리. 그렇게 해야만 할 때가 있다. 생산현장, 사업이 벌어지는 협상 테이블, 흥정이 벌어지는 장터

거리에서도 문득, 멈춰서야 한다. 달리기만 하면 다 떨어진 폐타이어 처럼 결국엔 폐차장 한 켠에서 생을 마감하고 만다. 탓에 산꾼들은 산을 찾아 버리는 것을 알고자 한다. 그게 산다워지는 것이라는 것을 안다.

산은 묻는다.

"네가 딛고 서는 곳은 어디냐?"

산승(山僧)도 쉽게 답을 내놓지 못할 질문을 안고 우리는 산을 올랐다. 태동식 명예원장은 병원을 젊은 의사들에게 내놓고 경영에만 참여해 들날의 이치, 삶의 항구적 변화의 이치를 찾아 자신을 놓고자 산을 오른다. 치과의로 시작해 평생 키워낸 사업이었다. 자운봉 앞에 서 그는 숲에 가린 바위를 보며 산의 뿌리, 산이 드러내는 빽빽하고 촘촘한 치골(齒骨)을 살펴보고 있는 건 아닌지 모르겠다. 그가 던지는 경영에의 화두가 내게 새롭다.

"산을 오르며 가끔 저 바위들이 치아 같다는 생각을 합니다. 화산으로 분출되었든 단층작용으로 만들어졌든 새로운 치아들이 나오는 것 같지요. 유치(乳齒)가 빠질 때는 영구치의 치배(齒胚)에서 치아가 만들어지는데 이때 오스테오 클라스트라는 세포가 유치의 뿌리를 녹이며 유치가 흔들리기 시작하죠. 헌 이가 빠지고 새 이가 나오는 과정이 산의 바위며 뿌리가 생성된 과정과 비슷해보입니다."

사람이 산 아래에서 벌어먹는 일들이 그의 생각에 미치는 영향은 산에 와서도 크게 다르지 않은 것 같다. 그래도 생각이 행동으로 옮겨질 때는 좀 다르다.

"특이한 점은 유치는 저절로 뽑히지 않는다는 겁니다. 흔들어줘야 하죠. 영구적으로 쓰일 치아를 위해 유치를 뽑아내는 자기혁신의 노저 살의 산, 육산(肉山).
육신을 벗겨내면 저 산의 골격이 나타날 거요.
그게 바로 산의 속이지.
바로 혁신의 골격을 보게 된단 말이요.
나무와 숲은 허우대에 불과하지.
그래서 바위산만 보면,
내겐 용광로 같은 피가 들끓는단 말이요.

력이 있어야 새 이가 자리를 잡게 되는 겁니다."

자연 현상에 사람의 손이 인위적으로 가야 한다는 것을 말하고자 함인지, 경영자의 적극적인 관여나 혁신의 노력이 뒤따라야 영구적으로 쓰일 인프라며 시스템이 제자리를 잡게 된다는 건지 그는 알쏭달쏭하게 설명해나갔다.

"아무리 애를 써도 세상에 영원한 것은 없지요. 계속 손보며 갈 뿐입니다. 자연이 봄, 여름, 가을, 겨울을 필요한 시기마다 순서대로 불러내 산을 바꾸듯 말입니다. 제 스스로 바꾸지 못한다면 남의 손을 빌려서라도 뽑아내야죠. 그게 순리에 맞는 거라면 말입니다."

일부 부서의 인사이동을 겸한 최근의 조직 개편을 두고 하는 말인지 모르겠다는 생각이 들었지만, 나는 더 이상 묻지 않았다. 대신, 산의 풍경에 취해 흘러가는 구름에 눈을 내맡겼다.

"사람이든 기업이든 들고 나는 이치가 맞아야 합니다. 그걸 어길 때 순리에서 벗어나 역리(逆理)를 하게 되고, 그러다 보면 사람도 망가지고 기업도 무너지지요. 내가 능력이 안 되면 물러나서 다른 사람에게 해보라고 할 줄도 알아야 합니다. 이상하게 한국 기업들이 이걸 제일 못해요. 기업이 사회 공기(公器)라는 걸 무시하죠. 죄다 국민이, 고객이 만들어준 건데…… 자기가 잘나서 그런 줄 알면 바로 뽑혀나갈 유치가 되고 맙니다."

그는 앞으로 주주로서 바른 경영, 투명한 경영에 한목소리를 내겠다고 말했다. 산은 그에게 노익장을 과시하는 곳이 아니라 들고 나는 이치를, 삶의 순환과 기업의 존재방식을 가르치는 곳이다. 그걸 알기에 산에 오르면 천지사방을 바라보며 두 손을 모은다. 사방에 스승이 있다는 표시일까, 아니면 감사의 표시일까?

"지금이 어느 계절이오?"

내려오는 길에 그가 내게 물었다. 여름 산중에서 계절을 묻다니…… 속으로 시험받는 처지가 된 듯해 얼굴을 붉히는 내게 그가 말했다.

"가을이 오고 있어요. 저길 봐요."

그가 가리킨 곳에는 고추잠자리가 익을 대로 익은 얼굴로 하늘을 나는 것이 보였다. 단풍을 미리 삼키고 오기라도 한 건가? 낮술에라도 취한 건가? 나는 여름의 성(盛)함에 만취해 있고 그와 고추잠자리는 이미 두 계절에 가로 걸쳐져 있는 건지 모르겠다는 생각이 파고들었다.

산을 사랑하는 마음으로 경영의 세계를 보라
그대, 산에 무엇을 숨겨두었기에 그리 찾는가

우리는 강인해지기 위해 산에 오른다. 하지만 산을 오르는 순간 나약한 자신을 발견하고, 수많은 번민으로 어디로 향해야 할지 망설이곤 한다. 모험 없이는 성취도 없다는 생각으로 오르지만 안정도, 모험도 그저 살아남기 위한 시도라는 생각에 이르면 눈길은 자주 올라온 길 뒤편을 향한다. 이 순간을 견뎌내지 못하면 발걸음은 올라온 등로로 향하고 만다. 등정심 하나만으로도 우리는 산 아래에서보다 강인해져서 내려갈 수 있다. 산이 그런 생각을 갖게 하는 것이 아니라, 산을 바라보는 내 생각이 나를 결정짓는다.

경영현장에 선 많은 산꾼 경영자는 강인해지는 것이야말로 사업의 미덕이라는 생각으로 장도(長途)에 오른다. 성공도 실패도 장담 없는 그 길에서 그들은 수많은 의사결정의 찰나에 접한다. 심지어 그 길에서 인생을 마치기도 한다. 그것이 인생과 경영의 산행이자 등반 길이다.

경영과 인생을 고산등반에 비유한다면 산꾼 경영자는 상시적 위험에 노출되어 있다. 그 길에서 선택은 둘 중 하나다. 올라가거나 내려가는 것뿐이다. 멈춰 서 있으면 더 큰 위험이 초래된다. 등산이든 하산이든 모두 전진이다. 목표가 없어도 진행해가는 것은 필연적이다.

자기자본이나 당기순이익이 만족스럽다면 경영의 산을 오를 때 나침반이 안정 지점을 가리키는 것과 같다. 목표가 뚜렷하고 모든 등반대원이 일체감 있는 비전을 갖고 있다면, 가장 정확한 지도를 갖고 있는 것과 같다. 그 다음에는 이를 실천할 실행력과 의지가 행동으로 드러나야 한다. 실행이 뒤따르면 진정한 산꾼으로 거듭날 수 있다.

모든 것이 갖춰져도 우리는 경영의 산에서 많은 좌절을 겪는다. 갑작스런 환경변화, 몰아치는 눈보라, 매서운 날씨, 보급품의 고갈, 지연과 몸의 상태, 심적 상태, 동료간의 의견 차이와 대립 등이 작용한다. 그중에는 해결 가능한 것이 있고 어느 시점까지는 해결할 수 없기에 철수해야 하는 경우도 있다. 이처럼 경영의 산을 오르는 것은 만만치 않다.

그럼에도 특별한 기술과 재주 그리고 알 수 없는 운으로 정상까지 오르는 사람들이 있다. 라인홀트 메스너처럼 세계 최초로 에베레스트 단독 무산소 등반에 성공하는 사람도 있고, 엄홍길처럼 히말라야 14좌를 완등하는 대단한 산꾼도 있다. 대단위 팀을 꾸리고 막대한 비용과 셰르파를 데려가야 늘 유리한 것은 아니다.

경영의 산을 오르는 것이 이와 같다. 모든 요소 중 불리한 요소만 모아도 그것끼리 오히려 순작용을 해 유리한 국면으로 전환되며 목적을 이뤄내기도 한다. 산을 오르며 알 수 있는 가장 명확한 것은 어떤 불확실성도 내게 어떻게 작용할지 모른다는 것이다. 올라야 할 때를 모르면 영영 기회를 잃기도 하고, 물러설 때를 모를 때는 앞에 통제 불능의 파멸이 기다리고 있기도 하다.

그래도 우리는 산을 오른다. 산을 대하는 가장 뚜렷하고 확실한 것은 이러한 위험을 극한으로 즐기고 사랑할 때 뭐든 이뤄진다는 것이다. 그래야 후회가 남지 않는다. 나를 지탱하는 것은 결국 내 두 다리와 의지다. 그걸 믿고 올라야 한다. 산은 나를 받아주기도 하고 밀어내기도 한다. 그렇다고 등반 자체를 미워하거나 저주할 필요는 없다.

어차피 산은 움직인다. 그 속에 내가 있고 나는 움직이는 그 무엇을 찾기 위해 나름의 움직임으로 등반을 감행해낸다. 산은 나를 부른다. 경영자는 산을 지향함으로서 산에 가까워진다. 그 소실점은 스스로 산이 되는 것이다. 그리하여 자신의 발걸음이 하나의 표식이 되어 후행자들의 걸음을 돕는다. 살아가고 사업을 하며 내가 개척하는 등로의 의미는 산꾼 경영자에게 이렇게 다가온다.

오늘도 누군가는 산을 오르고 나도 그들 가운데 하나가 된다. 우리는 산을 오른다는 이유 하나만으로 대단한 유대를 발견한다. 치열한 경쟁과 다툼이 있지만 결국 자신과의 싸움에서 이겨내는 자는 승리한다. 자기 삶을 사랑하고 이를 부여잡는 사람만이 정상에 이를 수 있다.

오늘 어떤 산을 오르고 있는가? 오르고자 하는 그곳에 산이 있는가? 올라도 끝이 없는 산인가? 산이 부르는 한 산꾼들은 산을 찾을 것이다. 그곳에서 자신을 발견한다면 세상 모든 것을 얻게 될 것이다. 산이 부른다. 나는 산으로 간다.

‖산행지역을 살핀다‖ 산행을 시작하거나 도착지에 이르면 음식점이나 버스정류장에서 그 지방의 신문을 읽어보라. 부동산 정보를 알 수도 있고 지역경제를 한눈에 살펴볼 수도 있는 좋은 기회가 된다. 더불어 입맛을 돋우는 토산 음식을 맛볼 수 있는 곳도 알게 된다.

‖풍광을 카메라로 남기고 떠오르는 단상을 메모로 남긴다‖ 앞주머니에 디카와 볼펜, 메모지를 준비하라. 수시로 찍고 적은 다음 잊어도 된다. 산 아래로 내려가면 그때의 생각이나 감동을 그대로 담아 글로 옮기거나 적용할 수 있다.

‖등산과 함께 문화유산이나 역사 인물을 탐방한다‖ 무작정 땀을 흘리기 위해 산에 오르는 것이 아니라, 계곡에 흐르는 물처럼 깊어지기 위해 산을 오르라. 산에는 어디나 사찰과 유적지가 있다. 그곳에 얽힌 이야기를 살피면 문화와 역사에 대한 혜안이 생기고, 자신의 깊이를 더하며 가다듬는 기회가 된다.

‖산행 후 산행 피드백을 한다‖ 메모한 것 중에서 경영에 참조가 될 만한 것은 산행 후에 더욱 개발하라. 도전과 허심이라는 두 가지

상반된 생각에서 창조적 발상이 나오고, 이는 그 자체로 훌륭한 경영 공부가 될 수 있다.

║ 남들이 하는 얘기를 무심결에라도 귀담아듣는다 ║ 잘 들으면 산 아래에서 사람들이 털어놓지 않는 얘기를 들을 수 있고, 이는 다양한 아이디어의 원천이 된다. 더불어 허심탄회하게 털어놓는 이야기를 통해 서로 친밀해질 수 있다. 만일 자신의 얘기를 털어놓는다면, 그 자체로써 정서적 치유 과정을 거치게 된다는 점도 산행의 혜택이다.

║ 팔도 사람들의 사는 이야기, 관심사, 애환을 듣는다 ║ 유행이나 농담조차 새로울 때가 있다. 나아가 그것은 민심이나 여론을 접하는 기회도 된다. 예컨대, 지리산 반야봉에서 짐을 풀면 전국의 술이 다 모여든다. 술 하나로 팔도 사람들의 살림을 엿볼 수 있다.

║ 산행 에티켓을 지킨다 ║ 인터넷으로 모집해 관광차를 타고 몰려드는 벌 떼 산행이나, 도시락을 근처 식당에서 주문해 올려보내는 황제 산행을 하는 사람들을 통해 산행 에티켓을 익혀라. 산을 전세낸 듯 메뚜기처럼 훑는 사람들을 반면교사로 삼아라. 산을 귀히 여기고 자신의 쓰레기는 반드시 지고 내려간다는 산행 습관을 익혀라. 산을 타는 예의를 통해 마음을 가다듬으면 그런 예절은 반드시 사업에 반영될 것이다.

║ 큰소리를 내지 않는다 ║ 산행에서 가장 꼴불견 중 하나가 고함을 치거나 라디오 혹은 MP3 플레이어를 크게 듣는 것이다. 또한 배낭에

종을 매달고 다니는 것도 볼썽사납다. 바람소리, 나무 흔들리는 소리, 물소리만 들어도 귀가 맑아지는 느낌인데 왜 산 아래의 소리를 산속까지 끌어들여 귀를 어지럽히는가?

‖산에서는 반드시 등행자 우선이다‖ 오르막의 힘듦을 안다면 오르는 자를 배려할 만하지 않은가? 산행에서 예의를 지키면 존중받게 될 것이다. 앞사람이 늦게 간다고 뒤에서 갑자기 치고 올라오면 위험하다. 선등자가 비켜줄 때를 기다렸다가 추월하고, 앞사람도 뒤에서 치고 올라오면 비켜줘야 한다. 그가 정말 급한지도 모르지 않는가?

‖친절한 태도를 취한다‖ 특히 국립공원관리공단 직원이나 산장 근무자들은 서비스 정신을 더욱 강화할 필요가 있다. 지금의 자세를 그대로 산 아래로 가져온다면 결코 환영받기 어려울 것이다. 우리 국토의 산자락은 시도 때도 없이 내외국인들이 모두 찾는다. 국토의 얼굴이 부끄럽지 않게 행동했으면 좋겠다. 산에 아무도 오지 않는다면, 그대가 그곳에 앉아 있을 이유도 없어질 것 아닌가?

‖산에서는 몇 가지 인사말을 입에 달고 다니는 것이 좋다‖ 실례합니다, 먼저 갑니다, 수고하십니다, 고맙습니다…… 가고 오는 게 말이요, 가고 오는 길에 만나는 게 사람이다. 그런데 왜 그리 인사에 인색한지. 한마디 인사가 산행을 더욱 밝게 만든다.

‖허욕은 버리고 쓰레기는 모두 주워온다‖ 청정함을 찾아 나선 산행에서 쓰레기를 만난다면 어떤 기분이 드는가? 산은 나만이 아닌 자

손만대까지 오르고 즐길 귀중한 곳이다. 분별없는 행동으로 국토를 더럽히지 마라. 쓰레기는 한 점도 떨어뜨리지 말고 오라. 자연은 자연답게 놓여 있어야 한다.

‖ **산행을 갈 때 잔돈을 준비한다** ‖ 근교 산행의 경우 가끔 걸인들을 만난다. 한 푼 마음 쓰는 것으로 그대의 마음이 풍요로워질 기회는 얼마든지 있다. 산행 초입에는 어디든 절이 있다. 발원도 하고 조그마한 시주도 하라. 입장료를 좀 내면 어떤가? 그것 아껴 부자 된 사람 못 봤다. 좋은 산행길에 그것으로 옳고 그름을 다투지 마라. 마음만 썩인다. 좋은 데 쓸 거라 믿고 시주하면 마음인들 가볍지 않겠는가?

더 높은 산을 생각할수록
더 낮은 자세로 세상을 대한다

산이 품고 있는 산꾼 이야기를 갈지자 휘청거리듯 들락날락 써내려 왔다. 특히 여기에는 치열한 경영현장에 맞닥뜨려 산을 오르고 스스로 산과 같아지려는 사람들의 이야기가 담뿍 담겨 있다. 내가 산을 지독히 사랑하는 덕분에 산꾼과 경영 이야기를 한데 묶었지만, 앞으로 기회가 되면 멀리 히말라야 고산에서의 체험을 다룬 일련의 연작을 쓰고 싶다. 그것은 아마도 인간 존재에 대한 대서사시 형식을 띠게 될 것이다. 나아가 물을 품은 산, 산을 안은 물을 그리며 요산요수(樂山樂水)의 다른 한쪽을 다루고자 한다. 대립되는 쌍은 극(極)이 아닌 조화와 상생을 드러낸다. 따라서 이 책은 요산편의 한 글 뫼로 보면 된다.

내 산행 경험은 축적될수록 묵은 된장처럼 맛깔스러워지고 농도도 진해질 것 같다. 놀라운 것은 내가 더 높은 산을 생각할수록 나는 더욱 깊고 낮게 세상을 바라보게 된다는 점이다. 내가 산 너머의 심원한 인간 저변까지 훑어낼 수 있을지, 내게 그만한 역량이 있는지 우선 그것부터 점검해보아야 할 것 같다.

산을 좋아하는 단계가 지나면 산이 내 안 어딘가에 털썩 들어와 앉는 걸 느낀다. 산에게 안방을 내준 느낌이라고나 할까? 뭔가에 빠져들었을 때의 강도 높은 욕망처럼 저 산도 같은 충동을 안겨준다. 산꾼은 결코 산을 낮게 보지 않는다. 산은 압도적이다. 크기와 높이로 강하게 지배한다. 그러면서도 겸손하고 경건하다. 산이 스스로 물러서지 않는 한 내가 먼저 산을 밀쳐낼 방도나 일은 없을 것 같다.

많은 사람이 산을 오르고 또한 산을 통해 많은 이야기를 하지만 이 책에서는 산과 경영을 주제로 삼았고 특히 산꾼들의 내면에 집중했다. 산 이야기가 아닌, 사람과 경영의 이야기가 어우러진 것도 이러한 이유에서다. 비록 경영에 빗대긴 했지만 사실은 모든 사람에게 통용되는 보편적인 경험과 감성대를 건드리고 있다고 생각한다.

산을 대하는 모든 입장에는 근거가 있고 나름의 시각은 옳다. 산이 그 자체로 옳기 때문이다. 산은 우뚝 서 있고 그것을 바라보는 마음이 열쇠가 된다. 나는 어떤 열쇠로 나를 열어가기 위해 산에 오르는가? 화두는 여기서 그치지 않는다.

산행에서 만나는 대부분의 사람은 정상을 지향한다. 물론 나는 그들 스스로 창출한 역경을 이겨내려는 도전에 박수를 보낸다. 하지만 산을 오르내리며 지속되는 하나의 의문, 저 산의 정상은 어딘지 묻게 된다. 나아가 정상으로 오르는 길은 어디인가? 특히 산 아래의 삶에서는 그 질문이 더욱 깊은 함의를 지닌다. 내 산꾼 친구는 내게 이렇게 말한다.

"산의 정상은 누구에게나 열려 있다. 정상으로 들어가는 문은 무량수다. 그런데도 정상을 못 올라가는 이유는 정상을 다른 데서 찾기 때문이다. 정상은 마음에 있다!"

정상이 어딘지 알기 위해서라도 몸과 마음을 비우라는 의미로 받아들이면 되는 걸까? 이런 대화는 때로 산행 이상의 수확을 안겨준다. 그래서 정상은 그 존재 여부를 떠나 산꾼에게 스스로 화두가 되어주는 게 아닐까 싶다. 그곳이 어디든 산행은 누구도 대신 걸어줄 수 없는 나만의 길이다. 오로지 내 두 다리로 뚜벅뚜벅 걸어가야만 한다. 그러기에 더욱 처연하고 아름답다. 더욱이 산행은 누구에게나 평등한 경험을 안겨준다. 문제는 누가 얼마나 느끼고 깨닫느냐 하는 것이다.

끝으로 내가 얼마 전에 어느 산꾼과 함께 지리산의 피아골을 오르다 알게 된 보물지도 한 장을 소개하고자 한다. 그는 지리산 곳곳에 보물이 묻혀 있다고 했는데, 그중 하나가 피아골 삼거리에 묻혀 있는 술 단지라고 했다. 그는 더덕 술이 담긴 항아리를 꺼내들며 이렇게 말했다.

"이 술이 10년은 되었을 겁니다. 내가 외환위기 때 와서 묻은 거니까요."

아마도 지리산 자락이 아닌 대한민국 어느 산을 파도 그러한 보물이 묻혀 있을 터다. 내가 하고 싶은 말은 산의 진정한 보물은 산을 아끼는 산꾼 자신이라는 것이다. 산을 사랑하듯 자신을 사랑하면 산은 친근하게 다가온다. 그 반대로 하면 산들은 꺼이꺼이 울음을 토해낸다. 그러니 산을 애지중지 아끼고 보듬을 일이다. 그러함에 국토에 함부로 손을 대는 일이야 말해 무엇 하랴!

산을 즐기고 산을 가꾸며 산을 끌어안아라. 산에서 산만 보지 말고 나를 찾아라. 산 아래서 나만 염두에 두지 말고, 저 유구한 대자연을 떠올려보라. 그러면 어느새 작은 이문과 명망심과 옹졸한 생각 따윈 집어치우고, 크고 작고 서럽고 아픈 산으로서 인간 군상이 눈에 밟히게 될 것이다. 사는 게 그러할지니 그대는 살며 산을 이루고 산이 되어라. 거기에 인생의 참 맛이 있다. 지금 산에는 새싹이 돋고 꽃이 피고 단풍이 들고 눈이 펄펄 내린다. 봄, 여름, 가을, 겨울 국토에 사계가 흐른다.

즐거운 인생과 경영의 산행이 함께하길 바란다. 나아가 산과 좋은 인연을 맺는 산꾼이 되길 바란다.